Gesellschaft • Entwicklung • Politik
Band 6

Herausgegeben von
Peter Feldbauer
Franz Kolland
Rüdiger Korff
Elke Mader
Irmi Maral-Hanak
Andreas Novy
Christof Parnreiter
Christian Suter

für den Mattersburger Kreis für Entwicklungspolitik
an den Österreichischen Universitäten, Berggasse 7,
A-1090 Wien
www.mattersburgerkreis.at

Franz Kolland, August Gächter (Hg.)

Einführung in die Entwicklungssoziologie

Themen, Methoden, Analysen

Mandelbaum Verlag Wien

Impressum

Herausgeber:
Mattersburger Kreis für Entwicklungspolitik an den Österreichischen
    Universitäten,
Berggasse 7, A-1090 Wien. Tel. ++43-1-317 40 18
E-mail: office@mattersburgerkreis.at

Die Deutsche Bibliothek – CIP-Einheitsaufnahme

Einführung in die Entwicklungssoziologie. Themen, Methoden Analysen.
    / Hrsg.: Franz Kolland, August Gächter
Mandelbaum, 2005
ISBN 3-85476-138-4

0101 deutsche buecherei

1. Auflage 2005
© 2005 Mandelbaum Verlag/Mattersburger Kreis für Entwicklungspolitik
    an den Österreichischen Universitäten
Alle Rechte vorbehalten

Managing Editor: Pia Lichtblau
Layout: Christina Schneider
Lektorat: Patrick Chapman, Pia Lichtblau, Katharina Zucker
Umschlaggestaltung: Michael Baiculescu
Umschlagfoto: Veronika Schweiger
Druck: Interpress, Budapest
ISBN 3-85476-138-4

Österreichische
Entwicklungszusammenarbeit
Gefördert aus öffentlichen Mitteln der Österreichischen
    Entwicklungszusammenarbeit.

bm:bwk
Gedruckt mit Unterstützung des Bundesministeriums für Bildung,
    Wissenschaft und Kultur.

Inhalt

Vorwort

Der Objektbereich der Entwicklungssoziologie beschreibt gesellschaftliche Entwicklungen im globalen Zusammenhang und befasst sich somit mit der empirischen Beschreibung und Analyse gesellschaftlicher Strukturen. Dabei erschöpft sich die Entwicklungssoziologie aber nicht im internationalen Vergleich, beleuchtet werden vielmehr gesellschaftliche Entwicklungsprozesse im globalen, nationalen, regionalen und lokalen Kontext. Weiters werden nicht nur gegenwärtige Strukturen analysiert, sondern auch deren historische Entwicklungen sowie die möglichen Richtungen weiterer Wandlungen in den Blick genommen. Die Differenzierung von Vergangenheit, Gegenwart und Zukunft ist dabei grundlegend notwendig, um „Entwicklung" bestimmen zu können.

Der Entwicklungsbegriff lässt sich in der Soziologie bis zu einem ihrer Begründer, nämlich Auguste Comte, zurückverfolgen. Er fasste „Entwicklung" als den Begriff schlechthin auf, über den sich die Soziologie konstituierte – noch lange bevor der Begriff „Entwicklungsland" aufgetaucht war. Es ging Comte in seinen Untersuchungen primär um die Frage der Entwicklung Frankreichs vor der Mitte des 19. Jahrhunderts, in Zeiten politischer und ökonomischer Umbrüche. Und noch heute finden wir kaum in anderen Regionen so intensive Entwicklungsprozesse wie wir sie für Europa konstatieren können.

Für Comte hieß „Entwicklung" zuallererst, ordnend und zielbewusst in Marktprozesse einzugreifen. Dafür, wer die Verantwortung für diese Eingriffe tragen sollte, hat es im Laufe der Zeit diverse Vorschläge gegeben, die alle gleichzeitig mit unterschiedlichen Gewichtungen in Europa verwirklicht worden sind. Sozialpartner, Parlamente, Universitäten, Banken und Unternehmen, kurzum alle Institutionen, die heute gemeinhin als „staatstragend" bezeichnet werden, greifen gemeinsam und in Wechselwirkung in den Gang der Entwicklung ein bzw. treiben diese voran.

Wenn sich die Gewichtungen zwischen diesen die Entwicklung forcierenden Akteuren verschieben, hat die Soziologie einen besonderen Diagnose- und Erklärungsauftrag – und dieser kann sich nicht nur auf den internationalen Vergleich beschränken. Sie hat weiterhin dann Erklärungskraft, wenn Eingriffe misslingen – aber natürlich auch dann, wenn sie gelingen.

Das typisch soziologische Erkenntnisinteresse richtet sich auf den Zusammenhalt in der Gesellschaft, auf den Erhalt sozialer Ordnung inmitten starker Umwälzungen, wie sie durch das (gegenwärtig kapitalistische) Wachstum bedingt werden. Wachstum ist hier nicht das, was erklärt wird, sondern bildet Teil der Erklärung. Umgekehrt betrachtet die aktuelle Ökonomie die soziale Ordnung als Teil der Erklärung für Wachstum.

Die Frage, die sich aus der Soziologie heraus immer wieder neu stellt ist die, was denn umgewälzt wird und wie sich Umwälzungen vollziehen. In dieser Hinsicht hat seit August Comte eine ständige Anpassung des Begriffs „Gesellschaft" an die veränderten Lebensbedingungen stattgefunden. Und damit ist auch gleichzeitig herausgestellt, dass die Soziologie nicht nur Entwicklungsprozesse untersucht, sondern selbst in ihren Begriffen und Theorien einem ständigen Wandel unterworfen ist.

Das vorliegende Buch richtet sich an Leserinnen und Leser ohne besondere Vorkenntnisse. Anhand ausgewählter Themen der Sozialstrukturanalyse, aus einem entwicklungssoziologischen Blickwinkel dargestellt, werden grundlegende Einblicke in das Forschungsgebiet der Entwicklungssoziologie vermittelt.

Franz Kolland, August Gächter
Calahonda und Wien im August 2005

8

Franz Kolland
Entwicklung und sozialer Wandel im globalen Kontext

Entwicklung, Modernisierung und Nachhaltigkeit sind Schlüsselbegriffe in der Debatte um gesellschaftliche Veränderungen im Nord-Süd-Zusammenhang bzw. im globalen Kontext. Mit diesen Konzepten wird dabei nicht nur auf empirisch bestimmbare Veränderungen der Sozialstruktur abgestellt – Wirtschaft, Einkommen, Beschäftigung, Gesundheit, Bildung –, sondern auch eine normative Orientierung signalisiert. Und diese normative Orientierung war immer auch Anlass für Kritik, weil sich damit eine bestimmte Betrachtungsperspektive verband, nämlich eine primär eurozentristische.

Der umstrittene Begriff der Entwicklung

Über lange Perioden hatten die Menschen in Europa die Vorstellung, die Welt sei einer metaphysischen Ordnung unterworfen, in der sich Mensch, Gesellschaft und Natur im Einklang befinden. In einer Welt, in der Zeit als ereignishaftes, zyklisches Geschehen verstanden wurde, gab es für die Vorstellung von Entwicklung wenig Raum. Erst mit der neuzeitlichen Erfahrung des sich beschleunigenden gesellschaftlichen Wandels im Gegensatz zu den relativ statischen Gesellschaften des Mittelalters vollzog sich ein Perspektivenwechsel in der Betrachtung gesellschaftlichen Handelns. Die Sicht einer von theologischen bzw. metaphysischen Prinzipien bestimmten Gesellschaft wurde abgelöst von der Erkenntnis, dass Sozialstrukturen einer ständigen Veränderung unterworfen sind (Spencer 1967).

Die Vorstellung von Entwicklung ist also eine neuzeitliche Denkfigur. Um zu einer solchen Sicht zu gelangen, braucht es eine lineare Zeitvorstellung. Mit Hilfe der Uhr, einer nach dem

Analogieprinzip funktionierenden Maschine, wird Zeit exakt messbar, in Abschnitte teilbar und beherrschbar. Die europäische (Arbeits-)Zeitplanung geht nach Obrecht auf die einer strengen Zeiteinteilung folgenden klösterlichen Gemeinschaften zurück, an der sich die frühen Manufakturen und Fabriken orientierten (Obrecht 1997: 44). Die westlich-ökonomische Dynamik basiert seitdem auf der Verinnerlichung quantifizierbarer Zeiteinheiten, die die Trennung von subjektiver (zyklischer) Lebenszeit und objektiver Weltzeit ermöglicht. Die Wahrnehmung der Historizität führt zur Erkenntnis, dass Geschichte letzten Endes Entwicklung bedeutet. Mensch, Gesellschaft und Natur haben ihre Entwicklungsgeschichte. Erscheinungen der Gegenwart stellen somit das Ergebnis einer vorausgegangenen Entwicklung dar.

Nachweisbar ist der Terminus Entwicklung in der deutschen Philosophie seit der Mitte des 17. Jahrhunderts. Bei Gottfried Wilhelm Leibniz (1646-1716) hatte der Begriff Entwicklung eine richtungsweisende Bedeutung. Entwicklung bedeutet nach Leibniz (vgl. Bubner 1990) nicht das Entstehen von grundsätzlich Neuem, sondern nur die Entfaltung des Vorhandenen.

Im 18. und 19. Jahrhundert bedeutete Entwicklung dann „Bewegung, Prozess, Veränderung und Befreiung" (Nohlen/Nuscheler 1992: 58). Grundlage für diese Sichtweise bildete der Kapitalismus, der als dynamisch eingestuft wurde und immer weitere Teile des gesellschaftlichen Lebens einbezog, sodass in der Folge von einer Marktgesellschaft gesprochen wurde. Damit war in den Industriestaaten nicht mehr nur die Wirtschaft durch die sich selbstregulierenden Kräfte des Marktes bestimmt, sondern die gesamte menschliche Existenz. Es kommt zu einer Ökonomisierung des Alltäglichen (Polanyi 1957), nicht nur was produziert und verkauft bzw. gekauft wird wird zu einer Ware, sondern Boden, Arbeitskraft und die Organisation der Produktion selbst werden kommodifiziert.

Im Kontext der globalen Expansion von Kolonialismus und Imperialismus bezieht sich Entwicklung zunächst auf die Ausbeutung der wirtschaftlichen Ressourcen der Länder des Südens und die „Zivilisierung" der Kolonisierten. Um also zu einer angemessenen Einschätzung der gegenwärtigen Formen von Entwicklung bzw. Unterentwicklung zu gelangen müssen die ökonomischen, politischen, sozialen und kulturellen Beziehungen zwischen den Metropolen und den peripheren Gebieten unter dem Aspekt einer längerfristigen Geschichte der weltweiten Expansion und Entwicklung des kapitalistischen Systems betrachtet werden. Die Entstehung der industriellen Zentren in Westeuropa war nicht das Ergebnis einer autonomen Entwicklung. Ohne die koloniale Expansion der Seemächte Portugal, Spanien, Holland, Frankreich und England wäre die Industrielle Revolution des 18. Jahrhunderts nicht denkbar (vgl. Bergmiller/Feldbauer 1977). Was heute als Dichotomie oder Mischform von Entwicklung und Peripherisierung erscheint hat seine Wurzeln in der Struktur des internationalen Systems. Die Voraussetzungen für diese Struktur wurden zwischen dem 15. und 18. Jahrhundert geschaffen.

In den Nord-Süd-Beziehungen ging es bis ins 20. Jahrhundert hauptsächlich um die Inbesitznahme des Südens, um Ausbeutung und sozio-kulturelle Anpassung. Von den Kolonisierten wird eine weitgehende Akkulturation an die Werte und Gepflogenheiten der westlichen Lebensweise erwartet (Osterhammel 1995). Erst in einem langen und diskontinuierlichen Prozess während der ersten Hälfte des 20. Jahrhunderts setzt sich die Vorstellung durch, dass die „Entwicklung" einer Kolonie mit einer materiellen Verbesserung für die einheimische Bevölkerung verbunden sein sollte (vgl. Ziai 2004). Deutlich wird diese normative Neuorientierung in der für die Politik richtunggebenden Rede des US-amerikanischen Präsidenten Harry S. Truman am 20. Jänner 1949, in der erstmals der Begriff Unterentwicklung verwendet wurde und die den Beginn des Zeitalters der Entwicklungspolitik markiert:

„[…] we must embark on a bold new program for making the benefits of our scientific advances and industrial progress available for the improvement and growth of underdeveloped areas. More than half the people of the world are living in conditions approaching misery. Their food is inadequate. They are victims of disease. Their economic life is primitive and stagnant. Their poverty is a handicap and a threat both to them and to more prosperous areas. For the first time in history, humanity possesses the knowledge and the skill to relieve the suffering of these people" (Truman 1967).

Ohne sich explizit auf Truman zu beziehen, hat bereits 1965 Richard F. Behrendt in seinem „Entwurf einer Entwicklungssoziologie" darauf hingewiesen, dass Begriffe wie „unentwickelt" oder „unterentwickelt" eine beleidigende Abwertung enthalten. Eine solche Abwertung entsteht insbesondere dann, wenn man sich auf das Gebiet subjektiver Werturteile begibt und Fragen des „künstlerischen, religiösen, literarischen oder gar menschlichen Entwicklungsniveaus diskutiert" (Behrendt 1965: 55). Von daher forderte Behrendt von empirisch erforschbaren und im Wesentlichen objektiv vergleichbaren Tatbeständen auszugehen. Um die Bedingungen sozialstrukturellen Wandels zu untersuchen, sollte von sozialen Tatsachen ausgegangen werden.

Doch dabei ist es nicht geblieben, sondern der soziale Wandel wurde mit Bewertungen versehen. Die Prämisse der nach dem Zweiten Weltkrieg entstandenen Modernisierungstheorien war, dass die heutigen westlich-kapitalistischen Industrieländer den historischen Nachzüglern in der Dritten Welt den einzig möglichen Weg zu Entwicklung weisen (Nohlen/Nuscheler 1992). Als Beispiel für diesen Ansatz kann Daniel Lerner (1979) gelten: „Das westliche Modell der Modernisierung weist gewisse Komponenten und Sequenzen auf, die universell relevant sind. Überall hat zum Beispiel die Urbanisierung das Analphabetentum vermindert; dadurch nahm die Benutzung der Massenmedien zu: parallel dazu kommt es zu einer erhöhten wirtschaftlichen Teilnahme (Steigerung des Pro-Kopf-Einkommens) und zu einer Erhöhung der politischen Teilnahme (Ausdehnung des Wahlrechts). Das westliche Modell ist eine historische Tatsache. [...] Der jahrhundertelange Prozess des sozialen Wandels, der in der westlichen Welt zur Modernisierung führte, ist nicht antiquiert, sondern noch immer relevant für Veränderungen" (Lerner 1979: 363).

Entwicklung wurde demnach verstanden als bewusste Verbesserung bestehender Zustände mit wachsender Beteiligung immer zahlreicherer Mitglieder des Sozialgebildes. Erwartet wurde über die Beteiligung der Benachteiligten eine „demokratisch fruktifizierte Dynamik" (Behrendt 1965: 131). Neben dem Neoliberalismus, der gewissermaßen Entwicklung als sich selbststeuernde und selbstregulierende Kraft sieht, finden wir also ab den 1960er Jahren zunehmend interventionistische Ansätze, die Entwicklung nur in zielgerichteter Beeinflussung gewährleistet sehen (Thomas 2000). Im Prinzip können fast alle Entwicklungs(hilfe)agenturen als interventionistisch eingestuft werden. Sie unterscheiden sich zumeist nur in ihren Zielen. Die einen sind darin interessiert, durch Intervention die Markteffizienz zu steigern, andere versuchen, den Markt soweit zu steuern, damit soziale und humanitäre Ziele erreicht werden können.

Bis in die 1980er Jahre blieb dieses Konzept handlungsleitend, wobei sich zunehmend Strukturprobleme zeigten und darauf hingewiesen wurde, dass die „soziale Frage" nicht gelöst sei (vgl. Trappe 1984). Das Wachstum der Funktionssysteme (siehe dazu weiter unten) führte neben dem Einschluss von mehr Individuen in wirtschaftliche und soziale Kreisläufe gleichzeitig zu „dysfunktionalen Exklusionseffekten" (Brunkhorst 2000). Als Ursache dafür wird die strukturelle Gewalt in den Entwicklungsländern gesehen (Galtung 1975). Gemeint ist damit eine unpersönliche, indirekte Gewalt, die die Individuen daran hindert, sich zu entfalten. Aber nicht nur soziale Probleme bzw. Phänomene struktureller Gewalt ließen die positive Richtung des sozialen Wandels zunehmend fragwürdig werden, darüber hinaus wurden die ökologischen Folgewirkungen des ökonomischen Wachstums sichtbar.

Mit dem Begriff „nachhaltige Entwicklung" schuf die Weltkommission für Umwelt und Entwicklung (Brundtland-Kommission) 1987 ein Konzept, welches auf einen gesellschaftlichen Wandel im globalen Maßstab zielte und den Begriff der Entwicklung ablösen sollte. Dauerhafte Entwicklung ist demnach jene Entwicklung, „die Bedürfnisse der Gegenwart befriedigt, ohne zu riskieren, dass künftige Generationen ihre eigenen Bedürfnisse nicht befriedigen können" (WCED 1987: 8). Wesentlich an diesem Konzept ist die Zeitachse, es geht um Gerechtigkeit im Generationenablauf. Weniger berücksichtigt werden in diesem Konzept Ungleichheiten in vertikaler Hinsicht (Sachs 2004), wiewohl Wolfgang Hein in seinem systemischen Modell nachhaltiger Entwicklung zumindest Wechselbeziehungen zwischen den Systemen Ökonomie, Soziales und Kultur ansetzt (Hein 2003).

In der Folge tauchte noch ein modifizierter Begriff nachhaltigen Wirtschaftens auf, nämlich der des globalen Wandels. Dieser enthält die Vorstellung einer Modifikation des Fortschrittsdenkens, nämlich vom Maximieren zum Optimieren. In diesem Konzept, welches nachhaltige Entwicklung einschließt, geht es darum, durch effiziente Reformen wirtschaftliches Wachstum zu erzielen ohne die Umwelt zu belasten. Die Gewinne dieses Handelns seien allerdings, so Wolfgang Sachs (2000), zwischen Nord und Süd – Zentrum und Peripherie – ungleich verteilt. Im Zuge der Globalisierung ist es demnach zu einer Verlängerung der Wertschöpfungsketten gekommen, die dazu geführt habe, dass „die Vorteile an den oberen Enden (Norden, F.K.) und die Nachteile an deren unteren Ende (Süden, F.K.) konzentriert sind" (Sachs 2000: 983).

Anfang der 1990er Jahre formierte sich eine radikale Kritik in der Entwicklungsdebatte, die Entwicklung als historisch einzigartiges Phänomen darstellt und in den dahinter liegenden Konzepten, Vorstellungen und Theorien eine gezielte Form der Machtausübung sieht (Escobar 1995). Die Kritik am Entwicklungsbegriff ging davon aus, dass Entwicklung traditionell eine Frage von Kapital, Technologie, Bildung und entsprechender Politik ist (vgl. Escobar 1995). Da diese Orientierung nicht zu entscheidenden Veränderungen im Süden geführt habe, sei der traditionelle Entwicklungsbegriff zu problematisieren und ein Paradigmenwechsel notwendig:

- an interest not in development alternatives but in alternatives to development, thus a rejection of the entire paradigm;
- an interest in local culture and knowledge;
- a critical stance towards established scientific discourses;
- the defense and promotion of localized, pluralistic grassroots movements (Escobar 1995: 215).

Bei Gustavo Esteva und Madhu Suri Prakash heißt es dann: „The `social minorities` (Industrieländer, F.K.) are consuming the natural and cultural spaces of the world´s `social majorities` (Entwicklungsländer, F.K.) – with the stated intentions of developing them for progresss, economic growth and humanization" (Esteva/ Prakash 1998: 4).

Problematisiert wird der Begriff, indem auf seine sozial- und geistesgeschichtlichen Wurzeln zurückgegriffen wird. Der Begriff Entwicklung sei ein Produkt der Moderne, ein Produkt der europäischen Aufklärung zu Ende des 18. Jahrhunderts, als sich das Individuum Wissen über sich selbst schuf, wobei Distanz, Objektivität und Rationalität entscheidende Grundlagen bildeten. Kulturphilosophisch meint der Diskurs der Moderne das Selbstreflexionsunternehmen der modernen Gesellschaft. Wenn auch die Moderne – so die Kritiker (Escobar 1995; Cowen/Shenton 1996) – verstanden werden kann als ein Projekt zur Begründung des Sozialen, als ein Projekt globaler Emanzipation, so kann die Aufklärung nicht nur von ihren positiven Absichten her analysiert werden, sondern auch von den negativen Konsequenzen, nämlich Disziplinierung und Kontrolle. Die Aufklärung zeigt demnach ein janusköpfiges Gesicht, ein Gesicht zwischen vernunftgesteuertem

Wissen und Systemen der Macht. Aus dieser kritischen Perspektive verbindet Entwicklung Formen des Wissens über die Dritte Welt mit Formen der Macht und Intervention. Die Kritik wird auf folgende These zugespitzt: Entwicklung ist das, was die gegenwärtige Dritte Welt darstellt. Die Dritte Welt in der existierenden Form ist eine Art Artefakt, ein Kunstprodukt, welches auf der Basis bestimmten wissenschaftlich produzierten Wissens mit Hilfe von Machtmechanismen durchgesetzt werden konnte. Erst aufgrund dieses Diskurses wurde es möglich, Individuen, Regierungen oder Gemeinden als „unterentwickelt" zu bestimmen. Ohne die Einführung des Begriffs Entwicklung als Diskurs wäre es unmöglich gewesen, die Dritte Welt politisch, soziologisch, ideologisch in den Griff zu bekommen.

In Folge dieser Kritik wird nicht nach Entwicklungsalternativen gesucht, sondern nach „Alternativen zur Entwicklung" selbst, d.h. das gesamte Entwicklungsparadigma wird zurückgewiesen. Das Interesse richtet sich nunmehr auf „lokale Autonomie, Kultur und Wissen" (Escobar 1995: 484), eine Verteidigung lokaler, pluralistischer sozialer Bewegungen (orientiert am Projekt der Postmoderne). Die zentrale These der *Post-Development* VertreterInnen ist, dass in städtischen und ländlichen Gemeinschaften im Süden – besonders in *Grassroots*-Organisationen und Selbsthilfebewegungen sich neue soziale Strukturen herausbilden, die als *Post-Development* bezeichnet werden können. Sie entstehen als eine Reaktion bzw. als Antwort auf das Scheitern des Entwicklungsparadigmas. Es geht um dezentrale Formen der Entscheidungsfindung, um Autonomie vom Marktgeschehen über die Subsistenzökonomie, in der informellen Ökonomie und um traditionelles, lokales Wissen (Ziai 2004a).

Es geht vom Ansatz her nicht mehr um irgendeine allgemeine Vorstellung von Veränderung und Entwicklung, sondern um eine „gemeinsame Gestaltung und Fortbewegung (*Co-Movement*)" von ForscherInnen, EntwicklungsexpertInnen und Betroffenen. Es soll nicht verändert, entwickelt oder Bewusstsein geweckt werden, sondern es sollen Prozesse der Gestaltung direkter Demokratie intensiviert und gestärkt werden. Im Blickfeld steht nicht der National-Staat sondern stehen lokale und regionale Gemeinden und Gruppen (siehe auch Bierschenk/Elwert 1993). Die Unmittelbarkeit von „Entwicklung" steht im Vordergrund. Leitidee ist die Postmoderne, derzufolge auf geschichtsphilosophisch begründete Fortschrittsmodelle verzichtet wird, sich das Subjekt als Erkenntnis-, Handlungs- und Erfahrungszentrum auflöst. (Deshalb steht auch nicht das Individuum im Vordergrund des Interesses, sondern temporäre lokale soziale Bewegungen.) Zurückgewiesen werden Universalbegriffe. Als postmodern gilt die Pluralisierung der Lebensstile und die Zurückweisung überkommener kultureller Denkformen.

Was steht hinter dem Ansatz der *Post-Developmentalisten*? Sie gehen von einer Lebensweltperspektive aus, einer Perspektive, die eine unzerstörte, nicht-kolonialisierte Welt des Alltäglichen, Lebensweltlichen annimmt. Es handelt sich, wie Ziai (2004) ausführt, um eine unkritische Haltung gegenüber lokalen Gemeinden und der kulturellen Tradition. Die Texte deuten auf das „letzte Refugium des Edlen Wilden hin" (Kiely 1999), indem vormoderne Gemeinschaften idealisiert und romantische Bilder projiziert werden. Die Zurückweisung der Moderne bedeutet auch eine Zurückweisung der positiven Aspekte, wozu etwa die Rechte des Individuums gehören oder die Errungenschaften der modernen Medizin zur Senkung der Säuglingssterblichkeit.

Das soziologische Konzept gesellschaftlicher Veränderungen: Sozialer Wandel

Aus soziologischer Perspektive lassen sich vier grundlegende Formen der Strukturierung einer Gesellschaft aufzeigen. Diese sind soziale Differenzierung, soziale Ungleichheit, soziale Ordnung und sozialer Wandel (Esser 2000). Diese Strukturierungen können, wie etwa in der Feudalgesellschaft oder in einer autochthonen Gesellschaft, fest und unverrückbar, sie können aber auch sehr flüchtig sein, wie in den so genannten modernen Gesellschaften. Systematische und nachhaltige Änderungen der gesellschaftlichen Strukturen werden nach einem von William F. Ogburn eingeführten Ausdruck folgend als sozialer Wandel bezeichnet. Ogburn versteht unter sozialem Wandel Veränderungen in der Struktur eines sozialen Systems, wobei nicht jede Veränderung gemeint ist, sondern nur solche, die zu einer Veränderung des vorherrschenden Typus führen. Nach Ogburn ist ein Bestandteil des sozialen Wandels ein sogenannter *cultural lag*, d.h. eine Differenz zwischen materieller und adaptiver Kultur. Die Verspätungsthese besagt, dass Veränderungen der materiellen Lebenssituation verzögert im kulturellen System nachvollzogen werden. Zum Beispiel führte die Einführung der Dampfmaschine zur Fabrik und erst viel später zur Veränderung der Rechte der Frauen, z.B. als Industriebeschäftigte. Ogburn schrieb 1957: „Die Atombombe brachte die Möglichkeit gewaltiger Zerstörungen, aber noch haben wir uns nicht in der Weise an sie angepasst, dass wir die Besiedelung der städtischen Ballungsräume auflockerten oder die Atomenergie kontrollierten oder ein allgemeines Abkommen zur Ächtung der Atombombe zustande brachten. Vielleicht vergehen noch viele Jahrzehnte, bis wir uns an die Atombombe anpassen – eine höchst gefährliche Verspätung (Ogburn 1972, zuerst 1957: 337).

Sozialer Wandel wird gemeinhin verstanden als Veränderung eines sozialen Systems insgesamt (großer Teile seiner Struktur) oder seiner Teilsysteme. Von sozialem als einem gesellschaftlichen Wandel lässt sich erst dann sprechen, wenn er sich auf den verschiedenen Aggregatebenen niederschlägt: auf der Makroebene als Wandel großformatiger Strukturen (z.B. Fruchtbarkeit der Bevölkerung, Altersaufbau, wirtschaftliche Produktivität), auf der Mesoebene als Wandel z.B. der Struktur von Betriebsorganisation, von Städten, von kulturellen Einrichtungen, von sozialen Milieus und Lebensstilen, auf der Mikroebene als Wandel individueller Wertorientierungen, Handlungsmuster oder Lebensläufe (Weymann 1998).

Sozialer Wandel bezieht sich im Allgemeinen auf die Veränderung eines natürlichen, ökonomischen, psychischen oder sozialen Systems in Richtung auf Wachstum, Differenzierung und zunehmende Komplexität. Es lassen sich drei verschiedene Ursprünge und Formen entwicklungslogischen Denkens in der Soziologie unterscheiden:

1. Der Fortschrittsglaube und -optimismus seit dem Ende des 18. Jahrhunderts unter dem Einfluss von Humanismus, Aufklärung und Aufstieg der modernen Wissenschaften. Im Vertrauen auf die geistige Mobilisierung und Emanzipation des bürgerlichen Individuums und über die Vorstellung einer Planbarkeit gesellschaftlicher Verhältnisse aufgrund empirisch gefundener Gesetzmäßigkeiten wird von einem sozialen Fortschritt gesprochen.

2. Die zweite Quelle entwicklungssoziologischen Denkens ist die Evolutionstheorie unter dem Einfluss von Charles Darwin (1809-1882) und ihre Adaptation durch die Sozialdarwinisten, die bis weit in das 20. Jahrhundert hineinwirkten.

3. Die dritte Quelle evolutionistischen Denkens beruht auf Vorstellungen, nach denen sich die meisten Länder bzw. Gesellschaften prinzipiell in Richtung der historischen Entwicklungslogik der europäischen Moderne bewegen. Im Begriff der Modernisierung wird der Anspruch erhoben, den Typus der gegenwärtigen Gesellschaft von als vormodern definierten Gesellschaftstypen unterscheiden zu können. Als den wesentlichen Ertrag der Modernisierung betrachtet Wolfgang Zapf (1997) die Wohlfahrtsentwicklung. Moderne Gesellschaften sind demnach durch die vier Basisinstitutionen Konkurrenzdemokratie, Marktwirtschaft, Wohlfahrtsstaat und Massenkonsum gekennzeichnet. Erreicht werden sollen Freiheit, Wachstum und Wohl-

fahrt, wofür die erfolgreichen Nationalstaaten in Europa und die USA als Vorbilder gelten.

Klassische Hauptströmungen soziologischen Denkens zum sozialen Wandel

Ein Überblick über die seit Mitte des 19. Jahrhunderts entstandene Soziologie des sozialen Wandels zeigt drei unterschiedliche Phasen, die von Müller und Schmid (1995) als heroische, klassisch-soziologische und zeitgenössische Phase bezeichnet werden.

In der *heroischen* Phase werden komplexe Forschungsprogramme entwickelt, um den Übergang vom Feudalismus zum Kapitalismus zu erklären. Theoretisch geht es darum, den Umbau von der Tradition zur Moderne zu erklären, wobei normativ die hegemoniale Rolle des okzidentalen Europas hervortritt (Müller/ Schmid 1995: 16). Gesucht wurde in der Frühphase besonders nach Regelmäßigkeiten des sozialen Wandels. Die Auffindung von Gesetzen der Entwicklung war lange Zeit eines der wichtigsten Themen der Soziologie. Sie sollten Ordnung in die wahrgenommene politische und ökonomische Instabilität bringen. Im Mittelpunkt der Betrachtungen standen die ökonomische Revolution und die Entstehung des Industriekapitalismus, die politische Revolution und die Entstehung demokratischer Institutionen und die kulturelle Revolution, die das Individuum als zentrale Instanz sozialen Handelns in den Vordergrund brachte. Die Forschung brachte verschiedene theoretische Angebote hervor. Dazu zählen die evolutionistischen Entwicklungstheorien von August Comte und Herbert Spencer oder die politisch-ökonomische Theorie des Kapitals von Karl Marx.

Basales Element der Entwicklungstheorie von Auguste Comte (1798-1857) ist das Dreistadiengesetz, wonach auf das theologische und militärische Stadium das metaphysische folge, welches schließlich – als Endstadium – vom positiv wissenschaftlichen abgelöst werde. Comtes Theorie drückte sehr deutlich zwei Ideenstränge aus, die in seiner Zeit sehr einflussreich waren und dies in gewisser Weise auch noch heute sind. Dies ist einerseits die Idee des evolutionären Wandels und andererseits der dynamischen Veränderung. Letztere sah er neben dem individuellen Streben nach Glück, der Kürze der Lebensdauer und dem Bevölkerungswachstum vor allem ausgelöst durch die Entwicklung des menschlichen Intellekts bzw. des wissenschaftlichen Denkens. Die Gesamtheit des Fortschritts vollzieht sich nach Comte unter der Leitung des Verstandes. In seinem Entwicklungsgesetz durchläuft das menschliche Wissen, das gesellschaftliche wie das individuelle, notwendig drei aufeinander folgende Stadien. Die Höherentwicklung der Menschheit besteht in einer Verselbständigung des „positiven", d.h. wissenschaftlichen Geistes gegenüber dem Geist der Theologie und Metaphysik. Es geht um eine zunehmende Unterordnung der Phantasie unter die exakte Beobachtung und eine Trennung von Theorie und Praxis. Der „Geist des Positivismus" erfordere eine „positive Rationalität", sodass die Tatsachen nicht nach den Ideen, sondern die Ideen nach den Tatsachen zu ordnen sind. Je besser die realen Bewegungsgesetze erkannt werden, desto eher ist eine geordnete Entwicklung möglich.

Wie August Comte machte sich auch Herbert Spencer (1820-1906) auf die Suche nach den Gesetzen des sozialen Fortschritts. „Wie wir an den heute noch lebenden barbarischen Stämmen sehen können", so Spencer, „ist die Gesellschaft in ihrer ersten und niedersten Form eine homogene Zusammenballung von einzelnen, die die gleichen Kräfte und Funktionen besitzen. Der einzige Unterschied ist der des Geschlechts. Schon in der frühen Zeit entsteht aber eine Differenzierung zwischen den Herrschenden und den Beherrschten. Und danach schreitet die Differenzierung fort. Der Herrscher übernimmt anfänglich auch noch sakrale Funktionen, die dann später geteilt werden" (Spencer 1967: 123f.). So wird

Entwicklung definierbar als ein Wandel von unzusammenhängender Gleichartigkeit zu zusammenhängender Verschiedenartigkeit. Es ist eine Entwicklung vom Aggregat zum System. Je höher die Differenzierung, desto höher die Abhängigkeit und desto stärker der Wertekonsens. Denn die sich ausdifferenzierenden Systemteile geraten in wechselseitige Abhängigkeit und durch wachsenden Kooperationszwang entsteht auch ein höherer Wertekonsens. Je höher die Komplexität als Folge der sukzessiven Differenzierung, desto höher die Dezentralisierung der Entscheidungen (desto mehr individuelle Möglichkeiten sind gegeben). Die wachsende gesellschaftliche Komplexität führt zur zunehmenden individuellen Emanzipation der Handelnden. Spencer sieht gesellschaftliche Entwicklung als einen „natürlichen" Prozess, weil er unter Gesellschaft eine Verlängerung der organischen Natur in der spezifischen Ausprägung der menschlichen Existenz versteht. Der entscheidende Schritt zur Erreichung einer höheren Entwicklungsstufe besteht in der Kunst der Koordination von Tätigkeiten. Die tragenden Kräfte der Evolution erwachsen aus der Differenzierung von Tätigkeiten und Bedürfnissen. Dabei unterscheidet Spencer drei Typen von Sozialsystemen, nämlich primitive (sehr geringe Arbeitsteilung; Kontrolle durch Sitte; selbstverständliche Konformität), militärische (höhere Arbeitsteilung; Zusammenhalt durch Macht; Kooperation durch Zwang; erzwungene Konformität) und industrielle (hohe Komplexität; Kooperation freiwillig; Zusammenhalt durch Rechtsnormen; Chancen der Nonkonformität).

Eine polit-ökonomische Theorie sozialen Wandels legt Karl Marx (1818 bis 1883) vor. Nach ihm entwickelt sich die Gesellschaft stufenweise im Wechsel der Klassenkämpfe zu immer höheren Formen der Produktivität, Ausbeutung und Klassentrennung, bis der revolutionäre Umschlag in Richtung auf eine klassenlose Gesellschaft über die „Diktatur des Proletariats" unausweichlich wird. Zentraler Mechanismus der Entwicklung ist die zunehmende Arbeitsteilung im Verbund mit der Entwicklung der menschlichen

Bedürfnisse, wodurch die ständige Differenzierung und Verfeinerung der Produktivkräfte (Produktionsmittel und menschliche Arbeitskraft) und der Produktionsverhältnisse (Art der ökonomischen und sozialen Beziehungen) ermöglicht wird.

Mit dem Ansatz, dass die menschliche Geschichte eine „Geschichte von Klassenkämpfen" ist, ist das eigentliche Wesen der sozialen Evolution, die Abfolge unterschiedlicher Formen von Gesellschaften, bezeichnet. Im Unterschied zu Comte und Spencer wird damit darauf verwiesen, dass in menschlichen Gesellschaften nicht nur Integration stattfindet, sondern Konflikte ein wesentlicher Bestandteil gesellschaftlichen Lebens und sozialen Wandels sind. Der Konflikt zwischen Feudaladel und Bourgeoisie hat zu einem Wandel der gesellschaftlichen Produktionsweise und Produktionsverhältnisse geführt. Marx bezeichnet die Aufeinanderfolge unterschiedlicher Produktionsweisen, d.h. den Übergang zwischen verschiedenen Gesellformationen (urwüchsige bzw. archaische Gemeinschaften, Sklavenhaltergesellschaft, Feudalgesellschaft, Kapitalismus) als Geschichte. Es ist die freie, bewusste Tätigkeit des Menschen, die geschichtskonstituierend wirkt, die Tätigkeit der Menschen allein bestimmt den Gang der Geschichte (vgl. Korte 1993). Es handelt sich bei den verschiedenen Gesellschaftsformationen letztlich um unterschiedliche Formen von Ausbeutung und Herrschaft. Dabei galt das Interesse von Marx nie einer Theorie der Weltgeschichte, sondern primär der Analyse der kapitalistischen Gesellschaft, die letzten Endes zu einer revolutionären Umgestaltung hin zum Sozialismus bzw. Kommunismus führen musste. Im Unterschied zu Geschichte ist Entwicklung Bestandteil jeder Gesellschaftsformation. Dabei ist die Grundlage, auf der sich die Verhältnisse entwickeln, die gesellschaftliche Arbeit, die materielle Produktion. Die Verhältnisse der Produktion sind durch die Art und Weise der Beziehungen zwischen ProduzentInnen und Nicht-ProduzentInnen bestimmt, d.h. zwischen jenen, die Produkte herstellen, und jenen, die sich das Mehrprodukt aneignen. Entwicklung findet statt, so lange die Produktionsverhältnisse (= Beziehung zwischen ProduzentInnen und Nicht-ProduzentInnen) einer bestimmten Entwicklungsstufe den materiellen Produktivkräften entsprechen. Da sich die Produktivkräfte (Produktionsmittel und Arbeitskraft) schneller entwickeln als die Produktionsverhältnisse kommt es zunehmend zu Konflikten. Die Folge ist, dass die jeweils bestehende Gesellschaftsformation gesprengt wird und eine neue entsteht. Entwicklung bedeutet also die Realisierung von Lebenschancen vor dem Hintergrund der jeweiligen gesellschaftlichen Bedingungen einer Epoche. „Die Menschen machen ihre eigene Geschichte", stellt Marx im 18. Brumaire des Louis Napoleon (Marx 1980) fest, „aber sie machen sie nicht aus freien Stücken, sondern unter unmittelbar vorgefundenen, gegebenen und überlieferten Umständen." Mit diesem Satz drückt Marx aus, dass allein die Individuen, die gesellschaftlich handelnden Individuen, Träger und Subjekte dessen sind, was wir Gesellschaft und Geschichte nennen.

Am Ende des 19. Jahrhunderts wird deutlich, dass die wandlungstheoretischen Ansätze zur Transformation vom Feudalismus zum Kapitalismus einem geschichtsphilosophischen Fortschrittsglauben verhaftet sind. In der klassisch-soziologischen Phase wurde nach tragfähigeren Strukturprinzipien des sozialen Wandels gesucht. Max Webers Programm zur Sonderentwicklung des Okzidents ist der Höhepunkt der Forschung zum sozialen Wandel in dieser Phase.

Max Weber (1864-1920) analysiert die Entstehung des modernen Kapitalismus und die europäische Sonderentwicklung. Weber geht es um eine Korrektur der zu seiner Zeit sowohl dominierenden materialistischen Erklärungen als auch der ausschließlich historischen Ansätze zur Erklärung der Ursprünge des Kapitalismus. Akzentuiert richtet sich Webers Fragestellung auf die ideellen Grundlagen der kapitalistischen Organisation der ökonomischen und gesellschaftlichen Ordnung (Kaesler 2002). In seiner Schrift *Die protestantische Ethik und der Geist des Kapitalismus* stellt Weber normative Faktoren als mitentscheidende Bedeutung bei der Erklärung der Entwicklung der kapitalistischen Gesellschaft heraus. Er verweist in diesem Zusammenhang auf die *Protestantische Ethik* (Weber 2004), die Müßiggang ablehnte und über ihr asketisches Ideal die Durchsetzung einer kapitalistischen Wirtschaftsgesinnung ermöglichte. Die in der Reformation entstandene protestantische Religiosität, insbesondere calvinistischer Prägung, verlangte eine Lebensführung, die auf Askese ausgerichtet ist. Die Pflicht zur Arbeit und das Verbot des Müßiggangs und Vergnügens förderten die Entwicklung von Leistungstugenden. Sie bringen nach Weber den „Berufsmenschen" hervor. Zweckrationales Handeln im Sinne eines individualistischen Erwerbsstrebens sei ein wesentliches Antriebsmoment der abendländischen Modernisierung. Dadurch entstand die bekannte dynamische Verflechtung von Arbeitsteilung, Produktivität und Geldwirtschaft.

Den Entwicklungsprozess in Industriegesellschaften beschreibt Weber als zunehmende „Entzauberung der Welt". Sie gibt dem Menschen einerseits die Möglichkeit, seine Umwelt besser zu beherrschen, schafft aber andererseits selbst „Gehäuse neuer Hörigkeit". Weber sieht also die Entwicklung des Kapitalismus auch durchaus kritisch, indem er die Maschinerie der modernen Wirtschaftsordnung als mit überwältigendem Zwange ausgestattet sieht. Er hält es für die Zukunft durchaus für möglich, dass sich „Fachmenschen ohne Geist" und „Genussmenschen ohne Herz" in all ihrer Überheblichkeit breit machen (vgl. Priesching 1992).

Im Übergang von der klassischen zur zeitgenössischen Phase finden wir Norbert Elias (1897-1990), der den Zusammenhang zwischen individueller Sozialisierung und gesellschaftlichem Zivilisationsprozess untersuchte. Indem Elias auf die „innere" Dynamik der Zivilisation aufmerksam macht, das Wachstum der individuellen Autonomie des Menschen durch zunehmende verinnerlichte Triebregulierung nimmt Elias Ansätze einer Mikrofundierung sozialen Wandels vorweg.

Norbert Elias bewegte die Frage, warum es in Europa bestimmte gesellschaftliche Veränderungen gegeben hat, ob diese etwas Zufälliges gewesen sind, oder ob sich dahinter ein strukturierendes Prinzip finden lässt. Dabei entwickelt Elias zwei Theorien, jene der Zivilisierung der Sitten und jene der Staatenbildung. Der Zivilisationsprozess ist eng mit der Bildung von Staaten verbunden. Es war – so Elias – ein Jahrhunderte währender Prozess, bei dem aus Rittern mit kleinen Fürstentümern, die kaum auf die Gefühle anderer Rücksicht nehmen oder ihre eigenen Gefühle im Zaum halten mussten, Höflinge wurden. Die aus Kriegern gebildete Aristokratie verwandelte sich zum höfischen Adel. Erreichen konnten dies die Regierenden über das Gewaltmonopol und das Steuermonopol. Damit entsteht – ähnlich wie bei Spencer – eine stärkere Abhängigkeit vieler Menschen untereinander. Dies führt zu einer Veränderung der Triebregulierung und des Affektlebens. Elias verbindet die Geschichte des Individuums (Psychogenese; langfristige Entwicklung individueller Persönlichkeitsstrukturen; „Zivilisierung des Verhaltens") mit der langfristigen Geschichte der Gesellschaft (Soziogenese; langfristige Entwicklung der Strukturen gesellschaftlicher Ungleichheit; Machtstrukturen; gesellschaftliche Ordnungsstrukturen) und erklärt daraus die Entstehung der „abendländischen Zivilisation" aus figurations- und prozesssoziologischer Sichtweise.

In unserer Gesellschaft ist jedes menschliche Wesen vom ersten Augenblick seines Daseins an den Einflüssen und dem modellierenden Zugriff von Erwachsenen ausgesetzt. „Die Kinder müssen", so Elias (1976: 190), „in verhältnismäßig wenig Jahren den vorgerückten Stand der Scham und Peinlichkeitsgefühle erreichen, der sich in vielen Jahrhunderten herausgebildet hat. Ihr Triebleben muss rasch jener strengen Regelung und jener spezifischen Modellierung unterworfen werden, die unseren Gesellschaften das Gepräge gibt, und die sich in der geschichtlichen Entwicklung langsam entwickelte".

Die Veränderung des menschlichen Verhaltens, der Empfindungen und der Affekte sind für Elias Teil des Prozesses der Zivilisation. Gemeint ist damit die langfristige Umwandlung von Außen- in Innenzwänge. Es ist ein lang dauernder Prozess, der nicht nach einem rationalen Plan zielgerichtet verläuft. Angetrieben wird dieser Prozess durch die Interdependenz der Menschen, die den Zivilisationsprozess bestimmt. Und an diesem Punkt hat soziologische Forschung anzusetzen. Es geht um den Habitus der Menschen und die gesellschaftlichen Verflechtungen.

Zivilisation wird für Elias „in Gang gehalten durch die Eigendynamik eines Beziehungsgeflechts, durch spezifische Veränderungen der Art, in der die Menschen miteinander zu leben gehalten sind. […] Das Verhalten von immer mehr Menschen muss aufeinander abgestimmt, das Gewebe der Aktionen immer genauer und straffer durchorganisiert sein, damit die einzelne Handlung darin ihre gesellschaftliche Funktion erfüllt" (Elias 1976, Bd.2: 317).

Es ist Talcott Parsons (1902-1979), der nach dem Zweiten Weltkrieg die zeitgenössisch-soziologische Phase der Soziologie sozialen Wandels begründet. Er setzt einerseits an den Erkenntnissen zur Transformation vom Feudalismus zum Kapitalismus an und andererseits nimmt er den Wissensfundus der soziologischen Klassik auf. Sein Modell beruht auf der Vorstellung eines dynamischen Gleichgewichts. Er widmet sich der modernisierungstheoretischen Schlüsselfrage nach der Herausbildung des Typus „moderner Gesellschaften" (vgl. Müller/Schmid 1995) und hat damit einen enormen Einfluss auf die Nord-Süd-Debatte gehabt.

Die grundlegende Idee besteht in der Annahme, dass sich der soziale Wandel als fortschreitende funktionale Differenzierung der Gesellschaften vollzieht, wobei Differenzierungsprozesse innerhalb des Systems noch keinen Wandel des Systems bedeuten. Ein wertmäßiger Wandel ist mit der Institutionalisierung neuer Werte auf gesamtgesellschaftlicher Ebene verknüpft. So nennt Parsons als Beispiel für die Industrialisierung der unterentwickelten Länder

„die Koinzidenz drängender materieller Not und fehlender funktionierender Wertbeziehungen" (1979: 51). Der Ausgangspunkt bei Parsons ist dabei nicht der Wandel bzw. die Veränderung in Gesellschaften, sondern die Stabilität sozialer Systeme. In den Mittelpunkt der Betrachtung rückt ein bestimmtes funktionales Gleichgewicht, welches unter Umständen – wie bereits in einem Beispiel angeführt – an seine Leistungsgrenzen stößt. Diese Umstände können endogene Vorgänge oder exogene Anstöße sein. Der Kern des Prozesses der funktionalen Ausdifferenzierung ist die Trennung von Funktionen. Ein Beispiel lässt sich über den Funktionswandel der Familie geben. Im Zuge der Industrialisierung kommt es zu einer Trennung von Haushalt und Arbeitsplatz, wodurch die Subsistenzökonomie beseitigt wird, in der die Kinder als Arbeitskräfte eingesetzt werden. Dadurch entsteht die Möglichkeit, Kinder einer spezifischen Sozialisation zu unterziehen, nämlich der schulischen. Diese wiederum ist Voraussetzung für den Aufbau industrieller Produktion, weil für diese spezielle Qualifikationen notwendig sind, die in der Familie nicht erbracht werden können.

Das allgemeinste Kennzeichen der funktionalen Ausdifferenzierung ist, dass es keine spezifischen Leistungen mehr gibt, auf die sich die Menschen stützen, sondern der Zusammenhalt auf zunehmend komplexeren Mechanismen beruht. Die nach dieser Vorstellung konsequent ausdifferenzierte Gesellschaft der Moderne wäre dann nicht mehr durch Instabilität gefährdet. Problematisch ist an diesem Ansatz, dass er eine gewisse Unvermeidlichkeit und Unumkehrbarkeit unterstellt. Die These von der Unvermeidlichkeit der weiteren funktionalen Differenzierung, der Durchrationalisierung und Entzauberung der Welt hat ihren deutlichsten Niederschlag in den Modernisierungstheorien gefunden, die als spezielle Variante des funktionalistischen Paradigmas gelten können. Eine besondere Bedeutung kommt dabei der kulturellen und normativen Differenzierung zu. Um letzteren Prozess voranzutreiben, sollte die Politik demokratisiert, Bildungsprozesse in Gang gebracht und kulturelle

Wertvorstellungen diffundiert werden, wie z.B. die protestantische Ethik.

Talcott Parsons entwickelte für die Erklärung moderner Gesellschaften ein System der Evolutionären Universalien (1979a): In der Entwicklung und Differenzierung sozialer Systeme werden nach ihm diese in einer bestimmten Reihenfolge nacheinander institutionalisiert, wobei jede Phase die notwendige Grundlage für die Entwicklung weiterer evolutionärer Sprünge darstellt und diese Entwicklung nicht umkehrbar ist. Solche evolutionären Universalien sind zuerst das Inzesttabu, später Verwandtschaftssysteme, bürokratische Organisationen und allgemeine Rechtssysteme.

Nach Talcott Parsons befinden sich komplexe Gesellschaften in fortwährendem Wandel. Denn durch gesellschaftliche und organisatorische Innovationen, Wertewandel, Unzuverlässigkeiten des Sozialisierungsprozesses, Knappheit der Ressourcen, gegensätzliche Formen der sozialen Organisation (Gemeinschaft-Gesellschaft) kommt es zu Wandel, wobei die handelnden Akteure daran interessiert sind, den Wandel hin zu einem neuen Gleichgewichtszustand zu neutralisieren. Sozialer Wandel führt nach Parsons dann zu Fortschritt, wenn dieser zur gesteigerten Anpassungsfähigkeit sozialer Systeme führe. In diesem Sinn versteht sich Parsons auch als Evolutionist. Es sind jene Systeme fortgeschrittener, die eine größere Anpassungsfähigkeit aufweisen. Im Unterschied zum 19. Jahrhundert versteht Parsons den Fortschritt aber nicht als Versuchs-Irrtumsprozess, sondern als einen Lernprozess. Das Lernen aus Fehlern führt zu einer Steigerung der Selbststeuerung der Systeme.

Das Ende einer Soziologie sozialen Wandels?

Die Kritik an den verschiedenen Theorieangeboten zur Erklärung des sozialen Wandels ab den 1980er Jahren verweist auf eine zunehmenden Skepsis gegenüber diesem Konzept. Das aus der positivistischen Soziologie stammende Angebot von August Comte und

Herbert Spencer wurde etwa aus der Perspektive einer akteursorientierten Entwicklungssoziologie, wie sie von Dieter Goetze (2000) und Norman Long (2001) vertreten wird, kritisiert. Argumentiert wird hier, dass das Individuum, das als Willens- oder Wirtschaftssubjekt den Ausgangspunkt vernunftrechtlich und liberal orientierter Gesellschaftstheorien gebildet hat, in der positivistischen Soziologie seine zentrale gesellschaftskonstitutive Rolle verloren hat. An seine Stelle sind die Institutionen getreten. Emanzipiertes Handeln zielte vor allem auf eine soziale Bindung an tradierte wie dynamische Werte ab. An Stelle eines Emanzipationsbegriffs, der auf eine Freilassung des Individuums aus Herrschaft gerichtet ist und als Wille zur Autonomie, „tritt bei den Positivisten die Konzeption der Emanzipation als freiwillige Unterordnung und angepasstes Rollenverhalten" (Kiss 1974: 279). Fraglich erscheint, ob es wirklich die äußeren System- und Lebensbedingungen sind, d.h. formalisierte Institutionen, die den Modernisierungsprozess vorantreiben. Sind es nicht vielmehr die typischen Einstellungen und Lebensweisen der einzelnen, die heute Modi der Vergesellschaftung darstellen (Hradil/Immerfall 1997)? Ein universelles Phänomen der Gegenwartsgesellschaften ist die vorwärtstreibende Kraft des „subjektiven" Alltagsverhaltens, der individuellen Einstellungen und soziokulturellen Strömungen. Danach verfügen die älteren Theorien sozialen Wandels über keine angemessene Mikrofundierung, sodass sie zu fehlerhaften Einschätzungen sozialstrukturellen Wandels kommen.

An Marx wiederum wurde kritisch angemerkt, eine weitgehend gleichförmige, wenn auch ungleichzeitige Entwicklung der vom Weltmarkt erfassten Länder erwartet zu haben. Auch Formulierungen wie z.B., dass das industriell entwickelte Land dem minder entwickelten nur das Bild der eigenen Zukunft zeige, boten Anlass, Marx die Theorie einer naturgesetzlichen und damit unausweichlich eintretenden Entwicklung zuzuschreiben (Grimm 1979). Weiters wurde kritisiert, dass sich sozialer Strukturwandel nicht allein aus inneren Widersprüchen heraus erklären lässt. Innere Widersprüche bilden lediglich die Vorbedingung oder die Möglichkeit für umfassenden sozialen Wandel. An diesem Punkt wird eine Verknüpfung von Struktur und Kultur verlangt (Bottomore 1978). Die Verknüpfung von Struktur und Kultur wird nur dann realisiert, „wenn sich andere, nichtstrukturelle Prozesse in der Entwicklung und Organisation neuer sozialer Gruppen, der Ausarbeitung neuer Interessen und Wertvorstellungen ereignen" (Bottomore 1978: 156).

Und auch das Theoriegebäude von Parsons, welches eine beeindruckende analytische Architektonik enthält, wurde in seiner politikgestaltenden Kraft überschätzt. Die Entwicklungssoziologie erhob immer stärker Bedenken gegenüber der angenommenen Entwicklungsautomatik (Barnett 1988; Goetze 1983). Inzwischen zeigt sich, dass die „Entwicklung" hin zu Modernisierung ein wesentlich komplexerer Prozess ist, als es in den 1960er Jahren von den VertreterInnen der Modernisierungstheorien angenommen worden war. Der funktionalistische Ansatz geht jedenfalls nicht von Konflikten als bewegenden Kräften in der gesellschaftlichen Entwicklung aus, sondern von der differentiellen funktionalen Reproduktion. Vor diesem Hintergrund hat Wolfgang Zapf vorgeschlagen, eine konflikt- und innovationstheoretisch „gehärtete" Modernisierungstheorie aufzustellen. Eine solche sei besser in der Lage, Umbrüche darzustellen. Er spricht in diesem Zusammenhang von „weitergehender Modernisierung", die durch Richtungskonstanz und Strukturverbesserung gekennzeichnet ist (Zapf 1997: 37).

Die Modernisierungstheorie hatte zudem die „Stabilität von Korruption, Militarisierung und polit-ökonomischer Ausbeutung ebenso unterschätzt wie das Beharrungsvermögen vieler Sozietäten, die sich jeder Modernisierung nach westlichem Vorbild verweigerten" (Müller/Schmid 1995: 21). Gezeigt werden kann an ethnischen und kulturellen Bindungen, dass diese sich im Modernisierungsprozess nicht aufgelöst, sondern in mancherlei Hinsicht sogar verstärkt haben, und zwar nicht nur zu Sinn- und Identitätsstiftung (Wolff 1993), sondern als wesentliche Komponente sozialen Kapitals (Lomnitz 1992). Die Einsicht in die Grenzen des Wachstums (Meadows et al. 1972) und die ökologischen Belastungen setzten dem weiteren materiellen Fortschritt deutliche Grenzen. Die Moderne wird in Frage gestellt, die Fortschrittslogik als Ideologie und falsches Bewusstsein ausgewiesen.

Einen neuen Zugang bietet hier Shmuel N. Eisenstadt (2001) an, der mit seinem Konzept der vielfältigen Modernen herauszuarbeiten versucht, dass Modernität keine europäische Besonderheit ist, sondern auch andere Zivilisationen seit langem moderne Entwicklungen besitzen. Der kategoriale Rahmen der Weltgesellschaft, die Unterscheidung zwischen hochentwickelten und Entwicklungsländern, erster und dritter Welt, Tradition und Moderne brechen zusammen. Im globalen Zeitalter teilen die Entwicklungsländer mit den Industrieländern denselben Raum und Zeithorizont. Ein globaler Vergleich verschaffe die Chance, die Wege dieser unterschiedlichen, anderen Modernitäten nachzuzeichnen und besser verständlich zu machen.

Die gegenwärtige Moderne ist nach Eisenstadt am besten zu verstehen, wenn man sie als eine Geschichte kontinuierlicher Hervorbringung und Widerhervorbringung einer Vielzahl kultureller Programme begreift. Eisenstadt sieht die spezifisch westliche Moderne durchdrungen von internen Gegensätzen und Widersprüchen. Diese Gegensätze und Widersprüche werden in verschiedenen sozialen Arenen thematisiert und bearbeitet. Wesentliche Elemente der Debatte sind der Stellenwert der Rationalität, das Verhältnis von Reflexivität und aktiver Gestaltung von Natur und Gesellschaft, die Beziehung zwischen Freiheit und Gleichheit und die Beziehung zwischen Staat und ziviler Gesellschaft. Auch wenn die koloniale und imperialistische Expansion der Industriestaaten deren hegemoniale Stellung beförderte, ist das Resultat doch nicht eine einzige Moderne oder Zivilisation (vgl. Randeria 2004). Es ist gerade die Konfrontation mit westlichen Kulturformen Herausforderung und Quelle weitreichender Transformationen für alle anderen kulturellen Konstellationen. Aus dieser Konfrontation ergibt sich nicht ein Weg der Moderne, sondern sie weist in Richtung multipler Modernen. Randeria sieht die Position von Eisenstadt aber auch kritisch, indem sie darstellt, dass Eisenstadts Blick immer noch auf die Industriestaaten fokussiert ist. Es sind die anderen, die sich an den Herausforderungen der (alten) Industriestaaten abarbeiten müssen. Damit negiere er im Grunde die Möglichkeit, dass auch andere Zivilisationen in der Lage sind, innovative Beiträge zur modernen Konstellation zu leisten, die dann auch für die (alten) Industriestaaten Relevanz besitzen könnten.

Insgesamt sind den Modernisierungstheorien zufolge bestimmte Entwicklungstrends Ausdruck bestimmter Zielsetzungen (Zweckrationalität, Fortschrittsgedanke, Säkularisierung, Individualität, Aktivität etc.), diesbezüglich funktionaler Differenzierungen und leistungsfähiger Basisinstitutionen (Marktwirtschaft, Konkurrenzdemokratie, Wohlfahrtsstaat, universelle Normen etc.). Modernisierungen werden heute nicht länger als rein linear verlaufende, ausschließlich positiv zu bewertende und international völlig gleichartige Entwicklungsprozesse nach dem Muster moderner Dienstleistungsgesellschaften angesehen. Allgemeine Entwicklungsgesetze werden heute auch deshalb kaum mehr vertreten, weil sie mit den handelnden AkteurInnen nichts zu tun haben und daher – wie es Esser (2000) formuliert hat – „unverständlich" bleiben.

Gegen eine allgemeine Theorie sozialen Wandels werden drei Argumente vorgebracht (vgl. Hallinan 2000: 181). Das erste Argument bezieht sich darauf, dass von Mustern, die in einer Umgebung zu einem bestimmten Zeitpunkt existieren, nicht auf eine andere Umgebung oder einen anderen Zeitpunkt geschlossen werden kann (= Problem sozialer Universalien). Das zweite Fundamentalproblem ist, dass der soziale Wandel so komplex ist, dass die Beziehungen, die für Veränderung verantwortlich sind, nicht spezifiziert werden können. (= Problem der Operationalisierung). Methodische Probleme ergeben sich dadurch, dass wir nicht wissen, ob es sich bei den Veränderungen um – statistisch gesehen – zufällige Ereignisse handelt (Messartefakte) oder tatsächlich von einem „chaotischen" Verhalten ausgegangen werden kann. Schließlich wird argumentiert, dass die Muster der Veränderung vom Betrachtenden aufgesetzt sind, d.h. die Veränderung findet in der Sichtweise des Betrachtenden statt (= Problem der Relativität).

Was ist dann sozialer Wandel? Das nichtintendierte kollektive Ergebnis des situationsbezogenen Handelns menschlicher AkteurInnen. Wohl wahr! „Die Logik des sozialen Wandels besteht also nicht aus irgendwelchen übergreifenden Gesetzen des sozialen Wandels, sondern aus der Situationslogik des immer wieder neu zu erklärenden Anschlusses von einzelnen Sequenzen der soziologischen (Tiefen-)Erklärung an die vorhergehende" (Esser 2000: 329). Es gibt demnach keine „Gesetze" sozialen Wandels und auch kein Gesetz einer unilinearen Evolution. Zielgerichtetes individuelles Handeln, seine (unbeabsichtigten) kollektiven Folgen und deren Wirkungen auf die Sozialstruktur sowie die Rückkopplungen auf das individuelle Handeln mit neuen Veränderungen zwischen sozialer Mikro- und Makroebene werden bei jedem neuen Entwicklungspfad behandelt und zur Erklärung des Wandels eingesetzt. „Bei der Analyse des Geschehens werden daher sowohl die funktionalen Gleichgewichte wie die inneren und äußeren Spannungen, die endogenen Verkettungen wie die exogenen ‚Störungen', wie auch die ‚kausale' Eigendynamik und die evolutionäre Offenheit als jeweils gleichermaßen mögliche Varianten der Vorgänge beachtet" (Esser 2000: 396).

Es ist nach diesem Ansatz nicht möglich, gesellschaftliche Prozesse zu erklären, ohne sich auf die Problemsicht der beteiligten AkteurInnen zu beziehen. Damit wird auf die TrägerInnen der behaupteten Bewegungsenergie abgestellt. Das Handeln der AkteurInnen ist zu verstehen als Anpassungsversuch an die selektiv wirksamen Restriktionen ihrer Handlungssituation. Long (2001) beschreibt diesen Weg folgendermaßen: „All forms of external intervention necessarily enter the existing lifeworlds of the individuals and social groups affected, and in this way they are mediated and transformed by these same actors" (ebd. 13). Herausgestellt wird die Handlungsfähigkeit des Individuums, d.h. seine Kapazität, soziale Erfahrungen zu steuern und das Leben zu gestalten, und zwar auch unter extremen Formen von Zwang.

Um die Unterschiede erfassen zu können, bedarf es deshalb einer präzisen Analyse des Lokalen ebenso wie globaler Prozesse. Institutionalisierungsprozesse werden dann vor allem interessant, wenn es nicht nur um die Beschreibung der spezifischen Institution geht, sondern ihrer Verankerung im Alltagsleben. In einer empirischen Studie konnte gezeigt werden, dass *Community Development Committees* in einer ländlichen Region in Nepal zu einer Veränderung der Geschlechterverhältnisse in den Gemeinden geführt haben (Grimm et al. 2005).

Neben den TrägerInnen sozialen Wandels geht es in der gegenwärtigen Diskussion zu einer Neuorientierung des Konzepts um die Ebene der Beziehungsformen und deren Prozessdynamik. Es geht dabei darum, Prozesse zu kennzeichnen, „die unter der Bedingung ablaufen, dass die Akteure ihr Verhalten unter anderem deshalb wählen, weil sie zu anderen in einer erkennbaren funktionalen Beziehung stehen" (Müller/Schmid 1995: 33). Wenn es um die Analyse von Produktionsfunktionen geht oder Autoritätsbeziehungen, dann ist auch die Ebene externer Ressourcen zu berücksichtigen. Diese externen Faktoren wirken sich auf die einzelnen AkteurInnen als situative Restriktionen aus, über die sie nicht nach Belieben verfügen, die sie aber gestalten können.

Jede Theorie sozialen Wandels greift schließlich dann zu kurz, wenn Wandlungsprozesse nur in Richtung auf das Wiedererreichen eines Gleichgewichts gedacht werden oder als Wandel durch Differenzierung. Es finden sich sehr verschiedene Modelle. Dazu gehören neben linearem und kontinuierlichem Wandel, der zu einer größere Komplexität führt, zu wachsender technologischer Verfeinerung, ausgedehnter sozialer Organisation und Differenzierung, auch andere Prozesstypen. Solche sind „Zyklus" und „Chaos", „Konvergenz" wie „Zusammenbruch". Bei nicht-linearem, zyklischen Wandel sehen wir Wachstum, Reife, Verfall. Katastrophentheorien gehen von dramatischen Veränderungen in der Sozialstruktur aus. Schließlich gehen Chaostheorien davon aus, dass soziale Systeme unter bestimmten Bedingungen in eine Periode unberechenbaren Verhaltens fallen können. Chaosmodelle zeigen nicht-periodische Bewegungen und extreme Sensibilität gegenüber schwankenden Anfangsbedingungen (vgl. Hallinan 2000). Katastrophen- und Chaostheorien ermöglichen es, unerwarteten und unerklärbaren sozialen Wandel als natürliche soziale Entwicklung anzunehmen. Dies würde eine radikale Änderung soziologischen Denkens darstellen, weil es „die auf Leibniz beruhende Überzeugung, dass sich die Natur niemals in Sprüngen voranbewegt, in Frage stellt" (Hallinan 2000: 190). In den gegenwärtigen Sozialwissenschaften wird Entwicklung denn auch eher als offener Prozess gesehen, der durch keine präformierten Abläufe und Ziele festgelegt ist (Müller/Schmid 1995; Hallinan 2000).

Literatur

Barnett, Tony (1988): Sociology and Development. London: Hutchinson.

Behrendt, Richard F. (1965): Soziale Strategie für Entwicklungsländer. Entwurf einer Entwicklungssoziologie. Frankfurt a.M.: S. Fischer Verlag.

Bergmiller, Alfred, Feldbauer, Peter (Hg., 1977): Kolonialismus, Imperialismus, Dritte Welt 1. Salzburg: Verlag Wolfgang Neugebauer.

Bierschenk, T./Elwert, Georg (1993): Entwicklungshilfe und ihre Folgen. Ergebnisse empirischer Untersuchungen in Afrika. Frankfurt a.M.: Campus.

Bottomore, Tom (1978): Struktur und Geschichte. In: Blau, Peter M. (Hg.): Theorien sozialer Strukturen. Opladen: Westdeutscher Verlag, 150-160.

Brunkhorst, Hauke (2000): Globalisierungsparadoxien. Das doppelte Inklusionsproblem moderner Gesellschaften. In: Blätter für deutsche und internationale Politik 2000(09), 1096-1104.

Bubner, Rüdiger (1990): Geschichte der Philosophie. Bd. 5 Rationalismus. Stuttgart: Philipp Reclam.

Cowen, Michael P. /Shenton, Robert W. (1996): Doctrines of Development. London: Routledge.

Eisenstadt, Shmuel N. (2001): Vielfältige Modernen (Multiple Modernities). In: Zeitschrift für Weltgeschichte 2(1), 9-33.

Elias, Norbert (1976): Über den Prozess der Zivilisation. Soziogenetische und psychogenetische Untersuchungen. Frankfurt a.M.: Suhrkamp (orig. 1936).

Escobar, Arturo (1995): Encountering Development. The Making And Unmaking of the Third World. Princeton: Princeton Paperbacks.

Esteva, Gustavo/Prakash, Madhu Suri (1998): Grassroots Post-Modernism. Remaking the Soil of Cultures. London: Zed Books.

Esser, Hartmut (2000): Soziologie. Spezielle Grundlagen. Bd. 2: Die Konstruktion der Gesellschaft. Frankfurt a.M.: Campus.

Galtung, Johan (1975): Strukturelle Gewalt. Reinbek: Rowohlt.

Goetze, Dieter (1983): Entwicklungspolitik 1. Soziokulturelle Grundfragen. Paderborn: Ferdinand Schöningh.

Goetze, Dieter (2000): Entwicklungssoziologie. München: Juventa.

Grimm, Klaus (1979): Theorien der Unterentwicklung und Entwicklungsstrategien. Opladen: Westdeutscher Verlag.

Grimm, Andreas et al. (2005): Evaluierung der sozio-kulturellen Auswirkungen des Rolwaling Öko-Tourismusprojektes der österreichischen NGO Öko Himal. Wien: Forschungsbericht.

Hallinan, Maureen T. (2000): Die soziologische Analyse des sozialen Wandels. In: Bögenhold, Dieter (Hg.): Moderne amerikanische Soziologie. Stuttgart: Lucius & Lucius, 177-197.

Hein, Wolfgang (2003): Tourismus und nachhaltige Entwicklung ländlicher Regionen in systemischer Perspektive. In: Peripherie, 2003(89), 48-88.

Hradil, Stefan/Immerfall, Stefan (1997): Modernisierung und Vielfalt in Europa. In: Dies. (Hg.): Die westeuropäischen Gesellschaften im Vergleich. Opladen: Leske & Budrich, 11-25.

Kaesler, Dirk (2002): Max Weber. In: Ders. Klassiker der Soziologie. München: Beck, 190-212.

Kiely, Ray (1999): The Last Refuge of the Noble Savage? A Critical Assessment of Post-Development Theory. In: The European Journal of Development Research 11(1), 30-55.

Kiss, Gabor (1974): Einführung in die soziologischen Theorien. Opladen: Westdeutscher Verlag.

Korte, Hermann (1993): Einführung in die Geschichte der Soziologie. Opladen: Leske & Budrich.

Lerner, Daniel (1979): Die Modernisierung des Lebensstils: eine Theorie. In: Zapf, Wolfgang (Hg.): Theorien des sozialen Wandels. Hain: Athenäum, 362-381.

Lomnitz, Larissa (1992): Die unsichtbare Stadt: Familiäre Infrastruktur und soziale Netzwerke im urbanen Mexiko. In: Briesemeister, Dietrich/Zimmermann, Klaus (Hg.): Mexiko heute. Politik, Wirtschaft, Kultur. Frankfurt a.M.: Vervuert, 419-435.

Long, Norman (2001): Development Sociology. London: Routledge.

Marx, Karl (1980): Der 18. Brumaire des Louis Bonaparte. In: Marx, Karl/Engels, Friedrich (Hg.): Werke Bd. 8. Berlin: Dietz-Verlag, 111-207 (orig. 1851).

Müller, Hans-Peter/Schmid, Michael (1995): Paradigm Lost? Von der Theorie sozialen Wandels zur Theorie dynamischer

Systeme. In: Dies. (Hg.): Sozialer Wandel. Frankfurt a.M.: Suhrkamp, 9-55.

Meadows, Donella H./Meadows, Dennis L./Randers, Jørgen (1972): The Limits to Growth: A Report for the Club of Rome's Project on the Predicament of Mankind. New York: Universe Books and Potomac Associates.

Nohlen, Dieter/Nuscheler, Franz (1992): Was heißt Entwicklung? In: Dies. (Hg.): Handbuch der Dritten Welt. Bd.1. Grundprobleme. Theorien. Strategien. Bonn: Verlag J.H.W. Dietz, 55-75.

Obrecht, Andreas J. (1997): Zeit, Sinn und Raum. Plädoyer für einen selbstreflexiven Optimismus in der entwicklungspolitischen Diskussion. In: Gruber, Petra/Zapotoczky Klaus (Hg.): Entwicklungstheorien im Widerspruch. Frankfurt a.M.: Brandes & Apsel, 35-72.

Ogburn, William, F. (1922): Social Change. New York: Huebsch.

Ogburn, William, F. (1972): Die Theorie des „Cultural Lag". In: Dreitzel, Hans Peter (Hg.): Sozialer Wandel. Zivilisation und Forschritt als Kategorien der soziologische Theorie. Neuwied: Luchterhand, 328-338 (orig. 1957).

Osterhammel, Jürgen (1995): Kolonialismus. Geschichte. Formen. Folgen. München: Beck.

Parsons, Talcott (1979): Das Problem des Strukturwandels: eine theoretische Skizze. In: Zapf, Wolfgang (Hg.): Theorien des sozialen Wandels. Hain: Athenäum, 35-54.

Parsons, Talcott (1979a): Evolutionäre Universalien der Gesellschaft. In: Zapf, Wolfgang (Hg.): Theorien des sozialen Wandels. Hain: Athenäum, 55-74.

Polanyi, Karl (1957): The Great Transformation. Boston: Beacon Press.

Priesching, Manfred (1992): Soziologie. Wien: Böhlau.

Randeria, Shalini (2004): Verwobene Moderne: Zivilgesellschaft, Kastenbindungen und nicht-staatliches Familienrecht im (post)kolonialen Indien. In: Randeria, Shalini/Fuchs, Martin/ Linkenbach, Antje (Hg.): Konfigurationen der Moderne. Baden-Baden: Nomos, 155-178.

Sachs, Wolfgang (2000): Effizienz als Destruktivkraft. Ökologische Folgen der Globalisierung. In: Blätter für deutsche und internationale Politik, 2000(8), 976-985.

Sachs, Wolfgang (2004): Ohne Ökologie keine transnationale Gerechtigkeit. In: Polis 2004(1), 13-15.

Spencer, Herbert (1967): Die Evolutionstheorie. In: Dreitzel, Hans Peter (Hg.): Sozialer Wandel. Zivilisation und Fortschritt als Kategorien der soziologischen Theorie. Neuwied: Luchterhand, 121-141 (orig. 1907).

Thomas, Alan (2000): Poverty and the End of Development. In: Allen, Tim/Thomas, Alan (Hg.): Poverty and Development into the 21st Century. Oxford: University Press, 23-48.

Trappe, Paul (1984): Entwicklungssoziologie. Basel: Karger.

Truman, Harry S. (1967): Inaugural Adress. In: Documents on American Foreign Relations. Connecticut: Princeton University Press.

WCED (1987): World Commission on Environment and Development: Our Common Future. Oxford: Oxford University Press.

Weber, Max (2004): Die protestantische Ethik und der Geist des Kapitalismus. München: Beck (orig. 1904).

Weymann, Ansgar (1998): Sozialer Wandel. Theorien zur Dynamik der modernen Gesellschaft. Weinheim/München: Juventa.

Wolff, Jürgen H. (1993): Soziologie der Entwicklungsländer/ Soziologie der Entwicklung/Entwicklungssoziologie. In: Korte, Hermann/Schäfers, Bernhard (Hg.): Einführung in Spezielle Soziologien. Opladen: Leske & Budrich, 213-243.

Zapf, Wolfgang (1997): Entwicklung als Modernisierung. In: Schulz, Manfred (Hg.): Entwicklung. Die Perspektive der Entwicklungssoziologie. Opladen: Westdeutscher Verlag, 31-45.

FRANZ KOLLAND

Ziai, Aram (2004): Imperiale Repräsentationen. Vom kolonialen zum Entwicklungsdiskurs. In: iz3w 276, 15-17.

Ziai, Aram (2004a): Entwicklung als Ideologie? Das klassische Entwicklungsparadigma und die Post-Development-Kritik: Ein Beitrag zur Analyse des Entwicklungsdiskurses. Hamburg: Deutsches Übersee-Institut.

Rainer Münz
Weltbevölkerung und weltweite Migration

Entwicklung der Weltbevölkerung seit der Jungsteinzeit

Vor etwa 14.000 Jahren lebten auf unserem Planeten zwischen 5 und 10 Millionen Menschen. Um Christi Geburt waren es bereits 200-400 Millionen: also 40-mal mehr als zu Beginn der Jungsteinzeit. Aus Jägern und Sammlerinnen waren sesshafte Ackerbauern bzw. Ackerbäuerinnen und ViehzüchterInnen geworden. Und die produzierten wesentlich mehr Nahrungsmittel als ihre nomadischen Vorfahren. Das war die Grundlage für eine erste Phase starken Bevölkerungswachstums in der Geschichte der Menschheit. Danach gab es zwar weitere Zuwächse, aber auch erhebliche Bevölkerungsrückgänge z.B. durch Pestepidemien, Hungerkatastrophen, Klimaschwankungen und Verwüstungen im Gefolge von Kriegen. Erst ab dem 17. Jahrhundert beschleunigte sich das Wachstum wieder deutlich.

Im Jahr 1800 lebten auf unserer Erde bereits etwa eine Milliarde Menschen. 125 Jahre später hatte sich die Weltbevölkerung auf zwei Milliarden (1926) verdoppelt. Wichtigste Ursachen für dieses raschere Wachstum waren die industrielle Revolution sowie beträchtliche Steigerungen der Agrarproduktion. Für die dritte Milliarde Menschen brauchte die Weltbevölkerung 34 Jahre (1960), für die vierte Milliarde (1974) und fünfte Milliarde (1987) bloß noch 14 bzw. 13 Jahre. 1999 überschritt die Zahl der Menschen sechs Milliarden Heute gibt es etwa 6,5 Milliarden (2005) ErdenbürgerInnen (Tabelle 1). Auf unserem Planeten leben somit heute 20mal

Tabelle 1: Bevölkerung (in Mio.) und deren Verteilung (in %) nach Weltregionen, 1900–2050[1]

	Bevölkerung				Verteilung			
	1900	1950	2000	2050	1900	1950	2000	2050
Welt	1.650	2.519	6.071	9.076	100	100	100	100
Entwickelte Länder	539	813	1.194	1.236	33	32	20	14
Europa	408	547	728	653	25	22	12	7
Nordamerika, Japan, Australien	131	269	466	583	8	11	8	7
Weniger entwickelte Länder	1.111	1.706	4.877	7.840	67	68	80	86
Afrika	133	221	796	1.937	8	9	13	21
Asien, Pazifik	904	1.315	3.561	5.120	55	52	59	56
Lateinamerika	74	167	520	783	4	7	9	9

Quelle: UN Population Division 2005.

[1] Daten für 2050 beruhen auf der mittleren Variante; die obere Variante rechnete mit 10,6 Milliarden, die untere Variante mit 7,4 Milliarden

RAINER MÜNZ

mehr Menschen als zur Zeit des Römischen Reiches und immerhin viermal mehr Menschen als vor 100 Jahren.

Das 20. Jahrhundert ist somit jenes mit dem bislang stärksten Wachstum der Weltbevölkerung. Nie zuvor in der Geschichte der Menschheit hatte es einen solchen Zuwachs gegeben. Und wir können zugleich davon ausgehen, dass es zukünftig keine Vervierfachung der Bevölkerungszahl unseres Planeten mehr geben wird. Langfristige Prognosen rechnen zur Mitte des 21. Jahrhunderts nur mit neun Milliarden ErdenbürgerInnen.

Derzeit nimmt deren Zahl um 76 Millionen pro Jahr zu. Dies bedeutet eine Wachstumsrate von 1,3 Prozent. Am kräftigsten ist der Zuwachs in den weniger entwickelten Weltregionen. Dort wuchs die Zahl der Menschen Ende der 60er Jahre noch um 2,5 Prozent pro Jahr. In den 70er Jahren verlangsamte sich das Wachstum vor allem in Asien und Lateinamerika. In etlichen Entwicklungsländern blieb die Zuwachsrate allerdings noch auf einem hohen Niveau. Im Schnitt wuchs die Bevölkerung der Entwicklungsländer nach Schätzungen der UNO während der frühen 80er Jahre um 2,1 Prozent pro Jahr, in den frühen 1990er Jahren um 1,8 Prozent. Derzeit beträgt der Zuwachs nicht ganz 1,2 Prozent jährlich.

Global erreichten die relativen Zuwächse Mitte der 1960er Jahren mit über 2 Prozent pro Jahr ihr Maximum. Seit 1968 werden sie wieder kleiner. In absoluten Zahlen war der Zuwachs in der zweiten Hälfte der 1990er Jahre mit 87 Millionen pro Jahr am größten. Um die Mitte des 21. Jahrhunderts werden jährlich nur noch etwa 30-35 Millionen Menschen hinzukommen.

Ursache des verlangsamten Rückgangs der Zuwächse ist die Eigendynamik der Bevölkerungsentwicklung. Denn durch die hohen Geburtenzahlen der jüngeren Vergangenheit bei gleichzeitig gesunkener Säuglings- und Kindersterblichkeit gibt es in der Gegenwart und der näheren Zukunft – vor allem in Ländern der so genannten Dritten Welt –eine vergleichsweise große Zahl von Jugendlichen und jungen Erwachsenen und damit auch eine entsprechend große

Zahl potenzieller Eltern. Das bremst den Rückgang der Geburten, auch wenn die Kinderzahlen pro Familie deutlich rückläufig sind.

Bevölkerungswachstum und einsetzende Schrumpfung

Charakteristisch für die heutige globale Bevölkerungsentwicklung sind zwei gegenläufige Trends. Die EinwohnerInnenzahl entwickelter Länder vergrößerte sich in den letzten beiden Dekaden nur noch langsam (2000-2005: 0,3 Prozent pro Jahr). Der Zuwachs erklärt sich zum Teil durch Einwanderungen aus den weniger entwickelten Ländern. In Europa selbst gehen derzeit rund 90 Prozent des Bevölkerungszuwachses auf das Konto der Zuwanderung. Ohne Zuwanderung würde die Bevölkerung vieler Industriestaaten bereits jetzt schrumpfen. 2003 gab es bereits in 12 der 25 heutigen EU Staaten mehr Sterbefälle als Geburten. In Japan, das kaum Zuwanderung zulässt, nimmt die EinwohnerInnenzahl bereits leicht ab.

In den Entwicklungsländern wächst die Bevölkerung hingegen nach wie vor beträchtlich (2000-2005: 1,4 Prozent pro Jahr). Deshalb entfallen heute mehr als 95 Prozent des Zuwachses der Weltbevölkerung auf die Entwicklungsländer. Dies hat zum Teil dramatische Folgen. Für viele Menschen in Asien, Afrika und Lateinamerika können schon heute selbst elementare Grundbedürfnisse nicht befriedigt werden. 600 Mio. Menschen sind arbeitslos, 800 Millionen Menschen sind unterernährt, eine Milliarde Menschen (= 27 Prozent der erwachsenen Weltbevölkerung) sind AnalphabetInnen, weitere 130 Millionen Kinder und Jugendliche im Schulalter erhalten keinerlei Unterricht. Mindestens 1,3 Milliarden Menschen leben in absoluter Armut. In dieser Situation erschwert rasches Bevölkerungswachstum die Suche nach Lösungen, überfordert sowohl die Aufnahmefähigkeit lokaler Arbeitsmärkte als auch die Kapazitäten der bestehenden Infrastruktur und vergrößert damit die Zahl jener Menschen, die in Armut und Elend leben, die nicht zur Schule gehen können oder für die es im Krankheitsfall

RAINER MÜNZ

bzw. während einer Schwangerschaft keinerlei medizinische Betreuung gibt.

Besonders problematisch ist in diesem Zusammenhang das rasche Wachstum des Arbeitskräftepotenzials und damit auch der Arbeitslosigkeit. In den weniger entwickelten Ländern wuchs die Zahl der Beschäftigten und Arbeitsuchenden zwischen 1980 und 2000 jährlich um rund zwei Prozent. Derzeit beträgt dieser Zuwachs immer noch 1,6 Prozent pro Jahr. In einem Großteil der weniger entwickelten Länder konnte und kann das Wachstum der Arbeitsplätze mit dem Zuwachs an Arbeitsuchenden nicht Schritt halten.

Ungleiche demographische Entwicklungen gab es schon in den letzten 300 Jahren; allerdings mit anderen Vorzeichen als heute: Zwischen 1750 und 1950 wuchs die EinwohnerInnenzahl der heutigen Industriestaaten – Europa, Nordamerika, Russland/Sowjetunion, Japan und Australien – deutlich rascher als jene der weniger entwickelten Regionen der Erde. In diesem Zeitraum vergrößerte sich die Bevölkerung der Industrieländer um das 4,1-fache, die Bevölkerung der übrigen Weltregionen aber nur um das 2,9-fache. 1950 lebten in den Industriestaaten zusammen 813 Millionen EinwohnerInnen: damals ein Drittel der Weltbevölkerung (Tabelle 1).

In der zweiten Hälfte des 20. Jahrhunderts verschoben sich die Gewichte. In den meisten Industrieländern fiel und fällt der Zuwachs – wenn überhaupt – nur noch bescheiden aus. Geburtenbeschränkung und Familienplanung sind hier die Regel, nicht die Ausnahme. Immer mehr Menschen bleiben ehe- und kinderlos. Zugleich bremst die Altersstruktur jeden weiteren Geburtenzuwachs. Einziges Industrieland mit nennenswertem Bevölkerungswachstum sind die USA.

Bis 2005 wuchs die EinwohnerInnenzahl der Industrieländer auf 1,2 Milliarden. Ende des 20. Jahrhunderts lebten somit noch rund 20 Prozent der Weltbevölkerung in den entwickelten Ländern.

Bis 2050 rechnet die Prognose der UN (mittlere Variante) für die heutigen Industrieländer insgesamt kaum noch mit Zuwächsen. Ihr Anteil an der Weltbevölkerung wird wegen des Bevölkerungswachstums in anderen Teilen der Welt auf 14 Prozent sinken (Tabelle 1). In Europa wuchs die Bevölkerung der EU-25 von 354 Millionen im Jahr 1950 auf 457 Millionen im Jahr 2004; ein Plus von 103 Millionen. Dabei schwächte sich das Bevölkerungswachstum seit den 1980er Jahren deutlich ab. In den letzten Jahren stieg die EinwohnerInnenzahl Europas nur noch wenig. In einer Reihe von Ländern war und ist die Zahl der EinwohnerInnen bereits rückläufig: unter anderem in Estland, Lettland und Ungarn. Auch Deutschlands Bevölkerungszahl wäre ohne die Zuwanderung von AusländerInnen und AussiedlerInnen in den vergangenen Jahren merklich geschrumpft. Tatsächlich aber wuchs die Bevölkerungszahl Deutschlands seit Gründung der (alten) Bundesrepublik und der DDR im Jahr 1949 von 68,1 Millionen auf 82,5 Millionen im Jahr 2004. Dieser Zuwachs um 14,5 Millionen EinwohnerInnen erklärt sich aus einem kumulierten Geburtenüberschuss von knapp 4,2 Millionen und einem kumulierten Wanderungsgewinn von 10,2 Millionen Personen.

Das Bevölkerungswachstum konzentrierte sich in der zweiten Hälfte des 20. Jahrhunderts und zu Beginn des 21. Jahrhunderts fast ausschließlich auf die Entwicklungsländer. Ihre Bevölkerungszahl stieg zwischen 1950 und 2000 von 1,7 Milliarden auf 5,2 Milliarden, also auf das Dreifache. Verschiedene Entwicklungsländer haben heute sogar eine mehr als viermal so große Bevölkerung wie 1950. Dabei dürfen wir eines nicht übersehen: Trotz des enormen Nord-Süd-Gegensatzes bestehen auch innerhalb der Gruppe der Entwicklungsländer beträchtliche Unterschiede.

In Lateinamerika verlangsamte sich das Wachstum bereits Ende der 1960er Jahre. Heute liegt die Wachstumsrate mit 1,4 Prozent pro Jahr unter dem Gesamtdurchschnitt der Entwicklungsländer. In Asien erfolgte der Trendbruch zu kleineren Wachstumsraten in der ersten Hälfte der 1970er Jahre. Zwischen 2000 und 2005 wuchs die Bevölkerung Asiens jährlich um 1,2 Prozent. Klammert man den Sonderfall China mit seiner restriktiven Bevölkerungs- und Familienpolitik aus, dann betrug das jährliche Wachstum in Asien immer noch 1,6 Prozent. Afrika ist die Region mit dem höchsten Bevölkerungswachstum, welches in der Geschichte der Menschheit jemals über längere Zeit erreicht wurde (1980-85: 2,9 Prozent jährlich). Dieses Tempo verringerte sich erst während der 1990er Jahre. Doch auch heute nimmt die Zahl der AfrikanerInnen jedes Jahr um 2,1 Prozent zu (Tabelle 2).

Tabelle 2: Durchschnittliche Rate des Bevölkerungswachstums (in %) nach Weltregionen, 1950-2005 [1]

Jahre	1950-55	1980-85	2000-05
Welt	+1,8	+1,7	+1,3
Europa	+1,0	+0,4	+0,3
Nordamerika	+1,7	+1,0	+1,0
Afrika	+2,2	+2,9	+2,1
Asien	+2,0	+1,9	+1,2
Lateinamerika	+2,7	+2,1	+1,4
Australien/Pazifik	+2,2	+1,5	+1,3

Quelle: UN Population Division 2005.
[1] Zahlen für die Periode 2000-2005 beruhen z.T. auf Extrapolationen.

Sterblichkeit und Lebenserwartung

Ein wesentlicher Bestandteil der demographischen Entwicklung ist die Sterblichkeit. Ablesen lassen sich die Sterbeverhältnisse an der durchschnittlichen Lebenserwartung. Sie ist ein guter Indikator für den Gesundheits- und Lebensstandard eines Landes. Die Lebenserwartung gibt uns daher Hinweise auf das Entwicklungsniveau und die Lebensqualität in einem Land oder einer historischen Epoche.

In keiner Phase der Menschheitsgeschichte sank die Sterblichkeit rascher als während der letzten 150 Jahre. Das Zusammenwirken verschiedener Faktoren führte zu einer starken Verringerung der Sterblichkeit. Wesentlich waren:

- die Steigerung der Nahrungsmittelproduktion in der Landwirtschaft und damit eine Verbesserung der Ernährungssituation breiter Schichten der Bevölkerung,
- die Revolutionierung des Transportwesens, wodurch eine schnellere Verteilung von Nahrungsmitteln, die Überbrückung lokaler Engpässe und damit die Vermeidung von Hungersnöten möglich wurden,
- die Verbesserung der öffentlichen Hygiene (Wasserversorgung, Abwasserentsorgung und Müllbeseitigung) und der privaten Hygiene (fließendes Wasser, regelmäßige Kleiderreinigung, eiserne Bettgestelle, Seife als Massenkonsumgut, Wohnungen in Steinhäusern),
- medizinischer und pharmazeutischer Fortschritt (Aseptik, Antiseptik, Impfungen auf breiter Basis, Zurückdrängung von Infektionskrankheiten),
- die Erhöhung des Bildungsniveaus und die veränderte Stellung der Kinder (Verbot der Kinderarbeit, Durchsetzung der Schulpflicht, Ausdifferenzierung der Kindheit als eigene Lebensphase).

Diese Veränderungen waren in Europa und Nordamerika eng mit der Industrialisierung verbunden. Besonders in der zweiten Hälfte des 19. Jahrhunderts beschleunigte sich der Sterblichkeitsrückgang. Die durchschnittliche Lebenserwartung eines Neugeborenen in Europa betrug 1870 rund 40 Jahre. Bis Anfang des 20. Jahrhunderts stieg sie auf 50 Jahre, bis Ende der 1930er Jahre auf 60 Jahre. Heute liegt die Lebenserwartung Neugeborener in Europa bei 73,5 Jahren (+8 Jahre gegenüber 1950). Frauen (2000-2005: 77,7 Jahre) können dabei weiterhin mit einer deutlich längeren Lebensspanne rechnen als Männer (2000-2005: 68,9 Jahre; Tabelle 3). Die

Rainer Münz

Tabelle 3: Lebenserwartung (in Jahren) nach Weltregionen, 1950-2005 [1]

| | 1950-55 | | | 1980-85 | | | 2000-2005 | | |
	Zus.	Männer	Frauen	Zus.	Männer	Frauen	Zus.	Männer	Frauen
Welt	46,3	45,0	47,8	61,3	59,4	63,2	64,7	62,5	67,0
Europa	65,6	62,9	68,0	71,9	67,9	75,8	73,3	68,9	77,7
Nordamerika	68,8	66,1	71,9	74,2	70,7	77,7	77,4	74,7	80,1
Afrika	38,2	37,0	39,6	50,1	48,5	51,7	48,8	47,9	49,6
Asien	41,1	40,4	41,8	60,3	59,4	61,3	67,0	65,2	69,0
Lateinamerika	50,9	49,4	52,6	64,4	61,5	67,5	71,0	67,7	74,4
Australien, Pazifik	60,4	58,1	62,9	69,3	66,5	72,1	74,0	71,7	76,2

Quelle: UN Population Division 2005.
[1] Zahlen für die Periode 2000-2005 beruhen teils auf Extrapolationen.

gestiegene Sterblichkeit von Männern in Ländern wie Russland, der Ukraine und Moldavien senkt dabei die durchschnittliche Lebenserwartung in diesen Ländern. Dies „bremst" die durchschnittlichen Zuwächse für Gesamteuropa. Im Gegensatz dazu gibt es in den EU Staaten weiterhin deutliche Gewinne an Lebenserwartung: im Schnitt 2-3 Monate pro Jahr.

In Deutschland bewegt sich die Lebenserwartung heute bereits bei 79,0 Jahren (+11,5 Jahre seit 1950). Für männliche Neugeborene liegt sie bei 76,0 Jahren; für weibliche Neugeborene bei 81,7 Jahren. Solche Unterschiede zwischen den Geschlechtern gibt es in allen Industrieländern. Frauen leben hier im Schnitt 5 bis 6 Jahre länger als Männer.

Eine höhere Lebenserwartung haben in der Regel Personen mit höherem Einkommen und privilegierter beruflicher Stellung. Investitionen in die öffentlichen Gesundheitsdienstleistungen spielen dabei zwar eine gewisse Rolle, aber ganz offensichtlich sind Unterschiede im Lebensstil, bei der Ernährung, im Beruf und im Freizeitverhalten für Gesundheit und Lebenserwartung von zentraler Bedeutung.

Bei der Lebenserwartung holten die Entwicklungsländer seit dem Zweiten Weltkrieg durch einen raschen Rückgang der Sterblichkeit stark gegenüber den entwickelten Ländern auf. In den 1950er Jahren war die Lebenserwartung in entwickelten Ländern (1950-55: 66,2 Jahre) im Schnitt noch um 25 Jahre höher als in Entwicklungsländern (1950-55: 40,9 Jahre). Heute beträgt der Unterschied nur noch 11 Jahre (entwickelte Länder: 74,9 Jahre; weniger entwickelte Länder: 63,3 Jahre). Somit war das Tempo des Sterblichkeitsrückganges in den Entwicklungsländern wesentlich größer als im Europa des 19. Jahrhunderts. Die EuropäerInnen benötigten 70 Jahre, um ihre durchschnittliche Lebenserwartung von 40 auf 60 Jahre zu erhöhen. Die EinwohnerInnen aller Entwicklungsländer zusammen benötigten dafür nur die Hälfte der Zeit: nämlich von 1950 bis 1985. Und es gibt wenig Hinweise darauf, dass der Zuwachs an Lebenserwartung bald zu einem Ende kommen könnte. Stagnierend oder rückläufig ist die Lebenserwartung fast ausschließlich in Ländern, die stark HIV-AIDS betroffen sind.

Entscheidend für den raschen Anstieg der Lebenserwartung ab der Mitte des 20. Jahrhunderts war zuerst der Rückgang der Säuglings- und Kindersterblichkeit. 1950-55 starben weltweit von 1.000 Neugeborenen noch 157 vor dem ersten Geburtstag und weitere 80 dürften vor dem fünften Geburtstag verstorben sein. Heute (2000-2005) liegt die Säuglingssterblichkeit weltweit nur noch bei 57 von 1.000 Neugeborenen und die Kindersterblichkeit zwischen ersten und fünften Geburtstag bei 29 von 1.000 Kindern. Am höchsten ist die Säuglings- und Kindersterblichkeit in Afrika (2000-2005: 1. Lebensj.: 94 pro 1.000, 2.-5. J.: 55 pro 1.000), gefolgt von Asien (1. Lebensj.: 54 pro 1.000, 2.-5. J.: 11 pro 1.000) und Lateinamerika (1. Lebensj.: 26 pro 1.000, 2.-5. J.: 9 pro 1.000). Vergleichsweise niedrig ist die Säuglings- und Kindersterblichkeit heute in Europa (2000-2005: 1. Lebensj.: 9 pro 1.000, 2.-5. J.: 2 pro 1.000) und Nordamerika (2000-2005: 1. Lebensj.: 7 pro 1.000, 2.-5. J.: 1 pro 1.000). Am niedrigsten ist die Säuglings- und Kindersterblichkeit heute in Westeuropa (2000-2005: EU 15, 1. Lebensj.: 0,5 pro 1.000, 2.-5. J.: 0,4 pro 1.000; Tabelle 4).

Tabelle 4: Säuglingssterblichkeit (pro 1.000 Lebendgeburten) und Kindersterblichkeit (pro 1.000 1- bis 5-Jährige) nach Weltregionen, 1950-2005[1]

	Säuglingssterblichkeit (Alter 0 bis unter 1; pro 1000)			Kindersterblichkeit (Alter 1 bis 5; pro 1000)
	1950-1955	1980-1985	2000-1905	2000-2005
Welt	157	78	57	19
Europa	72	18	7	2
Nordamerika	29	10	7	1
Afrika	179	114	94	65
Asien	182	82	54	20
Lateinamerika	126	57	26	9
Australien/Pazifik	62	37	29	10

Quelle: UN Population Division 2005.
[1] Zahlen für die Periode 2000-2005 beruhen teils auf Extrapolationen.

RAINER MÜNZ

Geburtenentwicklung und Kinderzahl

Zweiter Bestandteil der Bevölkerungsentwicklung ist die Kinderzahl. Für den demographischen Prozess selbst ist dabei in erster Linie die absolute Zahl der Geburten bedeutsam. Sie bestimmt die Größe eines Altersjahrgangs und damit auch die zukünftige Altersstruktur. Wie viele Kinder im Laufe eines Jahres zur Welt kommen, hängt sowohl von der durchschnittlichen Kinderzahl als auch von der Altersstruktur der erwachsenen Bevölkerung ab. Gibt es viele junge Erwachsene, schlägt sich dies in der Regel auch in höheren Geburtenzahlen nieder. *Baby-Booms* haben daher meist 20-30 Jahre später einen demographischen „Echo-Effekt". Umgekehrt bewirken Geburtenrückgänge nach 20-25 Jahren einen deutlichen Rückgang der Zahl potenzieller Eltern, was einen weiteren Rückgang der Geburten nach sich zieht. Damit eine Elterngeneration vollständig durch eine folgende ersetzt wird, sind im Schnitt 2,1 Geburten pro Frau nötig, weil nur noch ein sehr kleiner Teil der Kinder vor Erreichen des Erwachsenenalters stirbt.

Prägend für die Entwicklung seit dem 19. Jahrhundert ist der Rückgang der Kinderzahlen pro Familie: zuerst in Europa und Nordamerika, seit den 1960er Jahren auch in anderen Teilen der Welt. Entscheidende Faktoren dafür waren und sind unter anderem:
- der Rückgang der Säuglings- und Kindersterblichkeit, wodurch Kinder nicht mehr in „Überzahl" in die Welt gesetzt wurden,
- der Übergang von der Agrargesellschaft zur arbeitsteiligen Industrie- und Dienstleistungsgesellschaft, in der Kinder für ihre eigenen Familien von zusätzlichen Arbeitskräften zu einem Kostenfaktor werden,
- die weite Verbreitung außerhäuslicher Erwerbsarbeit auch von Frauen, deren Reduzierung oder Aufgabe zu Gunsten eigener Kinder einen erheblichen Einkommensverzicht sowie den Verzicht auf eine eigenständige soziale Absicherung bedeutet,

- die flächendeckende Einführung sozialer Sicherungssysteme, welche die Absicherung gegen Altersarmut, Krankheit, Invalidität und Verwitwung von einer familiären Solidaraufgabe zu einer kollektiven, in der Regel staatlich garantierten Aufgabe machen.

Alle skizzierten Veränderungen wirken in dieselbe Richtung. Im Gegensatz zu klassisch-agrarischen und frühindustriellen Gesellschaften ist heute zur Sicherung des eigenen Lebensstandards in den reichen Industriestaaten niemand auf eine größere Zahl eigener Kinder angewiesen. Individuell bringt es sogar eher einen materiellen Vorteil, auf eigene Kinder zu verzichten. Im Gegensatz dazu sind Subsistenzlandwirte und in informellen städtischen Ökonomien beschäftigte Erwachsene in weiten Teilen der Dritten Welt zur ökonomischen Absicherung nach wie vor auf eigene Kinder angewiesen. Allerdings brächte es vielen von ihnen zukünftig einen Vorteil, wenige gut ausgebildete (statt möglichst viele) Kinder zu haben.

Weltweit lag die durchschnittliche Kinderzahl während der 1950er Jahre bei 5,0 und halbierte sich bis heute auf 2,6 (Tabelle 5).

Tabelle 5: Durchschnittliche Kinderzahlen (TFR) nach Weltregionen, 1950-2005 [1]

	Jahre		
	1950-55	1980-85	2000-05
Welt	5,02	3,58	2,65
Europa	2,66	1,88	1,40
Nordamerika	3,47	1,81	2,00
Afrika	6,72	6,45	4,97
Asien	5,89	3,67	2,47
Lateinamerika	5,89	3,93	2,55
Australien/Pazifik	3,87	2,62	2,32

Quelle: UN Population Division 2005.
[1] Zahlen für die Periode 2000-2005 beruhen teils auf Extrapolationen.

RAINER MÜNZ

Am höchsten waren die Kinderzahlen sowohl Mitte des 20. als auch zu Beginn des 21. Jahrhunderts in Afrika (1950-55: 6,7; 2005: 5,0). Relativ am stärksten fiel der Rückgang in Asien (1950-55: 5,9; 2000-2005: 2,5) und in Lateinamerika (1950-55: 5,9; 2000-2005: 2,6) aus. Die niedrigsten Kinderzahlen gab und gibt es in Europa (1950-55: 2,7; 2000-2005: 1,4). Dazwischen liegt Nordamerika (1950-55: 3,5; 2000-2005: 2,0), wo die durchschnittlichen Kinderzahlen seit geraumer Zeit über dem europäischen Niveau liegen. Völlig im europäischen Durchschnitt bewegten sich hingegen die Kinderzahlen in Deutschland. Während des *Baby-Booms* der 1960er Jahre wurde ein Maximum von 2,7 Kindern pro Frau erreichtet. Heute liegt das Niveau bei 1,4 Kindern.

Weltweit liegt die durchschnittliche Kinderzahl pro Frau heute noch in 70 Ländern über 4. In diesen Ländern leben 16 Prozent der Menschheit. Aber bereits in 71 Ländern der Erde mit zusammen 43 Prozent der Weltbevölkerung liegt die durchschnittliche Kinderzahl pro Frau unter zwei (Tabelle 6).

Tabelle 6: Verteilung von Ländern[1] und Weltbevölkerung nach Höhe der Fertilität, 2003

	Kinder pro Frau			
	4 u. mehr	2,1-3,9	bis 2,0	Gesamt
Länder[1]	70	56	71	197
In % der Weltbevölkerung	16	41	43	100
Beispiele	Afghanistan	Brasilien	China	
	Pakistan	Indien	Japan	
	Uganda	Iran	Deutschland	

Quelle: PRB 2004.
[1] Nur Länder mit mehr als 100.000 EinwohnerInnen.

Zukünftig wird sich dieser Prozentsatz noch vergrößern. Deshalb ist anzunehmen, dass das Wachstum der Weltbevölkerung in der zweiten Hälfte des 21. Jahrhunderts zum Stillstand kommen wird.

Internationale Migration

Im 19. und frühen 20. Jahrhundert dominierte die Übersee-Auswanderung aus Europa. Zu denken ist dabei vor allem an jene rund 70 Millionen Menschen, die zwischen 1750 und 1950 von Europa nach Übersee auswanderten. Weite Teile Nord- und Südamerikas, Australien, Neuseeland, der Norden Algeriens, Palästina/Israel und Teile des südlichen Afrika wurden auf diese Weise besiedelt. Ähnliches gilt für heute russisch besiedelte Gebiete des Kaukasus, Sibiriens und Zentralasiens. Daneben gab es damals aber auch eine Migration von Indien nach Süd- und Ostafrika sowie von China nach Südostasien.

Siedlungskolonisation – also Landnahme zur Errichtung eines landwirtschaftlichen Betriebes – war bis ins 19. Jahrhundert typisch. In der Gegenwart spielt Siedlungskolonisation hingegen nur noch eine untergeordnete Rolle. Zu den wenigen Ausnahmen gehört die Landnahme durch jüdische SiedlerInnen auf dem Golan und im Westjordanland sowie die Massenansiedlung von BewohnerInnen Javas auf anderen Inseln Indonesiens. Stattdessen dominierten im 20. und frühen 21. Jahrhundert die klassische Arbeitsmigration, der Nachzug zu bereits ausgewanderten Familienmitgliedern, ethnische und postkoloniale (Rück-)Wanderung, Wanderung zu Studien- und Ausbildungszwecken, durch Not, politische Verfolgung oder ökologische Katastrophen ausgelöste Flucht, schließlich in nicht geringem Umfang: staatlich angeordnete Aussiedlung in ein anderes Land, gewaltsame Vertreibungen und so genannte „ethnische Säuberungen".

In den 1960er Jahren gab es – nach Schätzungen der UN-Bevölkerungsforschung – weltweit etwas 72 Millionen internationale Zugewanderte (Tabelle 7).

Tabelle 7: Zahl und Verteilung internationaler Migrant-Innen, 1960-2005

Jahr	Welt	Industrieländer[1]		Weniger entwickelte Länder	
		absolut	in %	absolut	in %
1960	76	32	42	44	58
1970	82	38	47	43	53
1980	100	48	48	52	52
1990[2]	120	56	47	64	53
2000[2]	175	110	63	65	37
2005	185	119	64	67	36

Quelle: United Nations Population Division 2002, 2003.

[1] Europa, Nordamerika, Australien, Neuseeland, Japan, UdSSR/GUS.

[2] Durch den Zerfall der Sowjetunion, Jugoslawiens und der Tschechoslowakei erhöhte sich nach 1990 die Zahl der internationalen MigrantInnen, weil Binnenwanderung aus der Zeit davor nun nachträglich zu internationaler Wanderung wurde.

Sie machten damals 2,5 Prozent der Weltbevölkerung aus (Zugewandertenanteil in Industrieländern: 3,4 Prozent; in weniger entwickelten Ländern: 2,1 Prozent; Tabelle 8). Die Mehrzahl der Zugewanderten lebte damals in einem weniger entwickelten Land (58 Prozent), nur eine Minderheit in einem der Industriestaaten (42 Prozent; Tabelle 7). Letzteres hatte vor allem damit zu tun, dass Europa damals noch eine Auswanderungsregion war, während die USA zwischen 1921 und 1965 (im Verhältnis zu den Perioden davor und danach) relativ wenige Zugewanderte ins Land ließen.

Tabelle 8: Anteil internationaler MigrantInnen an der Gesamtbevölkerung, 1960-2000

	Anteil der MigrantInnen (in %) an der Bevölkerung der Welt	der Industrieländer[1]	der weniger entwickelten Länder
1960	2,5	3,4	2,1
1970	2,2	3,6	1,6
1980	2,3	4,2	1,6
1990[2]	2,3	4,3	1,5
2000[2]	2,9	8,7	1,3
2005	2,9	8,9	1,2

Quelle: United Nations Population Division 2002, 2003; Schätzungen des Autors.

[1] Europa, Nordamerika, Australien, Neuseeland, Japan, UdSSR/GUS.

[2] Durch den Zerfall der Sowjetunion, Jugoslawiens und der Tschechoslowakei erhöhte sich nach 1990 die Zahl der internationalen MigrantInnen, weil Binnenwanderung aus der Zeit davor nun nachträglich zu internationaler Wanderung wurde.

Bis Mitte der 1970er Jahre wuchs die Weltbevölkerung schneller als die Zahl der MigrantInnen (1970: 82 Millionen bzw. 2,2 Prozent der Weltbevölkerung); danach bis 1990 etwa im gleichen Tempo (1990: 120 Millionen bzw. 2,3 Prozent). Dabei erhöhte sich allerdings der Anteil zugewanderter Bevölkerung in Industriestaaten (1990: 3,4 Prozent; in weniger entwickelten Ländern: 1,5 Prozent; Tabelle 8). Danach erhöhte sich die Zahl internationaler MigrantInnen beträchtlich. Zum Teil hatte dies mit dem Fall des Eisernen Vorhangs, mit ethno-politischen Konflikten und mit verstärkter Zuwanderung nach West- und Mitteleuropa, Nordamerika (USA, Kanada), in die Golfstaaten und nach Russland zu tun. Zum anderen handelte es sich um einen statistisch-administrativen Effekt. Denn durch den Zerfall der Sowjetunion, Jugoslawiens und

Rainer Münz

der Tschechoslowakei erhöhte sich 1991-93 die Zahl der internationalen MigrantInnen zum Teil „auf dem Papier", weil Binnenwanderer aus der Zeit davor nun nachträglich zu einem Geburtsort im Ausland kamen. Darüber hinaus bewirkte der Zerfall dieser drei Länder aber auch zusätzliche internationale Wanderung.

Heute dürfte es weltweit rund 185 Millionen internationale MigrantInnen geben; dabei handelt es sich um Personen, die für einen gewissen Zeitraum nicht in ihrem Geburtsland leben. Sie machen heute knapp unter 3 Prozent der Weltbevölkerung aus. Von ihnen leben 115 Millionen in Industrieländern (Zugewandertenanteil: 8,9 Prozent) und 66 Millionen in einem weniger entwickelten Land (Bevölkerungsanteil: 1,2 Prozent).

Ein Drittel aller internationale MigrantInnen lebt in Europa (32 Prozent); vor allem in der EU-25 und in Russland. Drei von zehn internationalen Zugewanderten (29 Prozent) leben in Asien; vor allem in den Golf-Staaten, in Indien und Japan sowie in ost-/südostasiatischen „Tigerstaaten" (Süd-Korea, Hong Kong, Taiwan, Malaysia, Singapore). Fast ein Viertel aller MigrantInnen (23 Prozent) lebt in Nordamerika (USA, Kanada). Größere Zahlen von Zugewanderten gibt es darüber hinaus in Australien und Neuseeland, der Republik Südafrika, in Libyen sowie in einigen westafrikanischen Staaten. Rund die Hälfte aller internationalen MigrantInnen – nach Schätzungen der ILO insgesamt 86 Millionen Personen – sind erwerbstätig (Tabelle 9).

Tabelle 9: UN Schätzungen der internationalen Migrant-Innen und ILO Schätzungen der beschäftigten MigrantInnen, Zahl und regionale Verteilung, 2000

Region	MigrantInnen in Mio.	in %	ArbeitsMigrantInnen bzw. beschäftigte MigrantInnen in Mio.	in %
Afrika	16	9	7	8
Asien	50	29	25	29
Europa	56	32	28	33
Lateinamerika und Karibik	6	3	3	3
Nordamerika	41	23	21	24
Australien/Pazifik	6	3	3	3
Total	175	100	86	100

Quelle: United Nations Population Division 2002, 2003; ILO 2004:7.

Die Daten zeigen: weltweit sind Westeuropa und Nordeuropa mit jeweils rund 40 Millionen Zugewanderten die wichtigsten Zielgebiete internationaler Migration.

Ausblick

Die zweite Hälfte des 19. Jahrhunderts und das 20. Jahrhundert waren durch starkes Bevölkerungswachstum geprägt. Derzeit wächst die Weltbevölkerung jedes Jahr um etwa 76 Millionen Menschen, also um fast 210.000 pro Tag. Dies hat mit einem beträchtlichen Ungleichgewicht zwischen Geburten und Sterbefällen zu tun. Derzeit kommen jedes Jahr rund 134 Millionen Kinder zur Welt, aber nur 58 Millionen Menschen sterben im Laufe eines Jahres. Würde sich dieses Tempo des Wachstums fortsetzen, dann hieße das: Alle 14 Jahre käme eine weitere Milliarde Menschen dazu. Tatsächlich

RAINER MÜNZ

erwarten die BevölkerungsforscherInnen der UN bis 2050 „nur" einen Anstieg der Weltbevölkerung auf ca. 9 Milliarden Menschen (Tabelle 1). Denn durch die zunehmende Alterung der Weltbevölkerung werden zukünftig mehr Menschen ins Sterbealter kommen. Dadurch wird die Zahl der Sterbefälle bis 2040 voraussichtlich auf 86 Millionen pro Jahr steigen. Sinkende Kinderzahlen pro Familie und eine nicht mehr stark wachsende Zahl junger Erwachsener im „Elternalter" werden umgekehrt nach 2015 im Weltmaßstab zu sinkenden Geburten führen. Um 2040 ist jährlich nur noch mit 127 Millionen Neugeborenen zu rechnen. Damit wird sich der jährliche Zuwachs auf 41 Millionen Personen verringern und in den folgenden Dekaden weiter sinken. Gegen Ende des 21. Jahrhunderts ist mit 10-11 Milliarden Erdenbürgern zu rechnen. Danach ist ein Schrumpfen der Weltbevölkerung wahrscheinlich.

Wichtigste Entwicklungen des 21. Jahrhunderts sind die demographische Alterung und die in Teilen der Welt einsetzende Schrumpfung einheimischer Wohnbevölkerungen. 2005 gab es weltweit 475 Millionen ältere Menschen (65 Jahre und älter). Das sind 7,4 Prozent der Weltbevölkerung. Gegenüber der Mitte des 20. Jahrhunderts (130 Mio., 5,2 Prozent) stieg die Zahl der Älteren um 335 Millionen. In den kommenden 4-5 Dekaden ist mit einem weiteren Anstieg um rund 1 Milliarde Ältere zu rechnen (2050: 1.464 Millionen bzw. 16,1 Prozent der Weltbevölkerung).

Mit einem Zuwachs älterer Menschen ist in allen Weltregionen zu rechnen. In absoluten Zahlen wird dieser Zuwachs in Asien (allen voran in China) am stärksten ausfallen. Europa spielt bei der demographischen Alterung (gemeinsam mit Japan) jedoch eine gewisse „Vorreiterrolle". Denn nur in Europa und Japan wird gleichzeitig die Zahl der jüngeren (einheimischen) Erwachsenen abnehmen. In einigen Ländern Europas hat dieser Prozess bereits begonnen. In vielen anderen Ländern ist damit ab der kommenden Dekade zu rechnen. Dies wiederum verringert das Erwerbspotenzial, was voraussichtlich zu mehr Zuwanderung nach Europa führen wird.

Verwendete und weiterführende Literatur

ILO – International Labour Office (2004) Towards a Fair Deal for Migrant Workers in the Global Economy. Geneva: ILO. http://www.ilo.org/public/english/standards/relm/ilc/ilc92/pdf/rep-vi.pdf, 28.7.2005.

Peter J. Opitz, Hg. (1999): Grundprobleme der Entwicklungsregionen. Der Süden an der Schwelle zum 21. Jahrhundert. München: Landeszentrale für Politische Bildung.

PRB – Population Reference Bureau (2004): World Population Data Sheet 2004. Washington DC: PRB. www.prb.org/pdf04/04WorldDataSheet_Eng.pdf, 28.7.2005.

United Nations Population Division (2002): International Migration Report 2002. New York: UN.

United Nations Population Division (2003): Trends in Total Migrant Stock by Sex, 1990-2000, 2003 Revision. POP/DB/MIG/Rev.2003. New York: UN.

United Nations Population Division (2005): World Population Prospects: The 2004 Revision. New York: UN.

World Bank (2003): World Development Indicators. Washington DC: World Bank.

Saskia Sassen
Global Cities and Survival Circuits

Analytically we can anchor the current global migration of women for largely female-typed activities in two specific sets of dynamic configurations. One of these is the global city and the other a set of survival circuits emerging as a response to growing immiseration of governments and whole economies in the global south. I elaborate briefly on each of these before entering the more in depth discussion focused largely on the receiving end in the global north (For a more detailed account of the formation of migrations from the global south, including the role of IMF and World Bank policies, see Sassen 2000).

In my larger research project (e.g. Sassen 2004) I also focus on a range of what we could call liberating activities and practices that are enabled by globalization, e.g. specific aspects of the human rights and environmental movements as well as particular activities of the anti-globalization network. One way of thinking about this is to posit that globalization also enables the production of countergeographies of globalization, some exploitative and others emancipatory.

Towards an Alterative of Globalization

Massive trends towards the spatial dispersal of economic activities and the neutralization of place represent only half of what is happening. The other half is the territorial centralization of top-level management, control operations and the most advanced specialized services. National and global markets as well as globally integrated operations require central places where the most complex tasks necessitated by the global economy get done. Further, information industries need a vast physical infrastructure containing strategic nodes with hyper-concentration of facilities. Finally, even the most advanced information industries have a work process involving many different types of workplaces and workers.

Once this production process is brought into the analysis, we see that secretaries are part of it, and so are the cleaners of the buildings where the professionals do their work and the buildings where they live. An economic configuration very different from that suggested by the concept information economy emerges. We recover the material conditions, production sites, and place-boundedness that are also part of globalization and the information economy.

There is a tendency in the mainstream account to take the existence of a global economic system as a given, a function of the power of transnational corporations and global communications. But the capabilities for global operation, coordination and control contained in the new information technologies and in the power of transnational corporations need to be produced. By focusing on the production of these capabilities we add a neglected dimension to the familiar issue of the power of large corporations and the new technologies. The emphasis shifts to the practices that constitute what we call economic globalization and global control: the work of producing and reproducing the organization and management of a global production system and a global marketplace for finance.

A focus on practices draws the categories of place and work process into the analysis of economic globalization. These are two categories easily overlooked in accounts centered on the hyper-mobility of capital and the power of transnationals. Developing categories such as place and work process does not negate the importance of hyper-mobility and power. Rather, it brings to the fore the fact that many of the resources necessary for global economic activities are not hyper-mobile and are, indeed, deeply embedded in place, notably places such as global cities and export processing zones. Global processes are structured by local constraints, including the composition of the workforce, work cultures, and political cultures and processes within nation states. (Further, by emphasizing the fact that global processes are at least partly embedded in national territories, such a focus introduces new variables in current conceptions about economic globalization and the shrinking regulatory role of the state. That is to say, the space economy for major new transnational economic processes diverges in significant ways from the duality global/national presupposed in much analysis of the global economy. The duality national versus global suggests two mutually exclusive spaces – where one begins the other ends. Nation states play a role in the implementation of global economic systems, a role that can assume different forms depending on development levels, political culture and mode of articulation with global processes. Re-introducing the state in analyses of globalization creates a conceptual opening for an examination of how this transformed state, specifically the growing power of certain agencies, articulate the gender question. One instance of this reconfigured state is the political ascendance of ministries of finance and the decline of departments dealing with the social fund, from housing to health and welfare.)

Recapturing the geography of places involved in globalization allows us to recapture people, workers, communities, and more specifically the many different work cultures, besides the corporate culture, involved in the work of globalization. The global city can be seen as one strategic research site for the study of these processes and of the many forms through which global processes become localized in specific arrangements, whether it is the new very high-income gentrified urban neighborhoods of the transnational professional class or the work lives of the foreign nannies and maids in those same neighborhoods.

Women in the Global City

Economic globalization needs to be understood also in its multiple localizations, many of which do not generally get coded as having anything to do with the global economy. The global city is one of the key places for many of these localizations.

One of the localizations of the dynamics of globalization is the process of economic restructuring in global cities, which has generated a large growth in the demand for low-wage workers and jobs that offer few advancement possibilities (For a focus on how this is happening among some of the lowest paid workers in our advanced economies see Munger 2002, Ehrenreich 2002, among others). This, amidst an explosion in the wealth and power concentrated in these cities – that is to say, in conditions where there is also a visible expansion in high-income jobs and high-priced urban space. „Women and immigrants" emerge as the labor supply that facilitates the imposition of low-wages and few benefits even when there is high-demand and these are jobs in high-growth sectors. Access to „women and immigrants" breaks the historic nexus that would have led to empowering workers under these conditions, and, further, it legitimates this break culturally. The demographic transition is evident in such cities, where a majority of resident workers are today women, often women of color, both native and immigrant.

Another localization, which is rarely associated with globalization, is the growing informalization of an expanding range of activities. Informalization re-introduces the community and the household as an important economic space in global cities. I see informalization in this setting as the low-cost (and often feminized) equivalent of deregulation at the top of the system. As with deregulation (e.g. as in financial deregulation), informalization introduces flexibility, reduces the „burdens" of regulation, and lowers costs, in this case especially of labor. Informalization in the cities of the global north – whether New York, London, Paris, Berlin – can be

Saskia Sassen

seen as a downgrading of a variety of activities for which there is an effective and often growing demand located inside these cities. Immigrants and women are important actors in the new informal economies of these cities. They absorb the costs of informalizing these activities.

Another important localization of the dynamics of globalization is that of the new professional women stratum. Elsewhere I have examined the impact of the growth of top-level professional women in high-income gentrification in these cities – both residential and commercial – as well as in the re-urbanization of middle class family life (see Sassen 2001: chapter 9). The vast expansion in the demand for high-level professionals has brought with it a sharp increase in the employment of women in corporate professional jobs. (Indeed women represent a specific type of resource in many of these settings since they are seen – whether rightly or not – as better cultural brokers, a significant issue for firms with global operations. Further, women are also seen as crucial in the interface with consumers in the financial services industry in that they are seen as inspiring more trust and thereby making it easier for individual investors to put their money in what are often known to be highly speculative endeavors.) The complex and strategic character of these jobs requires long work hours and intense engagement with their jobs and work lives. This places heavy demands on their time. Urban residence is far more desirable than the suburbs especially for single professionals or two-professional career households. As a result we see an expansion of high-income residential areas in global cities and we see a re-urbanization of family life insofar as these professionals want it all, including children and dogs even if they may not have the time for either. Given demanding and time absorbing jobs, the usual modes of handling household tasks and lifestyle are inadequate. This is a type of household that I describe as the „professional household without a ‚wife'" regardless of the fact that it may have a couple of man and woman or man and man or woman and woman.

A growing share of household tasks is relocated to the market: they are bought directly as goods and services or indirectly through hired labor. As a consequence we are seeing the return of the so-called „serving classes" in all the global cities around the world, made up largely of immigrant and migrant women (Sassen 2001: chapter 9; Parrenas 2001; Chang/Abramovitz 2000).

We see here a dynamic akin to a double movement: A shift to the labor market of functions that used to be part of household work, but also a shift of what used to be labor market functions in standardized workplaces to the household and, in the case of informalization, to the immigrant community. This reconfiguration of economic spaces associated with globalization in global cities has had differential impacts on women and men, on male-typed and female-typed work cultures, on male and female centered forms of power and empowerment.

These transformations contain possibilities, even if limited, for women's autonomy and empowerment. For instance, we might ask whether the growth of informalization in advanced urban economies reconfigures some types of economic relations between men and women. With informalization, the neighborhood and the household re-emerge as sites for economic activity. This condition has its own dynamic possibilities for women. Economic downgrading through informalization, creates „opportunities" for low-income women and therewith reconfigures some of the work and household hierarchies that women find themselves in. This becomes particularly clear in the case of immigrant women who come from countries with rather traditional male-centered cultures (see, e.g., Hamilton and Chinchilla 2001).

There is a large literature showing that immigrant women's regular wage work and improved access to other public realms has an impact on their gender relations. Women gain greater personal autonomy and independence while men lose ground.

Women gain more control over budgeting and other domestic decisions, and greater leverage in requesting help from men in domestic chores. Also, their access to public services and other public resources gives them a chance to become incorporated in the mainstream society – they are often the ones in the household who mediate in this process. It is likely that some women benefit more than others from these circumstances; we need more research to establish the impact of class, education, and income on these gendered outcomes. Besides the relatively greater empowerment of women in the household associated with waged employment, there is a second important outcome: their greater participation in the public sphere and their possible emergence as public actors.

There are two arenas where immigrant women are active: institutions for public and private assistance, and the immigrant/ethnic community. The incorporation of women in the migration process strengthens the settlement likelihood and contributes to greater immigrant participation in their communities and vis-a-vis the state. Immigrant women come to assume more active public and social roles which further reinforces their status in the household and the settlement process (Hondagneu-Sotelo 1994, Mahler 1995). Women are more active in community building and community activism and they are positioned differently from men regarding the broader economy and the state. They are the ones that are likely to have to handle the legal vulnerability of their families in the process of seeking public and social services for their families. This greater participation by women suggests the possibility that they may emerge as more forceful and visible actors and make their role in the labor market more visible as well.

Here is, to some extent, a joining of two different dynamics in the condition of immigrant women in global cities described above. On the one hand, they are constituted as an invisible and disempowered class of workers in the service of the strategic sectors constituting the global economy. This invisibility keeps them from emerging as whatever would be the contemporary equivalent of the strong proletariat of earlier forms of economic organization, when workers' positions in leading sectors had the effect of empowering them. On the other hand, the access to wages and salaries – even if low –, the growing feminization of the job supply, and the growing feminization of business opportunities brought about with informalization does alter the gender hierarchies in which they find themselves.

New Employment Regimes in Cities

Cities are a nexus where many of the new organizational tendencies of economies and societies come together in specific localized configurations. They are also the sites for a disproportionate concentration of all immigrants in the global north. This produces a puzzle since much analysis of post-industrial society and advanced economies generally posits a massive growth in the need for highly educated workers and little need for the types of jobs that a majority of immigrants, and perhaps especially immigrant women have tended to hold over the last two or three decades. This suggests sharply reduced demand for workers with low educational levels generally and for immigrants in particular. Yet detailed empirical studies of major cities in highly developed countries show ongoing demand for immigrant workers and a significant supply of old and new jobs requiring little education and paying low wages. The new employment regimes that have emerged in cities have reconfigured the job supply and employment relations in ways that do not fit the thesis of a rapid fall in the demand for low-wage workers.

Three processes of economic and spatial organization help explain the ongoing and indeed growing demand for immigrant workers, especially immigrant women. One is the expansion and consolidation of advanced services and corporate headquarters as the urban economic core, especially in global cities. While the

SASKIA SASSEN

corporate headquarters and services complex may not account for the majority of jobs in these cities, it establishes a new regime of economic activity and the associated spatial and social transformations evident in major cities. I return to this in more detail in the next section.

A second process is the downgrading of the manufacturing sector, a notion I use to describe a mode of political and technical reorganization whereby some manufacturing sectors become incorporated into the „postindustrial" economy. It is to be distinguished from the obsolescence of many manufacturing activities to the urban economy. Downgrading is a form of adaptation to a situation where a growing number of manufacturing firms need to compete with cheap imports and the profit-making capacities of manufacturing overall are modest compared with those of leading sectors such as telecommunications or finance and other corporate services. (The key issue here is a type of manufacturing that needs an urban location because it is geared to urban markets and functions as part of fairly developed and intense networks of contractors and subcontractors. We have called this type of manufacturing „urban manufacturing" to distinguish it from sectors that respond to very different constraints and advantages. Among its components, crucially, is design-linked manufacturing typically done on contract: jewelry, woodwork and metalwork for architecture and real estate firms, fashion furniture and lamps, and so on. Many components of urban manufacturing are not downgraded, or at least, not yet. One major policy implication for city governments is to support this type of manufacturing and cease to subsidize the kind who will sooner or later leave the city anyhow. Women, especially immigrant women are typically a key labor force in urban manufacturing.)

The third process is the informalization of a growing array of economic activities. It includes certain components of the downgraded manufacturing sector, notably sweatshops in a growing range of manufacturing. Informalization also represents a mode of reorganizing the production and distribution of goods and services when firms have an effective local demand for their goods and services but cannot compete with cheap imports or cannot compete for space and other business needs with the new high-profit firms engendered by the advanced corporate service economy. Escaping the regulatory apparatus of the formal economy enhances the economic opportunities of such firms. It does so by reducing costs and by avoiding regulatory constraints, e.g. locating a commercial or manufacturing operation in an area zoned exclusively for residential use or in a building in violation of fire and health standards.

In brief, the changes in the job supply evident in major cities are a function both of new sectors and of the reorganization of work in both new and old sectors.

The Other Workers in the Advanced Corporate Economy

In the day-to-day work of the leading sectors in global cities, a large share of the jobs involved are lowly paid and manual, many held by immigrant women. Even the most advanced professionals will require clerical, cleaning, repair workers for their state-of-the art offices, and they will require truckers to bring not only the software but also the toilet paper. Although these types of workers and jobs are never represented as part of the global economy they are in fact part of the infrastructure of jobs involved in running and implementing the global economic system, including such an advanced form of it as is international finance.

High-level corporate services, from accounting to decision making expertise, are not usually analyzed in terms of their work process. Such services are usually seen as a type of output, i.e. high level technical knowledge. Thus insufficient attention has gone to the actual array of jobs, from high-paying to low-paying, involved in the production of these services. A focus on the work process brings to the fore the labor question. Information outputs need to be produced, and the buildings that hold the workers need to be built and cleaned. The rapid growth of the financial industry and of highly specialized services generates not only high-level technical and administrative jobs but also low wage unskilled jobs. In my research on New York and other cities I have found that between 30 percent and 50 percent of the workers in the leading sectors are actually low-wage workers (Sassen 2001: chapters 8 and 9).

Further, the similarly state-of-the art lifestyles of the professionals in these sectors have created a whole new demand for a range of household workers, particularly maids and nannies. The presence of a highly dynamic sector with a polarized income distribution has its own impact on the creation of low-wage jobs through the sphere of consumption (or, more generally, social reproduction). The rapid growth of industries with strong concentrations of high and low income jobs has assumed distinct forms in the consumption structure which in turn has a feedback effect on the organization of work and the types of jobs being created. The expansion of the high income work force in conjunction with the emergence of new lifestyles have led to a process of high income gentrification that rests, in the last analysis, on the availability of a vast supply of low wage workers. (As for the consumption needs of the growing low income population in large cities, these are also increasingly met through labor intensive rather than standardized and unionized forms of producing goods and services: manufacturing and retail establishments which are small, rely on family labor, and often fall below minimum safety and health standards. Cheap, locally produced sweatshop garments and bedding, for example, can compete with low-cost Asian imports. A growing range of products and services, from low-cost furniture made in basements to „gypsy cabs" and family daycare, are available to meet the demand for the growing low-income population. There are numerous instances of how the increased inequality in earnings reshapes the consumption structure and how this in turn has feedback effects on the organization of work, both in the formal and in the informal economy.) High-priced restaurants, luxury housing, luxury hotels, gourmet shops, boutiques, French hand laundries, and special cleaning services, are all more labor-intensive than their lower price equivalents. This has reintroduced – to an extent not seen in a very long time – the whole notion of the „serving classes" in contemporary high-income households. The immigrant woman serving the white middle class professional woman has replaced the traditional image of the black female servant serving the white master. All these trends give these cities an increasingly sharp tendency towards social polarization.

We are beginning to see the formation of global labor markets at the top and at the bottom of the economic system. At the bottom much of the staffing occurs through the efforts of individuals, largely immigrants, though we see an expanding network of organizations getting involved (as well as illegal traffickers). For instance, Kelly Services, a Fortune 500 services company in global staffing, which operates offices in 25 countries, now has added a home care division providing a full range of help. It is particularly geared to people who need assistance with daily living activities but also for those who lack the time to take care of the needs of household members who in the past would have been taken care of by the „mother/wife" figure in the household. (Homecare services include assistance with bathing and dressing, food preparation, walking and getting in and out of bed, medication reminders, transportation, housekeeping, conversation and companionship. While less directly related to the needs of high-income professional households, it is the case that many of these tasks used to be in the care of the typical housewife of the global north.) More directly pertinent to the professional households under discussion here, are a growing range of global staffing organizations whose advertised services cover various aspects of daycare, including dropping off and picking up, as well as in-house tasks, from child minding to cleaning and cooking. (Very prominent in this market are the International Nanny and Au Pair

Agency, headquartered in Britain, Nannies Incorporated, based in London and Paris, and the International Au Pair Association (IAPA) based in Canada.) One international agency for nannies and au pairs (EF Au Pair Corporate Program) advertises directly to corporations urging them to make the service part of their employment offers to potential employees to help them address household and childcare needs. Increasingly the emergent pattern is that the transnational professional class can access these services in the expanding network of global cities among which they are likely to circulate (see Sassen 2001: chapter 7).

At the top of the system several major Fortune 500 global staffing companies provide firms with experts and talent for high-level professional and technical jobs. In 2001, the largest of these was the Swiss multinational Adecco, with offices in 58 countries; in 2000 it provided firms worldwide with 3 million workers. Manpower, with offices in 59 different countries, provided two million workers. Kelly Services, mentioned above, provided 750,000 employees in 2000.

It is interesting that it is at the top and at the bottom of the occupational distribution that internationalization is happening; mid-level occupations, even though also increasingly handled through temporary employment agencies, have not internationalized their supply. The types of occupations involved both at the top and at the bottom are, in very different yet parallel ways, sensitive. Firms need reliable and hopefully somewhat talented professionals, and they need them specialized but standardized so they can use them globally. And professionals want the same in the workers they employ in their homes. The move of staffing organizations into the provision of domestic services signals both the emergence of a global labor market and efforts to standardize the service delivered by maids and nannies and homecare nurses.

The top end of the corporate economy – the highly-paid professionals and the corporate towers that project engineering expertise, precision, „techne" – is far easier to recognize as necessary for an advanced economic system than are truckers and other industrial service workers, or maids and nannies, even though all of them are a necessary ingredient. Firms, sectors, and workers, that may appear as though they have little connection to an urban economy dominated by finance and specialized services, can in fact be an integral part of that economy. They do so, however, under conditions of sharp social, earnings, and, often, sex and racial/ethnic segmentation. They become part of an increasingly dynamic and multifaceted lower circuit of global capital that partly parallels the upper circuit of professionals and leading corporate service firms – the lawyers, accountants, and telecommunications experts that service global capital. Women, and migrants generally, enter the macrosocietal level of development strategies through the sending of remittances which in many countries represent an important source of income for households and a major source of foreign exchange for the government. While the flows of remittances, even though they have recently been exceeding 100 billion US Dollars per year, may be minor compared to the massive daily capital flows in various financial markets, they are often very significant for developing or struggling economies and households.

Conclusion

The global migration and trafficking of women is anchored in particular features of the current globalization of economies in both the north and the south. To understand how globalization actually relates to the globalized extraction of services that used to be part of the first world woman's domestic role, requires that we look at globalization in ways that are different from the mainstream view. Rather than confining the description of globalization to the hypermobility of capital and to the ascendance of information economies, we need to recover the fact that specific types of places and work processes are also part of economic globalization. Among these is the globalizing of often older survival and profit-making activities that contribute today to producing a global supply of low-wage women workers. This supply becomes critical for the growing demand for migrant nannies, maids, nurses and sex-workers in the global north. In many cities this has become one of the trends in the sharp reorganization of labor demand. These dynamics are particularly visible in global cities and strategic sites for global corporate capital.

The growing immiseration of governments and whole economies in the global south has promoted and enabled the proliferation of survival and profit-making activities that involve the migration and trafficking of women. To some extent these are older processes, which used to be national or regional that can today operate at global scales. The same infrastructure that facilitates cross-border flows of capital, information and trade is also making possible a whole range of cross-border flows not intended by the framers and designers of the current globalization of economies. Growing numbers of traffickers and smugglers are making money off the backs of women and many governments are increasingly dependent on their remittances. A key aspect here is that through their work and remittances, women enhance the government revenue of deeply indebted countries and offer new profit making possibilities to „entrepreneurs" who have seen other opportunities vanish as a consequence of global firms and markets entering their countries or to long time criminals who can now operate their illegal trade globally. These survival circuits are often complex, involving multiple locations and sets of actors constituting increasingly global chains of traders and „workers."

But globalization has also produced new conditions and dynamics. Strategic among these both for global corporate capital and some of the new labor demand dynamics that involve women from the global south are global cities. These are places that concentrate some of the key functions and resources for the management and coordination of global economic processes. The growth of these activities has in turn produced a sharp growth in the demand for highly paid professionals. Both the firms and the lifestyles of their professionals generate a demand for low-paid service workers. In this way global cities are also sites for the incorporation of large numbers of lowly paid women and immigrants into strategic economic sectors. This incorporation happens directly through the demand for mostly lowly paid clerical and blue-collar service workers, such as janitors and repair workers. And it happens indirectly through the consumption practices of high-income professionals, which in turn generates a demand for maids and nannies as well as low-wage workers in expensive restaurants and shops. Low-wage workers get incorporated into the leading sectors, but they do so under conditions that render them invisible, therewith undermining what had historically functioned as a source of workers' empowerment – being employed in growth sectors.

Both in the global city and in these survival circuits women emerge as crucial actors for new and expanding types of economies. It is through these supposedly rather value-less economic actors that key components of these new economies have been built. Globalization plays a specific role here in a double sense, contributing to the formation of links between sending and receiving countries, and, secondly, enabling local and regional practices to become global in scale. On the one hand, the particular dynamics that come together in the global city produce a strong demand for these types of workers, while the dynamics that mobilize women into these survival circuits produce an expanding supply of workers who can be pushed, or are sold into those types of jobs. On the other hand, the technical infrastructure and transnationalism that underlie some of the key globalized industries are also making it possible for other types of actors to deploy their activities at global scales, whether money laundering or trafficking.

SASKIA SASSEN

References

Chang, Grace/Abramovitz, Mimi (2000): Disposable Domestics: Immigrant Women Workers in the Global Economy. Boston: South End Press.

Ehrenreich, Barbara (2002): Nickled and Dimed. New York: Owl Books.

Hamilton, Nora/Stoltz-Chinchilla, Norma (2001): Seeking Community in a Global City: Guatemalans and Salvadorans in Los Angeles. Philadelphia: Temple University Press.

Hondagneu-Sotelo, Pierrette (1994): Gendered Transitions. Berkeley: University of California Press.

Mahler, Sarah (1995): American Dreaming: Immigrant Life on the Margins. Princeton, NJ: Princeton University Press.

Munger, Frank (ed., 2002): Laboring Under the Line. New York: Russell Sage Foundation.

Parrenas, Rachel Salazar (2001): Servants of Globalization: Women, Migration and Domestic Workers. Stanford, Ca: Stanford University Press.

Sassen, Saskia (2000): Women's Burden: Countergeographies of Globalization and the Feminization of Survival. In: Journal of International Affairs 53(2), 503-524.

Sassen, Saskia (2001): The Global City: New York, London, Tokyo. (2nd Ed.). Princeton, NJ: Princeton University Press.

Sassen, Saskia (2004): Local Actors in Global Politics. In: Current Sociology 52(4), 649-670.

AUGUST GÄCHTER, FANNY MÜLLER-URI
Entwicklung von Einkommen und Produktivität

Einleitung

Rund 2,8 Milliarden Beschäftigte gibt es laut *World Employment Report* 2004 (ILO 2004: 24) auf der Welt. Die Hälfte davon verdient nicht genug, um pro Haushaltsmitglied jene Kaufkraft zu haben, die in den USA zwei US-Dollar pro Tag entspräche. Darunter sind rund 550 Millionen Menschen mit weniger als einem US-Dollar pro Tag. Das sind zwar so viele wie nie zuvor, aber ihr Anteil an den Beschäftigten ist gegenüber 1990 dennoch gesunken. Die Zahl der Beschäftigten ist weltweit rascher gestiegen als die Zahl der Beschäftigten mit sehr niedrigen Verdiensten.

Die wesentlichen Einkommensthemen umfassen erstens die Höhe des Einkommens, zweitens seine Steigerung, drittens seine Verteilung zwischen Personen, viertens seine Verteilung über den Lebensverlauf und fünftens die Planbarkeit des Einkommens. Wir beschäftigen uns hier vor allem mit der Höhe der Einkommen und wie sie zustande kommen. Primär geht es um eine Untersuchung der individuellen und nicht der Haushaltseinkommen. Letzteres hat einen hohen Stellenwert in der Forschungsliteratur, weil sehr oft angenommen wurde, es spiele innerhalb des Haushalts keine Rolle, wer das Geld verdient und wer es ausgibt. Die Arbeitsteilung zwischen den Geschlechtern und die damit verbundenen unterschiedlichen Interessen wurden nicht bedacht. Erst in den 1990er Jahren wurden die Verteilung der Einkommen und die Verfügung über die Einkommen innerhalb der Haushalte zu einem Thema (Haddad/Kanbur 1990; Haddad u.a. 1997; Rama 2003).

Wir werden keinen Versuch machen, die individuellen Löhne zu erklären, also warum Person A ein anderes Einkommen hat als

Person B. Wir fragen uns vielmehr, warum die Durchschnittslöhne in Land A ein anderes Niveau haben als in Land B. Zu ersterem gibt es eine große Anzahl von Studien, meist auf räumlich begrenzten Umfragen beruhend, zu letzterem, wegen der Datenlage, leider nur wenige.

Einkommen, Verdienst und Lohn: Definitionen

Wir bezeichnen hier alles Einkommen aus unselbständiger Arbeit als „Lohn", unabhängig davon ob es sonst Lohn oder Gehalt heißt. Die Löhne zusammen mit den Einkünften aus selbständiger Erwerbstätigkeit nennen wir „Verdienst". Der Verdienst umfasst also sämtliche Arbeitseinkommen. Selbständiger und unselbständiger Erwerb sind oft schwierig zu unterscheiden, sodass in der Praxis einige Willkür über die Zuordnung entscheidet. Mit „Einkommen" bezeichnen wir die Arbeitseinkommen zusammen mit allen anderen Einkommen. Die letzteren bestehen im Prinzip aus zwei Teilen, nämlich den Einkommen aus Vermögen (Mieteinnahmen, Zinsen und Dividenden) und aus sozialen Transferzahlungen (Pensionen, Renten, Leistungen für Arbeitslose, Kranke, Pflegebedürftige, Schwangere, Eltern usw.). Die Transferzahlungen sind meist zum Teil Versicherungsleistungen und zum Teil Leistungen aus den staatlichen Budgets. Nicht vergessen und nicht unterschätzt werden dürfen die privaten Transfers. Sie ereignen sich größerenteils zwischen den Generationen. In einer wachsenden Zahl an Haushalten spielen auch Überweisungen von Verwandten aus dem Ausland eine Rolle. Diese internationalen Rücküberweisungen von Arbeitsmigrantinnen und Arbeitsmigranten machen heute mehr als 100 Milliarden Dollar im Jahr aus (Ratha 2003), die direkt für den Konsum der Haushalte zur Verfügung stehen. Dazu kommen noch die Binnenüberweisungen von Arbeitsmigrantinnen und Arbeitsmigranten, die an vielen Orten für ländliche Haushalte ebenfalls eine wichtige Einkommensquelle darstellen.

Einkommen, Verdienste und Löhne sind vielgestaltig:

- Sie fallen stets über bestimmte Zeiträume an. Löhne können etwa als Stunden-, Tages-, Wochen-, Monats-, Jahres- oder auch Lebenslöhne gemessen werden. Zudem können die Löhne – typisch etwa bei Servierpersonal – vom Umsatz abhängig und somit variabel sein.
- Zweitens muss stets überlegt werden, ob die Steuern und Abgaben in den Löhnen, Verdiensten und Einkommen noch enthalten (brutto) oder bereits abgezogen sind (netto) und ob sie teilweise abgezogen sind oder ganz.
- Bei den Löhnen muss drittens beachtet werden, ob Überstunden, Abfertigungen, Abfindungen, Prämien, Sachleistungen und Trinkgelder jeweils eingeschlossen sind oder nicht.
- Viertens haben Menschen oft nicht nur eine Art von Einkommen. Viele LohnbezieherInnen sind zugleich selbständige LandwirtInnen oder haben ein Nebeneinkommen als selbständige HandwerkerInnen oder FuhrunternehmerInnen, vermieten eine Wohnung oder besitzen Wertpapiere. Bei allen Nebenerwerbstätigkeiten, besonders aber bei der Landwirtschaft und beim Gartenbau, stellt sich immer die Frage, ob Leistungen für den Eigenbedarf Teil des Einkommens sind oder nicht und wenn ja, welcher Wert ihnen zugemessen werden soll, nämlich ob entsprechend dem Herstellungspreis oder dem Marktpreis.
- Fünftens müssen nicht alle Einkommen in der regulären Ökonomie erworben worden sein. Sie können aus „Schwarzarbeit" oder aus verbotenen und sogar aus kriminellen Tätigkeiten stammen und dementsprechend schwer in Erfahrung zu bringen sein. (Diese Dreifachunterscheidung zwischen Schwarzarbeit, verbotenen Tätigkeiten und kriminellen Tätigkeiten deckt sich nicht mit der Unterscheidung zwischen „formellem" und „informellem" Sektor. Hält man sich an die ursprüngliche Abgrenzung bei Keith Hart (1973: 67), dann gibt es im „informellen Sektor" sowohl legitime wie illegitime Aktivitäten. Das

Kennzeichen des „informellen Sektors" ist dann vor allem faktische Selbstbeschäftigung, ob als Wirtin oder als Taschendieb ist gleichgültig.)

Wenn Einkommen, Verdienste oder Löhne über Zeit steigen oder fallen, dann ist der Unterschied zwischen nominellen und realen, das heißt inflationsbereinigten, Veränderungen entscheidend wichtig. Die Nominallöhne mögen steigen, wenn aber die Verbraucherpreise rascher steigen, dann sinken die Reallöhne. Selbst mit gestiegenen Nominallöhnen kann man sich dann weniger leisten als mit den niedrigeren zuvor.

Niedrige und schwankende Einkommen

Wäre Armut nur eine Frage der Einkommen, würden wir sie hier breit behandeln. Armut bezieht sich aber stark darauf, wie viele Personen von jeweils einem Einkommen leben müssen. Armut und die Messung von Armut sind daher hier nicht unser Gegenstand, sehr wohl aber die niedrigen Einkommen und ihre Verteilung auf der Welt. Für Armut gibt es die Begriffe der relativen und der absoluten Armut. Vergleichbares gibt es für die Einkommen nicht. Hier stellt sich recht simpel die Frage nach den Bestimmungsgründen hoher und niedriger Löhne bzw. Einkommen, auf die wir weiter unten zurückkommen.

Landwirtschaftliche oder touristische Verdienste schwanken oft sehr stark im Jahresverlauf. Höhere und niedrigere Einkommen wechseln sich dadurch ab. In ähnlicher Weise gibt es mehrjährige Schwankungen im Konjunkturzyklus und häufig einen Anstieg und Rückgang im Lebenszyklus. Die Schwankungen des Einkommens können sich auf den Konsum auswirken und damit auf die Einkommen (und den Konsum) der HändlerInnen und HerstellerInnen der konsumierten Waren.

Die Größe und Häufigkeit der Schwankungen des Einkommens ist eine wichtige Frage. Oft übersehen wird dabei, dass deren

Vorhersehbarkeit eine genauso große Rolle spielt. Jahreszyklische Schwankungen sind nicht jedes Jahr gleich ausgeprägt, aber sie sind durch die stete Wiederkehr vorhersehbar und planbar. Im christlichen Kalender etwa liegt die Fastenzeit genau dort, wo im europäischen Jahresverlauf die Nahrungsmittel ohnehin knapp waren, solange die Mehrheit der Bevölkerung von der Landwirtschaft abhing. Die Planbarkeit ermöglicht es auch, die Ausgaben und den Konsum gleichmäßiger zu verteilen als die Einkommen, den Ausgabenverlauf im Vergleich zum Einkommensverlauf zu glätten. Das kann durch freiwilliges Sparen, also durch Konsumzurückhaltung während der günstigen Phasen zugunsten der ungünstigen Phasen erfolgen, ist aber wesentlich erfolgreicher, wenn das Sparen ein Zwangselement hat, wie das bei der Arbeitslosen- und anderen Versicherungen der Fall ist. Selbst wenn die Versicherungen freiwillig eingegangen wurden beinhalten die Verträge Verpflichtungen zu regelmäßigen Einzahlungen (Versicherungen sind zudem auch ein wichtiger Schutz gegen die Folgen nicht planbarer Risiken wie Dürren, Überschwemmungen, Hagel usw.). Eine Versicherung kann allerlei Formen annehmen, nämlich informelle („Sozialkapital") und formelle, die ihrerseits wieder öffentlich oder privat sein können (Heemskerk et al. 2004). Je nach dem wie formelle Versicherungssysteme gestaltet werden kommen sie einem größeren oder kleineren, reicheren oder ärmeren Teil der Berufstätigen zugute (Rama 2003: 22).

Der Unterschied zwischen zeitweiligen und ständigen Einkommensausfällen spielt speziell für Armutsreduktionsprogramme eine Rolle. Wenn die Einkommen dauerhaft niedrig sind, dann helfen Versicherungs- und Stabilisierungsprogramme nicht. Es müssen andere Maßnahmen ergriffen werden. Diese können einerseits in besserer Bildung und Ausbildung bestehen, andererseits in verbesserten Umfeldbedingungen wie z.B. Energieversorgung, Verkehrsverbindungen, Kreditmöglichkeiten, Wasserversorgung. Solche Maßnahmen verleihen den individuellen Anstrengungen mehr Wirksamkeit und führen so zu höherer Produktivität, der entscheidenden Voraussetzung für höhere Einkommen.

Das Lohnniveau als abhängige Variable

Man kann unser Interesse an den durchschnittlichen Lohnniveaus mit geringem Informationsverlust auch in zwei Variablen umformen, die Differenziale ausdrücken. Dabei ist es wichtig, Gleiches mit Gleichem zu vergleichen, also den Vergleich Beruf für Beruf zu machen. Die zwei Differenziale (Freeman/Oostendorp 2002):

1. Das Verhältnis zwischen den Löhnen in den gleichen Berufen in verschiedenen Ländern. Wird das Verhältnis zu Wechselkursen gebildet, so entsteht eine Variable, das Arbeitskostendifferenzial, die über die Kostenunterschiede des Einsatzes dieser Arbeitskräfte in der Produktion Auskunft gibt. Von den Arbeitskostendifferenzialen wird erwartet, dass sie sich in dem Maß ausgleichen wie sich die technologischen Fähigkeiten und Möglichkeiten zwischen Ländern ausgleichen.

2. Bildet man dasselbe Verhältnis zu Kaufkraftparitäten statt zu Wechselkursen, so erhält man eine Information über Unterschiede im Lebensstandard von Beschäftigten in gleichen Berufen in verschiedenen Ländern.

Freeman und Oostendorp (2002: 6f.) mussten für die Untersuchung der beiden Differenziale einen eigenen Datensatz schaffen – die *Occupational Wages Around the World* (OWW) Datei (Freeman/ Oostendorp o.J.). Sie enthält vergleichbare Einkommensdaten für 161 Berufe nach ISCO-88 in 156 Ländern zum Teil über Jahrzehnte. Die Rohdaten stammen aus dem *October Inquiry Survey* der ILO, der seit 1924 in einer wachsenden Zahl von ILO Mitgliedsländern durchgeführt wird. Die Angaben betreffen meist Bruttolöhne ohne Abfertigungen und Abfindungen. Die Vergleichbarkeit wurde durch ein zeit- und arbeitsaufwendiges Standardisierungsverfahren hergestellt. Enthalten sind aber nur die Löhne, nicht die Verdienste aus selbständiger Tätigkeit. In vielen ärmeren Ländern ist freiwillige oder unfreiwillige Selbständigkeit ein sehr wesentlicher Teil des Arbeitsmarkts. Mit Hilfe der OWW Daten der 16 Jahre von 1983 bis 1998 zeigten Freeman und Oostendorp (2002: 7), dass es, sowohl nach Wechselkursen als auch nach Kaufkraftparitäten verglichen, gewaltige Lohnunterschiede zwischen den gleichen Berufen in verschiedenen Ländern gibt. Diese Unterschiede nahmen im Beobachtungszeitraum trotz intensiveren Handels zu. Die Frage bei beidem – den Unterschieden und ihrer Zunahme – ist, warum. Der nächste Abschnitt setzt mit den Begriffen der Produktivität und der Aneignung zu einer Antwort an.

Andere Datensätze sind für vergleichende Untersuchungen der Lohnniveaus weniger gut geeignet. Die am häufigsten für Ländervergleiche verwendeten Daten stammen aus dem *Yearbook of Labour Statistics* (http://laborsta.ilo.org/) der *International Labour Organization* (ILO). Sie beziehen sich nur auf die Löhne in der Sachgüterproduktion. Angaben zum Bildungsniveau und den Berufen der Beschäftigten sind darin nicht enthalten, sodass es nicht möglich ist, die stark unterschiedlichen Bildungs- und Berufsstrukturen der verschiedenen Länder zu berücksichtigen. George Psacharopoulos (1994; Psacharopoulos/Patrinos 2002) hat für die OECD eine umfassende Sammlung von Hunderten von Untersuchungen über die Bildungsabhängigkeit von Löhnen und Einkommen angelegt. Der Nachteil einer solchen Sammlung ist die geringe Vergleichbarkeit zwischen den einzelnen Studien, die vor allem in der Unterschiedlichkeit der Variablendefinitionen begründet ist, weniger in unterschiedlichen Analysemethoden (Freeman/Oostendorp 2002: 6). Bedacht werden muss auch, dass Umfragen nur unverlässliche Auskunft über das Einkommen liefern. Befragte verweigern oft die Antwort oder geben eine sehr präzise Zahl an, die aber frei erfunden ist.

Zur Erklärung der Lohnniveaus

Einkommen muss zunächst einmal verdient werden. Die privaten Einkommen können nur kurzfristig die Produktivität übersteigen. Produktivität heißt für unsere Zwecke das Nettosozialprodukt zu Faktorkosten (NSPF bzw. Volkseinkommen, häufig mit Y abgekürzt) pro Arbeitsstunde (Heinrichsmeyer u.a. 1983: 553ff.). Das NSPF ist seinerseits als Summe der Löhne, Gewinne und Zinsen definiert und bestreitet in Industrieländern etwa vier Fünftel des Bruttosozialprodukts zu Marktpreisen. Den Löwenanteil am NSPF machen die Löhne aus. Die Frage nach der Höhe der Löhne ist also einerseits die Frage nach den Ursachen hoher Produktivität, andererseits aber umfasst sie die Frage nach der Verteilung des NSPF zwischen den Löhnen und seinen zwei anderen Bestandteilen.

Produktivität auf Ebene von Ländern

In einer Analyse der Durchschnittslöhne zu Kaufkraftparitäten in 33 ärmeren wie reicheren Ländern konnte Trefler (1993; Rama 2003: 2) 90 Prozent der Unterschiede in den Lohnniveaus durch Unterschiede in der Produktivität erklären. Freeman (1994; Rama 2003: 3) konnte bei den Löhnen in der Sachgüterproduktion in 51 Ländern ein Drittel der Unterschiede auf Kaufkraftunterschiede und ein Drittel auf Unterschiede in der durchschnittlichen Bildung und der Urbanisierung, die beide als indirekte Indikatoren der Produktivität interpretiert wurden, zurückführen. Rodrik (1999; Rama 2003: 3) zeigte mit einer noch größeren Länderstichprobe, dass in der Sachgüterproduktion ein enger Zusammenhang zwischen den Löhnen und der Produktivität besteht (Rama 2003: 2f.).

Hohe Produktivität basiert nur zu kleinem Teil auf den Anstrengungen der Lohnempfängerinnen und Lohnempfänger. Die Motivation und der Fleiß der Beschäftigten bedeuten nicht annähernd so viel wie das Leistungspotenzial des Umfelds, in das sie mit ihrem

Können und Wissen gestellt werden. Dieses wird zu einem Teil von Unternehmen (Ausstattung und Organisation des Betriebs, Kooperation zwischen Betrieben) und zu einem Teil vom Staat (öffentliche Infrastruktur einschließlich Ausbildungseinrichtungen) geschaffen. Diese entscheiden daher de facto über die Produktivität der Arbeitnehmerinnen und Arbeitnehmer und somit über die maximal möglichen Löhne.

Hall und Jones (1999: 83) haben darauf hingewiesen, dass die Produktivität der Beschäftigten (*output per worker*) in den USA 1988 35 mal so groß wie in Niger war. „In just over ten days the average worker in the United States produced as much as an average worker in Niger produced in an entire year" (Hall/Jones 1999: 83). Mit ihrer Analyse anhand von 127 Ländern führten sie nur einen sehr kleinen Teil dieses Unterschieds auf die unterschiedliche Bildungsausstattung der Beschäftigten (Humankapital) zurück, einen deutlich größeren Teil auf die unterschiedliche Ausstattung der Länder mit Kapitalgütern, den größten Teil aber auf die unterschiedliche Wirksamkeit (Produktivität) des Humankapitals und der Kapitalgüter. Aus entwicklungstheoretischer Sicht muss daher vorrangig erklärt werden, weshalb Beschäftigte gleicher Bildung, gleicher Erfahrung, gleichen tatsächlichen Könnens und Wissens in verschiedenen Ländern so unterschiedlich produktiv sind. Hall und Jones (1999: 84) konnten einen engen Zusammenhang zwischen der Produktivität der Beschäftigten und der „sozialen Infrastruktur" aufzeigen. Mit letzterem Begriff bezeichnen sie die Institutionen und staatlichen Maßnahmen, welche das Umfeld der Produktion formen. Ein gut gestaltetes Umfeld regt, wie das schon Thomas Hobbes Anfang des 17. Jh. vermutet hatte, zur Produktion an, ein schlecht gestaltetes nur zum Versuch, sich (von Anderen) Produziertes anzueignen, ein besonders schlechtes, dies auf räuberische Art zu tun, wobei eine besonders große Gefahr vom Staat selbst ausgeht (Hall/Jones 1999: 95f., 84).

Hohe Produktivität heißt logisch geringe Arbeitsintensität der Produktion. In der entwicklungspolitischen Literatur wird immer wieder der Wunsch nach arbeitsintensiver Produktion geäußert, interessanterweise selten in Bezug auf Europa oder Nordamerika, sondern meist in Bezug auf Entwicklungsländer. Arbeitsintensität heißt geringe Löhne für die Beschäftigten. Man erhofft sich oft einen großen Beschäftigungseffekt von niedrigen Löhnen. Tatsache ist aber, dass nur ausreichend hohe Produktivität die Konkurrenzfähigkeit auf den nationalen wie den internationalen Märkten und somit die Beschäftigung sichern kann. Die unterschiedliche Entwicklung von Produktivität, Beschäftigung und Löhnen in Ostasien und Lateinamerika bietet dafür ausreichend Anschauungsmaterial.

Der Lohnanteil am Volkseinkommen

Das Wort „Verteilung" hat im Alltag immer zwei Bedeutungen, nämlich die Tätigkeit des Verteilens einerseits und das Ergebnis dieser Tätigkeit andererseits, wobei das Schwergewicht auf der ersten Bedeutung liegt. Dabei schwingt immer mit, dass jemand verteile, dass es eine zuständige Person oder Instanz gebe, die noch dazu sich selbst idealerweise nichts zuteile. Diese Bedeutung des Wortes Verteilung existiert in der sozialwissenschaftlichen Literatur überhaupt nicht. Dort geht es einzig um Verteilung als Ergebnis. Wichtig ist dabei, dass von der Verteilung nicht angenommen wird, sie sei durch bewusstes Handeln einer oder mehrerer Personen zustande gekommen, sondern durch den mehr oder minder unwillkürlichen Versuch aller Beteiligten, sich etwas anzueignen. Wir bezeichnen hier den Vorgang daher als „Aneignung" und das Ergebnis der Aneignung als „Verteilung."

Im vorigen Abschnitt wurden nur Löhne, Gewinne und Zinsen als Verteilungskomponenten genannt. Die Sache ist in Wahrheit etwas komplexer. In einer zweiten Aneignungsrunde, sozusagen, werden die Löhne, die Gewinne und die Zinsen nochmals verteilt:

- Die Gewinne setzen sich aus zwei Teilen zusammen, nämlich a) den an die Eigentümerinnen und Eigentümer ausgeschütteten Dividenden und b) den für Investitionen im Betrieb einbehaltenen Gewinnen.

- Eine nachteilige Eigenheit der volkswirtschaftlichen Gesamtrechnung (VGR) ist, dass sie die Weitergabe von Produktivitätssteigerungen an die Konsumentinnen und Konsumenten in Form unterbliebener Preissteigerungen und realer Preissenkungen nicht direkt berücksichtigen kann. In der Praxis aber ist das eine sehr wichtige Verteilungskomponente. Sie schlägt sich nur indirekt in den Löhnen nieder und zwar in den Reallohnsteigerungen. Diese sind größer, wenn die Preise weniger steigen.

- Was der Staat sich in Form von Steuern und Abgaben aneignet, ist teils in den Löhnen (Lohnsteuer) enthalten, teils in den Gewinnen (Einkommenssteuer, Körperschaftssteuer u.a.m.), teils in den Zinsen (Kapitalertragssteuer) und teils in den Preisen (Mehrwertsteuer).

- Auch das, was sich die nicht Erwerbstätigen vermittels Sozialleistungen aneignen, ist in den Löhnen und den Gewinnen (Sozialversicherungsbeiträge) enthalten.

Wer davon sich durchsetzen kann und in welchem Maß ist eine Frage des Marktes (Angebot und Nachfrage an Arbeitskraft mit bestimmten Kenntnissen und Eigenschaften), der kollektiven Verhandlungen (Kollektivverträge), der individuellen Verhandlungen (Arbeitnehmerinnen bzw. Arbeitnehmer, Geschäftsleitung) und der Gesetzgebung (häufig Mindestlöhne). Das Ergebnis steht zu keinem Zeitpunkt von vornherein fest. Der Staat muss dafür sorgen, dass diese Verteilungskämpfe friedlich verlaufen.

Trotz des recht engen Zusammenhangs zwischen der Produktivität und der Höhe der Löhne sind die Verteilungsergebnisse uneinheitlich. Der Anteil der Löhne am Bruttoinlandsprodukt variiert zwischen nur rund 35 Prozent in Niedrig- und dem Doppelten in Hochlohnländern. Das hängt mit dem Angebot an Arbeitskraft der verschiedenen Ausbildungsniveaus zusammen. In wirtschaftlich weniger entwickelten Ländern stehen große Reserven an Arbeitskraft aus der Landwirtschaft für andere Zwecke bereit. Dadurch ist es für die gering qualifizierten Beschäftigten in den produktiveren Bereichen der Wirtschaft schwieriger – nicht unmöglich – höhere Löhne, also einen höheren Anteil am Bruttoinlandsprodukt herauszuhandeln. Rodrik (1999) zeigte überdies, dass – unter ansonsten vergleichbaren Bedingungen – die Löhne in Demokratien höher sind als unter anderen Regierungsformen.

Die scharfen Unterschiede zwischen der formellen und der informellen Wirtschaft, die es in den 1970er Jahren gegeben hatte, sind heute verschwunden (Becker u.a. 1999). Sie hatten im Wesentlichen darauf beruht, dass die Löhne im formellen, besonders in Afrika stark parastaatlichen Bereich aus dem Steueraufkommen der Landwirtschaft und der privaten, stark transnationalen Unternehmen im formellen Bereich subventioniert worden waren. Diese Art der Aneignung von Mehrwert quer über Sektorgrenzen ließ sich ab Beginn der 1980er Jahre nicht mehr durchhalten.

Eduard Heimann (1980) hatte die Frage der Verteilung, insbesondere die Steigerung des Lohnanteils, unter dem Titel Sozialpolitik abgehandelt. Dabei geht es nicht nur direkt um die Frage der Aneignung, sondern auch um die Frage, wer wie viel Einfluss auf Entscheidungen hat, die sich auf die Größe des Verteilbaren auswirken, also auf die Produktivität.

Verwendete und weiterführende Literatur

Becker, Charles/Hamer, Andrew M./Morrison, Andrew R. (1999): Beyond Urban Bias in Africa: Urbanization in an Era of Structural Adjustment. Portsmouth/NH: Heinemann und London: James Currey.

Freeman, Richard B (1994): A Global Labor Market? Differences in Wages Among Countries in the 1980s; Manuskript, Policy Research Department, World Bank.

Freeman, Richard B./Oostendorp, Remco H. (o.J.): Occupational Wages around the World (OWW) Database. http://www.nber.org/oww, 20.8.2005.

Freeman, Richard B./Oostendorp, Remco H. (2002): Wages Around the World: Pay Across Occupations and Countries. In: Freeman, Richard B. (ed., 2002): Inequality Around the World. London: Palgrave Macmillan, 5-37.

Haddad, Lawrence/Kanbur, Ravi (1990): How Serious is the Neglect of Intrahousehold Inequality? Policy, Planning and Research Working Paper No. 296. Washington, DC: World Bank.

Haddad, Lawrence/Hoddinott, John/Alderman, Harold (1997): Intrahousehold Resource Allocation in Developing Countries: Models, Methods, and Policy. Baltimore: Johns Hopkins University Press.

Hall, Robert E./Jones, Charles I. (1999): Why do Some Countries Produce so Much More Output per Worker Than Others? In: Quarterly Journal of Economics 64(1), 83-116.

Harberger, Arnold C. (2001): A View from the Trenches: Development Processes and Policies as Seen by a Working Professional. In: Meier, Gerald/Stiglitz, Joseph (eds., 2001): Frontiers of Development. New York: Oxford University Press, 541-562.

Hart, Keith (1973): Informal Income Opportunities and Urban Employment in Ghana. In: Jolly, Richard/Kadt, Emanuel de/Singer, Hans/Wilson, Fiona (eds., 1973): Third World Employment: Problems and Strategy. Harmondsworth: Penguin, 66-70. [Auszug aus einem Vortrag bei der Conference on Urban Unemployment in Africa, Institute of Development Studies, University of Sussex; 1971]

Heemskerk, Marieke/Norton, Anastasia/Dehn, Lisa de (2004): Does Public Welfare Crowd Out Informal Safety Nets? Ethnographic Evidence from Rural Latin America. In: World Development 32(6), 941-955.

Heimann, Eduard (1980): Soziale Theorie des Kapitalismus. Theorie der Soziapolitik. Frankfurt/Main: Suhrkamp (orig. 1929).

Heinrichsmeyer, Wilhelm/Gans, Oskar/Evers, Ingo (1983): Einführung in die Volkswirtschaftslehre. Stuttgart: Eugen Ulmer Verlag.

ILO – International Labour Organization (2004): Employment, Productivity, and Poverty Reduction. World Employment Report 2004. Genf: ILO. http://www.ilo.org/public/english/employment/strat/wer2004.htm, 20.6.2005.

Kanbur, Ravi/Squire, Lyn (1999): The Evolution of Thinking about Poverty: Exploring the Interactions. Washington, DC: World Bank. http://unstats.un.org/unsd/methods/poverty/evolution_of_thinking_about_poverty%20Kanbur%20Sept%201999.pdf, 20.6.2005.

Kanbur, Ravi/Squire, Lyn (2001): The Evolution of Thinking about Poverty: Exploring the Interactions. In: Meier, Gerald/Stiglitz, Joseph (eds., 2001): Frontiers of Development. New York: Oxford University Press, 183-226.

Psacharopoulos, George (1994): Returns to Investment in Education: A Global Update. In: World Development 22(9), 1325-1343.

Psacharopoulos, George/Patrinos, Harry Antony (2002): Returns to Investment in Education: A Further Update. Policy Research Working Paper 2881. Washington, DC: World Bank. http://wdsbeta.worldbank.org/external/default/WDSContentServer/IW3P/IB/2002/09/27/000094946_02091705491654/Rendered/PDF/multi0page.pdf, 20.6.2005.

Rama, Martín (2003): Globalization and Workers in Developing Countries. Policy Research Working Paper 2958. Washington, DC: World Bank http://wdsbeta.worldbank.org/external/default/WDSContentServer/IW3P/IB/2003/

02/07/000094946_03013004074424/Rendered/PDF/
multi0page.pdf, 20.6.2005.

Ratha, Dilip (2003): Workers' Remittances: An Important and
Stable Source of External Development Finance. In: World
Bank: Global Development Finance: Striving for Stability in
Development Finance. Washington, DC: World Bank. http://
siteresources.worldbank.org/INTRGDF/Resources/GDF2003-
Chapter7.pdf, 20.6.2005.

Rodrik, Dani (1999): Democracies Pay Higher Wages. In: Quarterly Journal of Economics 114(3), 707-738.

Surdum, R. M. (1990): Income Distribution in Less Developed
Countries. London: Routledge.

Trefler, Daniel (1993): International Factor Price Differences:
Leontief was Right. In: Journal of Political Economy 101(6),
961-987.

UNDP (1992): Human Development Report 1992. New York:
Oxford University Press. www.undp.org, 20.6.2005.

Woolcock, Michael (1998): Social Capital and Economic Development: Toward a Theoretical Synthesis and Policy Framework.
In: Theory and Society 27(2), 151-208.

August Gächter, Franz Stefan Michalke
Entwicklung und Wandel der Beschäftigung

Beschäftigung und Arbeitslosigkeit

Wir bauen unsere Diskussion hier auf sechs wesentliche Begriffe auf: Erwerbsalter, Erwerbsfähigkeit, Berufstätigkeit, Beschäftigung (Erwerbstätigkeit), Arbeitslosigkeit, Inaktivität. Diese werden zuerst definiert, danach kurz erläutert und für die Präsentation von Daten benützt. Danach werden nochmals drei Grundbegriffe definiert, nämlich die Erwerbsquote, die Beschäftigungsquote und die Arbeitslosenrate.

Grundlegende Begriffe, Teil 1: Mengen

Sechs international verbindlich definierte Begriffe

Das Erwerbsalter umfasst in den Industrieländern den Bereich von 15 Jahren bis höchstens 74 Jahren. In Entwicklungsländern wird die Untergrenze zuweilen auch mit 12 Jahren, in manchen Untersuchungen noch niedriger angesetzt. Man muss hier zwischen dem gesetzlich Erlaubten und dem faktisch Üblichen unterscheiden. Mit der größeren Aufmerksamkeit für die Kinderarbeit ging in den letzten Jahren eine gewisse Tendenz einher, das gewünschte, faktische oder gesetzliche Mindesterwerbsalter hinauf zu setzen. Bei der Obergrenze dominierte lange eine Tendenz, sie faktisch abzusenken, besonders in Mittel- und Südeuropa, aber auch in den USA. Andernorts war das nicht oder weniger der Fall.

Erwerbsfähigkeit liegt vor, wenn eine Person im Erwerbsalter ist und durch die geistige und körperliche Verfassung zur Arbeit befähigt ist. Die Zahl der Erwerbsfähigen wird oft als das Arbeitskräftepotential bezeichnet. In der Praxis ist der Unterschied zwischen der Zahl der Personen im Erwerbsalter und der Zahl der Erwerbsfähigen in Industrieländern so gering, dass er vernachlässigt wird. In Entwicklungsländern kann er aber wegen der größeren Verbreitung von Krankheiten und wegen deren gravierenderen Folgen von einiger Bedeutung sein.

Die gesamte erwerbsfähige Bevölkerung einer Altersgruppe setzt sich aus Beschäftigten, Arbeitslosen und Inaktiven zusammen. Die drei Kategorien sind wie folgt definiert.

Wer in erwerbsfähigem Alter keine bezahlte Beschäftigung hat und auch keine sucht oder nicht für den sofortigen Beschäftigungsantritt sucht, wird als „inaktiv" bezeichnet. Ob die Betreffenden dem Arbeitsmarkt freiwillig (Ausbildung, persönliche Einstellung) oder unfreiwillig (Hoffnungslosigkeit) fernbleiben, spielt dabei keine Rolle (ILO 2004: 26).

Als berufstätig zählen alle Beschäftigten und alle Arbeitslosen im erwerbsfähigen Alter. Gleichbedeutend damit werden oft die Ausdrücke Arbeitskräfte oder ArbeitnehmerIn verwendet. (Davon muss die Arbeitskraft unterschieden werden, also das Arbeitsvermögen einer Person, ihre menschlich gegebene Leistungsfähigkeit.)

Arbeitslos heißt, wer im erwerbsfähigen Alter ist, keinen Arbeitsplatz bzw. keine bezahlte Beschäftigung hat, aber sofort dafür zur Verfügung steht und aktiv danach sucht (ILO 2004: 26; ILO 1999: 441).

Beschäftigt oder erwerbstätig heißt, laut ILO (1999: 83), wer in der Referenzperiode, meist die Vorwoche, in erwerbsfähigem Alter war und zumindest eine Stunde einen Arbeitsplatz hatte oder bezahlt gearbeitet hat. Das schließt selbständig Beschäftigte mit ein. Es kann Personen einschließen, die lediglich eine Wiedereinstellungszusage hatten. Enthalten sind auf jeden Fall alle, die formal einen Arbeitsplatz hatten, auch wenn sie in der Vorwoche nicht auf ihm arbeiteten und es vielleicht schon seit Jahren nicht getan haben, etwa wegen Krankheit, Karenz oder weil der Betrieb durch Kriegseinwirkung zerstört wurde oder aus anderen Gründen, etwa Energiemangel, nicht produzieren kann. Auch unbezahlt mithelfende Familienmitglieder, SubsistenzproduzentInnen, Lehrlinge und Soldaten sind enthalten, die ersten beiden als Selbständige, die letzteren beiden als unselbständig Beschäftigte. Daten über Beschäftigte stammen üblicherweise aus Befragungen von Haushalten (z.B. Arbeitskräfteerhebung), Befragungen von Betrieben, Schätzungen der statistischen Ämter oder aus Registern, etwa der Sozialversicherung, die in Entwicklungsländern aber generell nicht existieren. Daher sind auch Befragungen schwierig, weil das Fehlen von Registern eben auch bedeutet, dass keine auch nur annähernd vollständigen Verzeichnisse von Betrieben oder EinwohnerInnen vorliegen, aus denen eine Stichprobe gezogen werden könnte. In manchen Ländern oder für manche Teilgruppen von Beschäftigten, etwa Minderheiten, stehen Daten nur aus Volkszählungen zur Verfügung, die meist nur alle zehn Jahre stattfinden. Auch die Qualität von Volkszählungen ist notwendigerweise beschränkt.

Daten zu all dem und einigem mehr finden sich unter http://laborsta.ilo.org. Es ist aber nötig, die Definitionen und Fußnoten genau zu lesen, um nicht falsche Vergleiche anzustellen.

Wir wollen kurz auf mögliche Probleme mit den ILO-Definitionen eingehen. Die Hauptfrage ist wohl, welche Relevanz es hat, wenn jemand in der Vorwoche eine Stunde beschäftigt war. Von der Arbeit dieser einen Stunde konnte die Person fast sicher nicht eine Woche lang leben, schon gar nicht mit Familie. Vielleicht war der Unterhalt aber ohnehin durch jemand anderen gesichert. Für die ILO-Definition genügt die Frage, ob man mindestens eine Stunde beschäftigt gewesen sei. Um aber zu soziologisch und politisch relevanten Aussagen kommen zu können, müsste ergänzend gefragt werden, wie viele Stunden gearbeitet wurde, ob die Person Zeit gehabt hätte, mehr zu arbeiten, und ob sie mehr Stunden arbeiten hätte wollen. Werden die zwei letzten Fragen beide mit ja beantwortet kann von Unterbeschäftigung gesprochen werden. Die Betroffenen sind dann zwar nicht arbeitslos, aber sie sind auch nicht ausreichend beschäftigt, und das könnte über Wochen und Jahre der Fall sein. Die ILO hat dazu unter der Bezeichnung *time-related underemployment* Daten gesammelt, die durchwegs aus Haushaltsbefragungen stammen. Sie sind als Indikator 12 in den *Key Indicators of the Labour Market* (KILM) zu finden (ILO 2003).

Begriffe zur Klassifizierung der Berufstätigen

Beruf und berufliche Stellung

Für die Zuordnung der Berufstätigen bzw. der Arbeitsplätze zu Berufen gibt es die *International Classification of Occupations* (IS-CO-88; ILO 1999: 81, 1324f.). Das ist eine hochgradig detaillierte, hierarchisch strukturierte Liste beruflicher Tätigkeiten, wobei jeder Beruf auch genau definiert ist. Die Anwendung in der Praxis ist jedoch gerade wegen der Detailliertheit eine schwierige Angelegenheit. In der Regel liegen daher Daten nur für die zehn beruflichen Obergruppen vor, nicht für die Berufe im Einzelnen.

Dazu kam 1958 die *International Classification of Status in Employment*. Gegenwärtig ist die Version von 1993 (ISCE-93) in Kraft (ILO 2001). Sie unterscheidet sechs Ausprägungen des Verhältnisses zwischen ArbeitgeberInnen und ArbeitnehmerInnen: ArbeitnehmerIn, ArbeitgeberIn, auf eigene Rechnung Arbeitende, Mitglieder von Produktionskooperativen, mithelfende Familienmitglieder, nicht klassifizierbare Arbeitende. Gleichberechtigt im Familienbetrieb mitwirkende Familienmitglieder sind in den auf eigene Rechnung Arbeitenden enthalten, nicht bei den Mithelfenden. ArbeitnehmerInnen sind hier auf folgende Weise definiert: Sie sind InhaberInnen eines Arbeitsplatzes und eines ausdrücklichen oder angedeuteten Arbeitsvertrags, der ihnen Bezahlung zusichert, die nicht direkt vom Geschäftserfolg des Betriebs oder einer anderen Geschäftseinheit abhängig ist. Weiters können die Werkzeuge, die Ausrüstung, die Informationssysteme, die Baulichkeiten, mit und in denen gearbeitet wird, anderen gehören und die Beschäftigten können den EigentümerInnen oder anderen direkt untergeordnet sein oder ihren Richtlinien exakt folgen müssen. Ähnlich komplex sind auch die anderen fünf Begriffe definiert. ISCE Kategorien werden von den Mitgliedsländern der ILO leider sehr unterschiedlich interpretiert, sodass Vergleiche schwierig sind (ILO 1999: 83f.). Generell gilt aber, dass der Selbständigenanteil in Entwicklungsländern größer ist als in Industrieländern, teils wegen des weit größeren Beschäftigungsanteils der Landwirtschaft, teils wegen des Mangels an Arbeitsplätzen für unselbständig Erwerbstätige, der rein um des Überlebens willen ein Ausweichen in die Selbständigkeit erzwingt.

Wirtschaftsklassen bzw. Sektoren

Für die Zuordnung der Betriebe und somit der Beschäftigten in ihnen zu Sektoren bzw. Wirtschaftszweigen gibt es die *International Standard Industrial Classification of all Economic Activities* (ISIC-68 bzw. ISIC Rev.3; ILO 1999: 83, 1301ff.). Die sektorale Zusammensetzung der Beschäftigung verändert sich im Entwicklungsprozess unweigerlich. Grundsätzlich verringert sich dabei der Anteil der Beschäftigten in der Landwirtschaft während jener im Dienstleistungssektor zunimmt. Der Anteil der Sachgüterproduktion nimmt in einer ersten Phase auf Kosten der Landwirtschaft zu und später zu Gunsten der Dienstleistungen ab. Weltweit nahm die Anzahl der landwirtschaftlich Erwerbstätigen von rund 810 Millionen im Jahr 1950 auf rund 1.226 Millionen im Jahr 1990 zu. Das ist eine Zunahme um mehr als die Hälfte. Gleichzeitig nahm der Anteil der landwirtschaftlich Beschäftigten an der weltweiten Beschäftigung aber von zwei Dritteln auf unter die Hälfte ab. In Afrika und Asien war der Anteil der in der Landwirtschaft Beschäftigten von 82

Tabelle 1: Die Beschäftigung in Tausend nach Erdteilen, Sektoren und Jahren und die Beschäftigung 1990 als Anteil an jener von 1950 in Prozent

	Europa	Nord-amerika	Ozeanien	Asien	Latein-amerika, Karibik	Afrika	Welt
Landwirtschaft							
1950	100.360	9.389	1.737	578.785	32.573	87.020	809.864
1970	64.120	4.518	1.964	699.140	40.107	120.347	930.196
1990	42.496	4.128	2.563	964.963	44.515	167.043	1.225.708
1990/1950	42,3	44,0	147,6	166,7	136,7	192,0	151,3
Sachgüterproduktion							
1950	81.015	26.711	1.678	51.688	11.559	6.553	179.204
1970	123.563	31.731	2.499	124.841	21.145	14.178	317.957
1990	126.345	37.003	2.857	263.750	41.364	29.384	500.703
1990/1950	156,0	138,5	170,3	510,3	357,9	448,4	279,4
Dienstleistungen							
1950	72.072	36.767	1.975	79.082	16.015	11.547	217.458
1970	116.581	61.922	3.865	167.168	34.140	24.324	408.000
1990	179.878	101.348	7.419	331.787	89.326	69.391	779.149
1990/1950	249,6	275,6	375,6	419,5	557,8	600,9	358,3

AUGUST GÄCHTER, FRANZ STEFAN MICHALKE

	Europa	Nordamerika	Ozeanien	Asien	Lateinamerika, Karibik	Afrika	Welt
Gesamt							
1950	253.447	72.867	5.390	709.555	60.147	105.120	1.206.526
1970	304.264	98.171	8.328	991.149	95.392	158.849	1.656.153
1990	348.719	142.479	12.839	1.560.500	175.205	265.818	2.505.560
1990/1950	137,6	195,5	238,2	219,9	291,3	252,9	207,7
Anteil der Landwirtschaft an Gesamt, Prozent							
1950	40	13	32	82	54	83	67
1970	21	5	24	71	42	76	56
1990	12	3	20	62	25	63	49
Anteil der Sachgüterproduktion an Gesamt, Prozent							
1950	32	37	31	7	19	6	15
1970	41	32	30	13	22	9	19
1990	36	26	22	17	24	11	20

Quelle: ILO 2004: 111; geringe Modifikationen bei Gesamt.

Prozent bis 83 Prozent auf 62 Prozent bis 63 Prozent gesunken und lag damit viel höher als im Rest der Welt. In Lateinamerika und der Karibik betrug der Anteil 1990 noch 25 Prozent nach 54 Prozent 1950, in Ozeanien noch 20 Prozent nach 32 Prozent, in Europa noch 12 Prozent nach 40 Prozent, in den USA und Kanada noch 3 Prozent nach 13 Prozent. In Afrika hatte die Sachgüterproduktion, also Industrie und Handwerk, noch 1990 an der Beschäftigung einen Anteil von nur 11 Prozent, was aber immerhin deutlich größer war als die 6 Prozent von 1950. In Asien war der Anteil viel kräftiger gestiegen, nämlich von 7 Prozent auf 17 Prozent und in Lateinamerika und der Karibik von 19 Prozent auf 24 Prozent. In Nordamerika nahm er von 37 Prozent auf 26 Prozent ab und in Ozeanien von 31 Prozent auf 22 Prozent. In Europa betrug der Anteil der Sachgüterproduktion an der Beschäftigung 1950 32 Prozent, 1970 41 Prozent und 1990 wieder nur mehr 36 Prozent (ILO 2004: 111). Von der Beschäftigung her gesehen war also Europa 1970 wie 1990 der am stärksten industriell ausgerichtete Kontinent. Der Dienstleistungsanteil war in Europa stets niedriger als in Nordamerika und Ozeanien und entsprach etwa jenem in Lateinamerika. Wie leicht zu erkennen ist hängt Armut eng mit dem Anteil der Landwirtschaft an der Beschäftigung zusammen.

Die Beschäftigung in der Sachgüterproduktion stieg von unter 180 Millionen weltweit auf über 500 Millionen 1990, wobei auch der Anteil an der gesamten Beschäftigung von 15 Prozent auf 20 Prozent stieg. Seit Mitte der 1990er Jahre hat sich dieser Wachstumstrend umgekehrt und es kam in der Sachgüterproduktion zu Beschäftigungsverlusten. „Since 1995, 3 million jobs per year have been lost in the manufacturing sector worldwide – due in large part to productivity increases" (ILO 2004: 79). Derweil steigen die Zahl und der Anteil der Beschäftigten im Dienstleistungssektor.

AUGUST GÄCHTER, FRANZ STEFAN MICHALKE

Informelle Wirtschaft

Soweit bekannt, tauchte der Ausdruck „informeller Sektor" erstmals 1971 in einem Vortrag bei einer Konferenz auf (Hart 1971). Damals war damit mehr oder minder *self-employment* gemeint, also selbständige Beschäftigung außerhalb betrieblicher Strukturen, gleich ob legaler oder illegaler Art. Erst in den 1990er Jahren entstand eine offizielle Definition. Diese – die harmonisierte Definition der ILO – fasst zusammen, was den meisten nationalen Definitionen gemeinsam ist und lässt die vielen Eigenheiten der nationalen Definitionen weg: „[...] private unincorporated enterprises (excluding quasicorporations), which produce at least some of their goods or services for sale or barter, have less than five paid employees, are not registered, and are engaged in non-agricultural activities (including professional or technical activities). Households employing paid domestic employees are excluded" (Hussmanns/du Jeu 2002: 3-5; ILO 2003; OECD 2004: 238). Damit ist die Zugehörigkeit des Betriebs zur informellen Wirtschaft definiert. In der informellen Wirtschaft beschäftigt sind alle, die in einem informellen Betrieb arbeiten (ILO 2003).

In Form des Indikators 7 der *Key Indicators of the Labour Market* (KILM) publiziert die ILO (2003; Hussmann/du Jeu 2002) Daten über die Beschäftigung in der informellen Wirtschaft. 59 Länder sind abgedeckt aber nur acht bedienen die harmonisierte Definition, nämlich Äthiopien, Barbados, Georgien, Indien, Lettland, Peru, Russland und die Türkei, jeweils für 1999 oder 2000. In Äthiopien entfällt demnach rund die Hälfte der Beschäftigung auf die informelle Wirtschaft, in Indien rund 46 Prozent, in Lettland etwa 15 Prozent, in der Türkei rund 11 Prozent, in Russland rund 6 Prozent und in Georgien nur etwa 3 Prozent. Für Peru war nur für den städtischen Bereich eine Zahl bekannt, nämlich rund 54 Prozent, und Barbados war nur die Anzahl (rund 5.000), nicht aber der Anteil an der gesamten Beschäftigung bekannt.

Trotz Ausschlusses der Landwirtschaft ist der informelle Anteil am Land meist größer als in der Stadt. Nur auf Georgien und Russland traf das nicht zu. Für Peru und Barbados war die entsprechende Information nicht vorhanden.

In der Türkei waren jeweils rund 11 Prozent der Frauen wie der Männer in informellen Betrieben beschäftigt, in Russland waren es rund 6 Prozent der Frauen und rund 5 Prozent der Männer, in Äthiopien aber 59 Prozent der Frauen gegenüber „nur" 36 Prozent der Männer. Im städtischen Bereich Perus betrug der Anteil bei den Frauen rund 61 Prozent, bei den Männern rund 49 Prozent. Nach nationalen Definitionen ist in acht von 17 Ländern der Anteil bei den Frauen größer als bei den Männern.

Grundbegriffe, Teil 2: Quoten und Raten

Erwerbsquote

Die spezielle Erwerbsquote ist der Anteil der Berufstätigen, also der Beschäftigten und der Arbeitslosen zusammen, an den Personen einer Altersgruppe; die allgemeine Erwerbsquote der Anteil aller Berufstätigen an der gesamten Wohnbevölkerung, auch jener, die nicht in erwerbsfähigem Alter ist. Die Erwerbsquoten der Männer sind fast überall merklich höher als jene der Frauen. Anstiege sind praktisch nur bei den Frauen möglich.

Beschäftigungsquote

Trotz der allgemeinen Faszination ist die Arbeitslosenrate ein schlechter Indikator der Lage am Arbeitsmarkt. Der bei weitem beste ist die Beschäftigungsquote. Sie gibt den Prozentanteil der Beschäftigten an der erwerbsfähigen Bevölkerung der gleichen Altersgruppe an. Eine hohe Beschäftigungsquote bedeutet, dass ein

AUGUST GÄCHTER, FRANZ STEFAN MICHALKE

großer Teil einer Altersgruppe ein eigenes Einkommen hat und zum Bruttoinlandsprodukt beiträgt. Niedrige Beschäftigungsquoten sind in der Regel die Folge geringer Erwerbsbeteiligung vor allem der Frauen, weniger der Jugendlichen oder der Älteren. Bei den Jugendlichen muss bedacht werden, dass höhere Löhne während der Beschäftigung die Möglichkeit schaffen, länger in Ausbildung und dem Arbeitsmarkt fern zu bleiben. Bei den Älteren schaffen die höheren Verdienste und die daran geknüpften Pensionen und anderen Sozialleistungen die Möglichkeit, sich frühzeitig aus dem Erwerbsleben zurückzuziehen. In einer niedrigen Beschäftigungsquote spiegeln sich auch diese freiwilligen Absenzen vom Arbeitsmarkt.

Es ist sinnvoll, Beschäftigungsquoten nach Geschlecht und Alter zu berechnen, um eventuelle Problemlagen zu erkennen. Auch ethnische, nationale, sprachliche oder religiöse Minderheiten sind oft mit Schwierigkeiten konfrontiert, durchschnittliche Beschäftigungsquoten zu erreichen. Das kann, ebenso wie bei den Frauen, mit rechtlicher und informeller Diskriminierung am Arbeitsmarkt zusammenhängen, aber auch mit Diskriminierung beim Zugang zu Bildung und Ausbildung.

Weltweit machten die Beschäftigten 2003 ebenso wie schon 1993 rund 63 Prozent der Bevölkerung in erwerbsfähigem Alter aus. Am höchsten war der Anteil mit 77 Prozent (2003) bzw. 78 Prozent (1993) in Ostasien, gefolgt von Südostasien mit 67 Prozent bzw. 68 Prozent, Afrika südlich der Sahara mit beide Male 66 Prozent, Lateinamerika und der Karibik mit beide Male 59 Prozent, Südasien mit jeweils 57 Prozent, den Industrieländern mit 56 Prozent bzw. 55 Prozent, den ehemals kommunistisch regierten Ländern mit 54 Prozent bzw. 59 Prozent und, abgeschlagen, dem Nahen Osten und Nordafrika mit nur 46 Prozent bzw. 45 Prozent (ILO 2004: 27).

Tabelle 2: Beschäftigungsquoten der Bevölkerung in erwerbsfähigem Alter und Arbeitslosenraten nach Ländergruppen 1993 und 2003 (in%); Änderung 1993 bis 2003 in Prozentpunkten

	Beschäftigungsquote		Arbeitslosenrate		Änderung 1993 bis 2003	
	1993	2003	1993	2003	BQ	ALR
Welt	63,3	62,5	5,6	6,2	-0,8	0,6
Lateinamerika und Karibik	59,3	59,3	6,9	8,0	0,0	1,1
Ostasien	78,1	76,6	2,4	3,3	-1,5	0,9
Südostasien	68,0	67,1	3,9	6,3	-0,9	2,4
Südasien	57,0	57,0	4,8	4,8	0,0	0,0
Nahost & Nordafrika	45,4	46,4	12,1	12,2	1,0	0,1
Afrika südlich der Sahara	65,6	66,0	11,0	10,9	0,4	-0,1
Ex-kommunistische Staaten	58,8	53,5	6,3	9,2	-5,3	2,9
Industrieländer	55,4	56,1	8,0	6,8	0,7	-1,2

Quelle: ILO 2004: 27.

Die größte Steigerung der Beschäftigungsquote war 1993 bis 2003 mit +1,0 Prozentpunkten im Nahen Osten und Nordafrika zu verzeichnen, gefolgt mit +0,7 Prozentpunkten von den Industrieländern. Die günstige Änderung im Nahen Osten und Nordafrika war ein Ergebnis zunehmender Erwerbsbeteiligung der Frauen, wenn sie dort auch nach wie vor die bei weitem niedrigsten Erwerbsquoten der Welt aufweisen. Die stärksten Rückgänge waren mit -5,3 Prozentpunkten in den ehemals kommunistisch regierten Ländern (ohne DDR) zu verzeichnen, sodann -1,5 Prozentpunkte in Ostasien und -0,9 Prozentpunkte in Südostasien. Eine sinkende Beschäftigungsquote muss kein Alarmsignal sein. Sie kann die Folge längeren Verbleibs im Ausbildungssystem sein, was aber insbesondere den starken Rückgang bei den ehemals kommunistisch regierten Ländern nicht erklären kann (ILO 2004: 25). Dort litt vielmehr die Erwerbsbeteiligung der Frauen überproportional.

Arbeitslosenrate

Es gibt viele Varianten der Arbeitslosenrate. Welche man anwendet, hängt vom Zweck ab, den sie erfüllen soll. Am gebräuchlichsten ist gegenwärtig der Anteil der beschäftigungslosen Arbeitsuchenden an den Berufstätigen, also an der Summe aus allen Beschäftigten und Arbeitslosen. Die Größe und die Änderung dieser Art Arbeitslosenrate ist leider nicht so leicht interpretierbar, wie gemeinhin geglaubt wird. Erstens ergeben auf diese Weise einige wenige Arbeitslose eine große Arbeitslosenrate, wenn es zugleich nur wenige Beschäftigte gibt, aber eine geringe, wenn es daneben viele Beschäftigte gibt. Mit der Zahl der Beschäftigten ändert sich die Arbeitslosenrate, ohne dass die Zahl der Arbeitslosen sich ändert. Eine sinkende Beschäftigungsquote führt somit automatisch zu einer steigenden Arbeitslosenrate, selbst wenn von den abgehenden Beschäftigten niemand arbeitslos wird, sondern beispielsweise alle in Pension gehen. Es gibt eine zweite gravierende

Schwäche der Arbeitslosenrate. Steigen die Beschäftigungschancen so treten wegen der günstigen Lage verhältnismäßig viele, die bisher inaktiv waren, in den Arbeitsmarkt ein und sind zunächst arbeitsuchend. Sie treiben die Arbeitslosenrate in die Höhe, gerade weil die Beschäftigungsquote steigt. Umgekehrt bringen es sinkende Beschäftigungschancen mit sich, dass weniger bisher Inaktive in den Arbeitsmarkt eintreten und Arbeitslose sich zum Teil aus ihm zurückziehen und inaktiv werden. Die Arbeitslosenrate steigt dann nicht in dem Maß wie die sinkenden Beschäftigungschancen es erwarten ließen. Aufgrund der beiden Schwächen kann eine steigende Arbeitslosenrate ebenso ein gutes wie ein schlechtes Zeichen sein und das gilt auch, wenn sie sinkt.

Beschäftigung und Entwicklung

Der Arbeitsmarkt ist kein ruhiges Gewässer. In jeder Wirtschaft gibt es sowohl einen Umsatz an Beschäftigten auf bestehenden Arbeitsplätzen als auch einen hohen Umsatz an Arbeitsplätzen. Beschäftigte verlassen bestehende Arbeitsplätze und suchen bzw. schaffen sich einen anderen, oder sie verlassen den Arbeitsmarkt. Gleichzeitig werden laufend neue Arbeitsplätze geschaffen, während bisher bestehende überflüssig werden. Die ständige Neuschöpfung von Produkten und Produktionsprozessen ebenso wie die beständige Neuaufteilung und Neuorganisation der Tätigkeiten führt dazu. Grundsätzlich ersetzen dabei produktivere Arbeitsplätze weniger produktive. Eben darin besteht Entwicklung im Kern.

Die Nachfrage nach abhängig Beschäftigten als abhängige Variable

Die Beschäftigungsquote ist zunächst nicht die Variable mit dem größten entwicklungstheoretischen Interesse. Wenn, wie in der ILO-Definition von Beschäftigung, die Produktion für den Eigenverbrauch von an sich vermarktbaren Gütern ebenfalls als Beschäftigung gezählt wird, dann ist eine gewisse Höhe der Beschäftigungsquote schiere Überlebensnotwendigkeit. Die Produktion für den Eigenverbrauch ist weitgehend landwirtschaftlich und geschieht in Haushalten. Zu den Eigenschaften der Subsistenzwirtschaft zählt zum einen das Fehlen des Unterschieds zwischen ArbeitgeberIn und ArbeitnehmerIn, vorrangig aber die geringe Produktivität, also hohe Arbeitsintensität, d.h. geringer Ertrag im Verhältnis zur aufgewandten Arbeitszeit. Daher ist in einer weitgehend landwirtschaftlichen Ökonomie normalerweise die Beschäftigungsquote hoch, ebenso aber auch die Armut in jeder Facette. Interessanter als die Beschäftigungsquote selbst ist daher die Verteilung der Beschäftigung auf Betriebe mit geringerer und mit größerer Produktivität.

Entwicklungstheoretisch interessant ist somit die Ausbreitung von Arbeitsplätzen mit hoher Produktivität. In den heutigen Entwicklungsländern ist das im Prinzip ein Entstehen nicht landwirtschaftlicher Beschäftigungen, vor allem aber auch ein Entstehen von Arbeitsplätzen für unselbständig Beschäftigte, also eine Ausbreitung der Arbeitsteilung bzw. der sozialen Differenzierung zwischen ArbeitgeberInnen und ArbeitnehmerInnen. Der ganze Prozess kann daher auch als Strukturwandel nicht bloß der Beschäftigung, sondern der Gesellschaft beschrieben werden, wie das schon Durkheim (1977) und Marx (1962) taten.

Darüber hinaus geht es nicht nur um den Wechsel in Arbeitsplätze mit höherer, sondern vor allem in solche mit steigender Produktivität. Das ist tendenziell in jenen Branchen der Fall, die direkt internationaler Konkurrenz ausgesetzt sind, vorausgesetzt sie haben das Können und Wissen, um erfolgreich zu konkurrieren. Besonders wenn Wissen und Können erst aufgebaut werden müssen, was meist ein langwieriger Vorgang ist, ist es nötig, einen praktikablen Zeitrahmen vorzugeben, innerhalb dessen Konkurrenzfähigkeit bei einem bestimmten Produkt erreicht werden muss und nicht einfach über Nacht den Außenhandel zu liberalisieren. Einfuhrbeschränkungen und Subventionen für jeweils inländische ProduzentInnen in anderen Ländern können dabei eine besondere Herausforderung darstellen. Die Praxis der ostasiatischen Staaten gibt sowohl für Außenhandelstaktiken wie auch für deren Rückkopplung mit Industriestrategien viele gute Beispiele (Amsden 1989). Die Branchen mit internationaler Konkurrenz beziehen Vorleistungen von anderen, die (noch) nicht direkt internationaler Konkurrenz ausgesetzt sind. Von diesen werden sie verlangen, Vorprodukte und Dienstleistungen zu Preisen zu liefern, die ihnen selbst Konkurrenzfähigkeit ermöglichen. Auf diese Weise verbreitert sich der Druck zur Produktivitätssteigerung in der Wirtschaft und erfasst alle Branchen einschließlich der Landwirtschaft. Mit der Produktivität können in all diesen Branchen auch die Verdienste steigen.

Mit all dem verbunden ist berufliche Mobilität aus der Landwirtschaft, die in vielen Fällen auch ein geografischer Exodus sein muss – Arbeitsmigration in die Städte, seien sie im Inland oder im Ausland. Steigende Produktivität in der Landwirtschaft heißt einerseits, dass gleich viele Beschäftigte aus gleich viel Land steigende Erträge herausholen. Dünger, Saatgut, Insektizide und Pestizide, Mechanisierung, bessere Lagerung und Transportmittel, Zuchtvieh und anderes mehr tragen dazu bei. Es heißt andererseits aber immer auch, dass auf gleich viel Land gleich große Erträge mit immer weniger Beschäftigten erzeugt werden. Die Landwirtschaft setzt daher im Entwicklungsprozess fortwährend Arbeitskräfte frei. Im Gegenzug fragen die anderen Branchen – jene, die der Landwirtschaft höhere Produktivität ermöglichen, sie aber gleichzeitig auch von ihr fordern – vermehrt Arbeitskräfte nach. So fern diese Branchen im jeweiligen Inland sind wird die Arbeitsmigration weitgehend lokal bleiben, andernfalls wird sie vermehrt international werden. Wie schon Friedrich List 1841 argumentiert hatte (List 1959; Senghaas 1977, 1982) – und 50 Jahre vor ihm Alexander Hamilton für die USA (Cowen/Shenton 1996: 154-156; McNamara 1998: 128ff.) – gelingt die Rückkoppelung zwischen der Landwirtschaft und der übrigen Wirtschaft in einem internationalen Zusammenhang eher weniger, in einem lokalen Zusammenhang eher besser. Eine Landmaschinenindustrie in Italien wird bei der Entwicklung neuer Geräte kaum auf die lokalen Verhältnisse in Angola Bedacht nehmen und daher dort nichts zur Produktivitätssteigerung in der Landwirtschaft beitragen. Daher werden die Verdienste der angolanischen Bauern und Bäuerinnen nicht steigen und somit auch nicht ihre Nachfrage nach weiteren Maschinen und nach Konsumgütern, deren Produktion, ob nun in Angola oder in Italien, die durch den Einsatz der Maschinen überschüssig gewordenen Arbeitskräfte absorbieren würde.

Wie reagiert die Beschäftigungsquote auf steigende Produktivität?

Eine zentrale Frage im *World Labour Report* 2004, wie zuvor schon in vielen Abhandlungen (z.B. Gordon 2004), ist der Zusammenhang zwischen Produktivität und Beschäftigung. Führt steigende Produktivität zu Einbußen bei der Beschäftigung? Produktivität ist das Verhältnis von Menge des Produktionsergebnisses zu eingesetzter Menge Arbeitskraft. Das heißt, je höher die Produktivität, desto weniger Arbeitskraft wird gebraucht, um ein bestimmtes Produktionsergebnis zu erreichen. Die Nachfrage nach Arbeitskraft kann daher nur steigen, wenn die Nachfrage nach Gütern und Dienstleistungen stärker zunimmt als die Produktivität. Zugleich ermöglicht steigende Produktivität aber höhere Verdienste in kürzerer Zeit, sodass die Erwerbsphase im Leben freiwillig verkürzt werden kann zugunsten längerer Bildungs- und Pensionsphasen. Weniger Leute würden dann Beschäftigung suchen.

Empirisch galt 1993 bis 2003 auf Ebene der Ländergruppen in Tabelle 2: Je stärker die Produktivität stieg, desto geringer war die Steigerung der Beschäftigungsquote. Bei Produktivitätssteigerungen von mehr als rund 20 Prozent im Lauf von zehn Jahren sank die Beschäftigungsquote. Einen dem entsprechenden gegenläufigen Zusammenhang mit der Änderung der Arbeitslosenrate gibt es aber nicht. Steigende Produktivität führte also nicht zu höherer Arbeitslosigkeit, wohl aber zu geringrer Beschäftigung. Das ist ein starkes Indiz, dass steigende Produktivität vor allem zu verlängerten Bildungs- und Pensionsphasen führt.

Steigende Nachfrage nach den Produkten einer Wirtschaft kann von Binnenmärkten kommen oder von Exportmärkten. Auf den Binnenmärkten werden meist – nicht immer – steigende Haushaltseinkommen pro Kopf nötig sein, um steigende Nachfrage auszulösen. Die zusätzlichen Einkommen können aus dem Ausland stammen, etwa aus den Rücküberweisungen von Arbeitsmigrantinnen und Arbeitsmigranten, oder aus dem Inland. Im Inland gibt es zwei grundsätzliche Quellen, nämlich eine steigende Zahl von Einkommensbezieherinnen und Einkommensbeziehern pro Haushalt oder steigende Einkommen der bestehenden Zahl von Beschäftigten. Letztere können ihrerseits wieder zwei hauptsächliche Ursachen haben, nämlich entweder steigende durchschnittliche Produktivität der Beschäftigten, sodass bei gleicher Tätigkeit höhere Löhne bezahlt werden können, oder berufliche Mobilität aus niedriger in höher bezahlte Tätigkeiten. Letzteres würde in gewissem Rahmen einer Veränderung der Berufsstruktur entsprechen, nämlich einer Zunahme der Zahl an höher bezahlten Tätigkeiten relativ zu den geringer bezahlten. Ebenso würde es in gewissem Maß steigende Bildung und bessere Ausbildung der Bevölkerung voraussetzen.

Für die Binnennachfrage kann von einiger Bedeutung sein, dass in Entwicklungsländern bisher große Bevölkerungsteile weitgehend aus den Konsumgütermärkten ausgeschlossen sind. Als Ursache werden gemeinhin ihre sehr geringen Einkommen angeführt. Tatsache ist aber, dass auch die Armen eine Vielzahl von Produkten nachfragen, wie etwa Seife zum Waschen der Wäsche, Textilien und anderes mehr. An einer wachsenden Zahl von Beispielen lässt sich zeigen, dass durch entsprechende Qualitätsabstriche, geeignete

August Gächter, Franz Stefan Michalke

Packungsgrößen und zielführendes Marketing auch die Armen in deutlich größerem Umfang als bisher am Konsum teilnehmen könnten. Die erhöhte Nachfrage würde Beschäftigung und somit Einkommen schaffen (Prahalad 2004). All dies gelingt besonders dann, wenn Frauen eigene Einkommen haben, über die sie frei verfügen können und wenn sie in die Vertriebskanäle für die Konsumgüter eingebunden werden können (Prahalad 2004: 108).

Für steigende Nachfrage auf Exportmärkten sind Auslandsinvestitionen oft hilfreich, entweder von lokal ansässigen Firmen im Ausland oder von ausländischen Firmen im lokalen Inland. Exportfähigkeit gründet erneut auf entsprechend hoher Produktivität, ebenso wie die Fähigkeit lokaler Betriebe in anderen Branchen, der Importkonkurrenz standzuhalten.

Neben Produktivität und Güternachfrage spielt auch die Funktionstüchtigkeit des Arbeitsmarkts eine wichtige Rolle. Die Beschäftigungsquote kann niedriger (und die Arbeitslosenrate entsprechend höher) sein, wenn Angebot und Nachfrage am Arbeitsmarkt schlecht zueinander passen (*matching*), oder wenn sie Zeit brauchen, zueinander zu finden (*friction*). Ersteres kann auftreten, wenn die Arbeitsuchenden nicht das Bildungsniveau haben, das von den Betrieben nachgefragt wird, oder auf einem Bildungsniveau nicht die nachgefragten Berufe. Zweiteres kann eine Folge unzureichender Arbeitsvermittlung sein, eines geografischen Abstands, von Diskriminierung oder anderer Hemmnisse.

Insgesamt zeigt sich, dass Entwicklung, indem sie eine Frage von Beschäftigung auf zunehmend produktiven Arbeitsplätzen ist, nicht unbedingt mit steigenden Beschäftigungsquoten einhergehen muss. Weiters zeigt sich, dass rückläufige Beschäftigungsquoten ein Anzeichen für kürzere Erwerbsphasen im Leben und für längere Bildungs- und voll finanzierte Ruhephasen sein können. Die steigende Produktivität der Beschäftigung macht dies möglich. Drittens ist in Erinnerung zu behalten, dass die Arbeitslosenrate ohne Kenntnis der Beschäftigungsquote eine kaum brauchbare Information darstellt.

Verwendete und weiterführende Literatur

Amsden, Alice H. (1989): Asia's Next Giant: South Korea and Late Industrialization. New York: Oxford University Press.

Bardhan, Kalpana/Klasen, Stephan (1998): Women in Emerging Asia: Welfare, Employment, and Human Development. Asian Development Review 16(1): 72-125. http://www.adb.org/Documents/Periodicals/ADR/default.asp, 8.8.2005.

Cowen, Michael P./Shenton, Robert W. (1996): Doctrines of Development. London: Routledge.

Durkheim, Emile (1977): Über soziale Arbeitsteilung. Frankfurt: Suhrkamp (orig. 1893).

Fevre, Ralph (1992): The Sociology of Labour Markets. Harvester Wheatsheaf.

Gordon, Robert J. (2004): Is There a Tradeoff between Unemployment and Productivity Growth? In: Gordon, Robert J.: Productivity Growth, Inflation, and Unemployment. Cambridge: Cambridge University Press, 143-171 (orig. 1997).

Hart, Keith (1971): Informal Income Opportunities and Urban Employment in Ghana. Ausschnitte in: Jolly, Richard/Kadt, Emanuel de/Singer, Hans/Wilson, Fiona (eds., 1973): Third World Employment: Problems and Strategy. Harmondsworth: Penguin: 66-70.

Hussmanns, Ralph (2004): Defining and Measuring Informal Employment. Genf: ILO http://www.ilo.org/public/english/bureau/stat/papers/, 8.8.2005.

Hussmanns, Ralph/du Jeu, Brigitte (2002): ILO Compendium of Official Statistics on Employment in the Informal Sector. STAT Working Paper No.1. Genf: ILO. http://www.ilo.org/public/english/bureau/stat/papers/comp.htm, 8.8.2005.

ILO – International Labour Organization (1999): Yearbook of Labour Statistics, 58th edition. Genf: ILO.

ILO – International Labour Organization (2001): International Classification of Status in Employment (ICSE). www.ilo.org/public/english/bureau/stat/class/icse.htm, 18.8.2005.

ILO – International Labour Organization (2002a): Decent Work and the Informal Economy. Report of the Director-General, International Labour Conference, 90th Session. Report VI. Genf: ILO. http://www.ilo.org/public/english/standards/relm/ilc/ilc90/pdf/rep-vi.pdf, 8.8.2005.

ILO – International Labour Organization (2002b): Women and Men in the Informal Economy: A Statistical Picture. Genf: ILO. http://www.ilo.org/public/english/employment/gems/download/women.pdf, 8.8.2005.

ILO – International Labour Organization (2003): Key Indicators of the Labour Market (KILM), 3rd edition. Genf: ILO. http://www.ilo.org/public/english/employment/strat/kilm/index.htm, 7.8.2005.

ILO – International Labour Organization (2004): Employment, Productivity and Poverty Reduction. World Employment Report 2004. Genf: ILO. http://www.ilo.org/public/english/employment/strat/wer2004.htm, 7.8.2005.

King, J. E. (1990): Labour Economics, second edition. London: Macmillan.

List, Friedrich (1959): Das nationale System der politischen Ökonomie. Tübingen: J.C.B. Mohr (orig. 1841).

McNamara, Peter (1998): Political Economy and Statesmanship: Smith, Hamilton and the Foundation of the Commercial Republic. DeKalb: Northern Illinois University Press.

Marx, Karl (1962): Das Kapital. Kritik der politischen Ökonomie, Band 1, MEW 23. Berlin: Dietz Verlag (orig. 1867).

OECD (2004): Employment Outlook. Paris: OECD. http://www.oecd.org/dataoecd/8/25/34846912.pdf, 7.8.2005.

Prahalad, C. K. (2004): The Fortune at the Bottom of the Pyramid: Eradicating Poverty through Profits. Philadelphia: Wharton School Publishing.

Senghaas, Dieter (1977): Weltwirtschaftsordnung und Entwicklungspolitik. Plädoyer für Dissoziation. Frankfurt: Suhrkamp.

Senghaas, Dieter (1982): Von Europa lernen. Entwicklungsgeschichtliche Betrachtungen. Frankfurt: Suhrkamp.

Smelser, Neil J./Swedberg, Richard (eds., 1994): The Handbook of Economic Sociology. Princeton: Princeton University Press.

World Bank (1993): The East Asian Miracle: Economic Growth and Public Policy. New York: Oxford University Press.

World Bank (1995): Workers in an Integrating World: World Development Report 1995. New York: Oxford University Press.

MARGARITA LANGTHALER
Bildung im Süden

Bildungssituation und Bildungsbeteiligung

Die aktuelle Bildungssituation der Länder des Südens ist trotz jahrzehntelanger Bildungsbemühungen von niedrigen Einschulungsraten, hohem Erwachsenenanalphabetismus und niedriger Bildungsbeteiligung in der Sekundar- und Tertiärbildung geprägt. Die Disparitäten zwischen den Industrie- und Entwicklungsländern sind nach wie vor deutlich. Im Bereich von Wissenschaft und Forschung sind sie, vor allem für die ärmsten Länder der Welt, im Steigen begriffen.

Die Einschulungsrate der Entwicklungsländer ist zwar im Vergleich zu 1990 leicht gestiegen, liegt aber immer noch deutlich unter jener der Industrieländer. Die regionalen und geschlechtsspezifischen Disparitäten sind hier offensichtlich. 43 Prozent der nicht eingeschulten Kinder im Grundschulalter leben in Afrika südlich der Sahara, 31,7 Prozent in Südasien. Die Einschulungsraten von Mädchen sind gestiegen, liegen aber weiterhin unter der von Buben.

Tabelle 1: Einschulungsraten Primarschulbildung 1990 und 2001 (in %)

	1990			2001		
Region	Insges.	männlich	weiblich	Insges.	männlich	weiblich
Entwicklungsländer	79,8	85,8	73,5	82,5	85,3	79,5
Afrika südlich der Sahara	55,0	59,0	51,0	62,8	66,4	59,2
Lateinamerika & Karibik	86,9	87,4	86,3	95,7	95,6	95,9
Arabische Staaten	76,3	83,8	68,5	81,1	85,1	76,9
Süd- und Westasien	72,7	86,6	57,8	79,0	84,7	73,0
Ostasien und Pazifik	96,0	97,7	94,1	93,7	93,7	93,6
Zentralasien	81,4	81,8	81,0	94,1	95,0	93,2
Industrieländer	96,9	96,7	97,2	95,6	95,4	95,9

Quelle: UNESCO 2003: 334f. und UNESCO 2004: 292f.

Tabelle 2: Geschätzte Anteile der AnalphabetInnen an der Weltbevölkerung in Prozent (Bezugsgruppe Menschen mit 15 Jahre und mehr) für 1990 und die Periode 2000 - 2004 (in %)

	1990			2000 - 2004		
	Insges.	Männer	Frauen	Insges.	Männer	Frauen
AnalphabetInnenrate weltweit	24,6	18,2	30,9	18,3	13,0	23,5
Entwicklungsländer	33,0	24,1	42,1	23,6	16,6	30,7
Industrieländer	2,0	1,5	2,5	1,1	0,9	1,4

Quelle: UNESCO 2004: 268

Margarita Langthaler

Die Anzahl der erwachsenen AnalphabetInnen weltweit hat sich seit 1990 verringert, liegt jedoch noch immer bei 800 Millionen bzw. 18,3 Prozent der erwachsenen Bevölkerung weltweit (UNESCO 2005: 21). Der Großteil der erwachsenen AnalphabetInnen lebt in Südostasien und in Afrika südlich der Sahara.

Auch beim Zugang zur Sekundarbildung und zu Universitäten bzw. anderen postsekundären Ausbildungsinstitutionen sind gravierende Mängel zu beobachten. Während in den Industriestaaten fast 90 Prozent der Schülerinnen und Schüler der entsprechenden Altersgruppe eine Sekundarschule besuchen, beläuft sich diese Zahl für die Entwicklungsländer auf 48,5 Prozent, wobei sie im subsaharischen Afrika bei nur 21,3 Prozent liegt (UNESCO 2004: 317). In den Industrieländern besuchen rund 54,6 Prozent der jungen Menschen im entsprechenden Alter eine Institution höherer Bildung. In den Entwicklungsländern sind es rund 11,3 Prozent, in Afrika südlich der Sahara gar nur 2,5 Prozent.

Tabelle 3: Inskriptionsraten Tertiärbildung 2001 (in %)

Region	
Entwicklungsländer	11,3
Afrika südlich der Sahara	2,5
Lateinamerika & Karibik	25,7
Arabische Staaten	22,0
Süd- und Westasien	k. A.
Ostasien und Pazifik	13,4
Zentralasien	30,7
Industrieländer	54,6

Quelle: UNESCO 2004: 324f.

Einschulungsraten geben den Prozentsatz von Personen an, die in der Schule zu einem bestimmen Zeitpunkt eingeschrieben sind. Ob der Schulbesuch regelmäßig stattfindet, oder ob die Klasse und der Schultyp abgeschlossen wurden, berücksichtigen sie nicht. Dadurch sind diese Werte weniger repräsentativ für das Bildungsniveau eines Landes als zum Beispiel der Prozentsatz an Schulabschlüssen und deren Verteilung über die Schultypen. Leider sind Informationen über die Abschlüsse vergleichsweise selten.

In der Grundbildung sind dank internationaler Bemühungen quantitative Verbesserungen zu verzeichnen. Mangelnde Qualität führt jedoch mitunter zu hohen Schulabbruchsraten bzw. zu fehlendem Lernerfolg. Aufgrund struktureller Finanzknappheit sind die Rahmenbedingungen im Grundschulsektor schwierig. LehrerInnenmangel, hohe KlassenschülerInnenzahlen (mitunter hundert Kinder und mehr), schlechte Infrastruktur und Ausstattung, fehlendes bzw. mangelhaftes Lehrmaterial sowie schwierige familiäre und soziale Situationen führen insbesondere in ländlichen Gegenden zu niedriger Unterrichtsqualität. In manchen Regionen, vor allem im südlichen Afrika, stellt auch die hohe HIV/Aids-Rate ein massives Problem dar, das den LehrerInnenmangel verschärft und viele Kinder am Schulbesuch hindert. Lehrinhalte und mitunter die Unterrichtssprache, die das Lebensumfeld der Kinder weder widerspiegeln noch berücksichtigen, lassen die formale Schulbildung für eine spätere Erwerbstätigkeit bedeutungslos erscheinen, was den Schulerfolg mindert oder überhaupt zu Schulabbruch führt.

Aufgrund der strukturellen Schwäche der staatlichen Institutionen ist in vielen Entwicklungsländern der Anteil privater Bildungsversorgung in der Primar- und Sekundarstufe höher als in den Industrieländern.

MARGARITA LANGTHALER

Tabelle 4: Schulbesuchsraten in privaten Institutionen 2001 (in %)

Region	Primarschule	Sekundarschule
Entwicklungsländer	10,9	14,9
Afrika südlich der Sahara	9,2	13,3
Lateinamerika & Karibik	14,2	22,2
Arabische Staaten	7,4	7,6
Süd- und Westasien	3,8	14,4
Ostasien und Pazifik	8,2	16,1
Zentralasien	0,6	0,9
Industrieländer	4,2	7,1

Quelle: UNESCO 2004: 368

In den Entwicklungsländern gibt es aufgrund schwacher staatlicher Strukturen oft eine lange Tradition privater Bildungsversorgung, die mitunter gezielt auf die Arbeit mit armen bzw. marginalisierten Bevölkerungsgruppen ausgerichtet ist. Die hohen Raten privaten Schulbesuchs drücken jedoch meist die Existenz eines dualen Bildungssystems aus, in dem die private Versorgung mit hohen Qualitätsstandards aufgrund der Kosten den sozialen Eliten vorbehalten bleibt.

Auf dem Gebiet der höheren Bildung sowie von Wissenschaft und Forschung zeigt sich in den Entwicklungsländern, insbesondere in Afrika, ein Bild fragmentierter und fragiler Institutionen. Es besteht ein deutliches Gefälle zwischen den Industrie- und Entwicklungsländern. Laut UNESCO (2001) stellen die Entwicklungsländer rund 78 Prozent der Weltbevölkerung, jedoch nur 28 Prozent der WissenschafterInnen und ForscherInnen weltweit. Die Ausgaben für Wissenschaft und Forschung betragen in den Industrieländern im Durchschnitt 2,2 Prozent des BIP, in den Entwicklungsländern hingegen nur 0,6 Prozent. An den weltweiten wissenschaftlichen Publikationen haben die Entwicklungsländer einen Anteil von nur 19,6 Prozent. Insbesondere im subsaharischen Afrika ist diese Disparität deutlich: Die WissenschafterInnendichte ist in den reichsten Ländern der Welt 63mal höher als in Afrika und Afrika hat an den weltweiten wissenschaftlichen Publikationen einen Anteil von lediglich 0,7 Prozent. Dieser Anteil ist zudem seit 1990, als er 1 Prozent betrug, gefallen.

Aus diesen Zahlen wird die strukturelle Schwäche der Institutionen höherer Bildung sowie von Wissenschaft und Forschung in den Entwicklungsländern und insbesondere in den ärmsten Ländern deutlich. Diese Strukturschwäche führt zu einer tendenziellen Abhängigkeit von ausländischen Fördermitteln, was eine Einflussnahme auf die Forschungsthemen impliziert. Eine weitere Auswirkung ist die Dominanz angewandter Forschung, während Grundlagenforschung tendenziell vernachlässigt wird. Die schwachen Strukturen führen auch dazu, dass wissenschaftliche Erkenntnisse und Ergebnisse der internationalen Forschung kaum aufgenommen und verarbeitet werden können und hoch qualifizierte Fachkräfte verstärkt abwandern. Das Ergebnis ist eine weitere Schwächung der südlichen Institutionen gegenüber jenen der Industrieländer.

Bildungssysteme in den Entwicklungsländern im historischen Kontext

In den meisten Ländern des Südens sind die Bildungssysteme in der einen oder anderen Form ein Erbe des Kolonialismus. Die kolonialen Bildungssysteme wiesen zwar große Unterschiede auf, die sich aus den unterschiedlichen Strategien der Kolonialmächte und den jeweils existierenden lokalen Bedingungen erklären. Dennoch können einige allgemein gültige Charakteristika festgestellt werden.

Gemeinsam ist den kolonialen Bildungssystemen in erster Linie, dass sie das westliche formale Bildungsmodell auf nichtwestliche Gesellschaften übertragen und dort durchgesetzt haben.

Margarita Langthaler

Vorkoloniale Bildungssysteme wurden in unterschiedlichem Grad verdrängt, ersetzt oder vollkommen zerstört.

Die kolonialen Bildungssysteme waren im Grunde darauf ausgerichtet, den Interessen der Kolonialmächte zu dienen und die kolonialen Gesellschaftsstrukturen zu reproduzieren. Walter Rodney bezeichnet das koloniale Bildungswesen als *„education for underdevelopment"* (Rodney 1972). Unmittelbares Ziel war es meistens, eine dünne Schicht von halbausgebildeten, der Kolonialsprache mächtigen Beamten und Beamtinnen für die Kolonialverwaltung zu produzieren. In unterschiedlichem Maße waren diese Systeme elitär – der Großteil der Bevölkerung war von ihnen ausgeschlossen – sowie nach sozialen, geographischen, ethnischen und geschlechtsspezifischen Merkmalen stratifizierend (Ki-Zerbo 1990; Bray 1997). Ein weiteres Merkmal war die meist strukturelle Vernachlässigung berufsbildender oder technischer Disziplinen.

Nach dem Ende der Kolonialzeit führten politische und ökonomische Interessen der ehemaligen Kolonialmächte und der zuvor geschaffenen Eliten in den meisten Ländern des Südens zu einer weitgehenden Kontinuität in den Bildungssystemen. Zwar wurde Bildung als wesentliches Instrument zur wirtschaftlichen Entwicklung und zur Nationsbildung angesehen, der oft postulierte Bruch mit den kolonialen Bildungssystemen fand jedoch, wenn überhaupt, nur vorübergehend und beschränkt statt.

Das wichtigste Merkmal der nachkolonialen Bildungssysteme war deren vorrangige Ausrichtung auf massive Bildungsexpansion. In Asien verdoppelte sich die Einschulungsrate im Zeitraum zwischen 1960 und 1980, im subsaharischen Afrika vervierfachte sie sich. In der Sekundarstufe erhöhten sich die Schulbesuchsraten in Asien um das sechsfache, in Afrika um das siebenfache. In den tertiären Bildungssystemen war die Expansion am deutlichsten, mit Inskriptionsraten, die in Asien um das achtfache, in Afrika um das vierzehnfache anstiegen (Bray 1997: 108).

Hingegen war das Bildungswesen im Bereich der Strukturen, Inhalte, Lehrpläne und Lehrmethoden, Unterrichtssprachen, Verwaltungs- und Prüfungssysteme von einer weitgehenden Fortführung der kolonialen Unterrichtssysteme gekennzeichnet. Brock-Utne beschreibt in diesem Zusammenhang, wie im ugandischen postkolonialen Primarschulsystem die europäischen „Entdecker" der am Oberlauf des Nils gelegenen Murchinson-Wasserfälle, die von unterschiedlichen Bevölkerungsgruppen seit Jahrhunderten als religiöse Stätte verehrt worden waren, gelehrt wurden (Brock-Utne 2000: 113). Im Senegal konnte bei der Reifeprüfung in der Sekundarstufe zwischen zehn Fremdsprachen gewählt werden, wovon jedoch keine afrikanisch war (Bray 1997: 109).

Trotz dieser letztendlich dominierenden Tendenz zur Kontinuität muss auf die zahlreichen Versuche, alternative Bildungsmodelle zu entwickeln und umzusetzen, verwiesen werden. Vielfältige Einflüsse kamen hierbei zum Tragen, wobei in den meisten Fällen das Streben nach einer „Indigenisierung" des Bildungswesens in Inhalten, Formen und Zielsetzungen im historischen Kontext antikolonialer Befreiungsbewegungen und der politisch stark polarisierten Weltgesellschaft des Kalten Krieges maßgebend war. Die Mehrheit der bildungspolitischen „Gegenmodelle" kann daher auch nicht unabhängig von den allgemeinen politischen und gesellschaftlichen Zielsetzungen des antikolonialen Kampfes bzw. des angestrebten Gesellschaftsmodells nach den Unabhängigkeiten gesehen werden. Einflussreiche Quellen waren einerseits europäische, v.a. die politisch-philosophischen Konzeptionen eines sozialistischen Gesellschaftsmodells sowie die Reformpädagogik. Andererseits beinhalteten die meisten alternativen Bildungsmodelle starke Rückgriffe auf indigene Formen gesellschaftlicher Organisation und Bildung.

Methodisch wurde Bildung dabei in ihrer dialektischen Beziehung zur Gesellschaft begriffen, einerseits als Spiegel der existierenden gesellschaftlichen Verhältnisse, andererseits als Instrument, Gesellschaft bewusst zu verändern und zu gestalten. Samir Amin

(1975: 52) postuliert an den Schnittstellen zwischen Entwicklung und Bildung einen radikalen Bruch mit dem aus Europa entlehnten Modell: „The strategy must start with a direct definition of the needs of the masses, without reference to the European model; it must necessary be egalitarian; it must be essentially self-reliant; it must help to awaken a capacity for autonomous technical innovation."

Deutlich tritt der Anspruch aus europäischem sozialistischen Gedankengut und afrikanischer Tradition ein neues Gesellschafts- und Bildungsmodell zu schaffen im Konzept der *Education for Self-Reliance* zu Tage, das in Tansania unter der Präsidentschaft von Julius Nyerere als Teil des afrikanischen *Ujamaa*-Sozialismus entwickelt wurde. Bildung und Ausbildung waren das strategische Element zum Aufbau dieser Gesellschaft. *Education for Self-Reliance* forderte eine Ausrichtung des Bildungswesens zunächst auf die Bedürfnisse der Landbevölkerung. Die für das europäische Bildungswesen typische scharfe Trennung zwischen Schule, Arbeitswelt und gesellschaftlichem Leben sollte – im Sinne der afrikanischen Tradition informeller Bildung durch die Eltern und die Gemeinschaft – durch die Integration von Produktionsstätten in die Schulen, die gemeinsame Planung aller Schul- und Lebensbelange durch SchülerInnen und LehrerInnen sowie die Ausrichtung auf Gemeinschaftsbildung überwunden werden. Eine bedeutende Rolle in Nyereres Bildungskonzeption kommt auch der Erwachsenenbildung zu (Nyerere 1979, Noormann 2002).

Im subsaharischen Afrika zählt das tansanische Modell der *Education for Self-Reliance* zu den bekanntesten alternativen Bildungskonzeptionen. Gegenmodelle zu den europäischen wurden allerdings in vielen Ländern entworfen, propagiert und mit unterschiedlichem Erfolg umgesetzt. Beispiele dafür sind die Buschschulen der antikolonialen Befreiungsbewegung unter Amilcar Cabral in Guinea Bissau, *Education with Production* in Simbabwe sowie die radikale Afrikanisierung des gesamten Schulsystems in Guinea unter Sekou Touré.

Zu den einflussreichsten reformpädagogischen Konzeptionen im Süden zählt die „Pädagogik der Unterdrückten" des Brasilianers Paulo Freire, der maßgeblich die pädagogische Bewegung *Educación Popular* in Lateinamerika beeinflusst und mitaufgebaut hat. *Educación Popular* wird von Liebel mit dem Begriff „Befreiungspädagogik" übersetzt, der deutlich die Zielsetzung der lateinamerikanischen Strömung widerspiegelt, nämlich zur Befreiung von Unterdrückung, Ausbeutung und Abhängigkeit beizutragen. Ursprünglich für die Erwachsenenbildung konzipiert, wird *Educación Popular* später auch in der Arbeit mit marginalisierten Kindern und Jugendlichen angewendet (Liebel 2002).

Freire postuliert als eines der Kernelemente seiner Pädagogik das dialogische Prinzip, das Grundlage für die Subjektwerdung des Menschen, d.h. seine Befreiung von Unterdrückung, ist. Ausgangspunkt des Lernprozesses ist die eigene Wirklichkeit des Lernenden, die es zu verstehen gilt um sie verändern zu können. Veränderung beginnt mit der Bewusstwerdung (*conscientização*) über die eigene Lebensrealität. In Ablehnung des von ihm als „Bankiers-Methode" bezeichneten Bildungsmodell der schulischen Übermittlung von (fremdbestimmten) Inhalten, begreift Freire Lernen als einen Erkenntnisakt zwischen Praxis und Reflexion, deren antagonistische Gegenüberstellung er ebenso überwinden will, wie jene zwischen LehrerIn und SchülerIn. Im gemeinsamen Lernprozess werden SchülerInnen zu LehrerInnen und LehrerInnen zu SchülerInnen (Freire 1971, 1974).

Die meisten dieser alternativen Bildungsmodelle konnten sich langfristig nicht durchsetzen und sind anderen Bildungskonzeptionen gewichen. Als Ausnahme mag Kuba angesehen werden, dessen Bildungserfolge trotz widriger ökonomischer Bedingungen allgemein anerkannt werden. Kubas Erfolgsmodell basiert u.a. auf einer engen Anbindung der schulischen an die berufliche Bildung, auf einer umfassenden Erwachsenenbildung und einer starken Berücksichtigung der ländlichen Bevölkerung und ihrer Bildungsbedürfnisse (Bodenhöfer 1983; Hickling-Hudson 2002).

Manche reformpädagogischen Ansätze sind jedoch in alle Bereiche der Pädagogik vorgedrungen. So wird heute Lernen allgemein als LernerInnen- und nicht LehrerInnen-zentrierter Prozess verstanden und dialogischen anstelle von frontalen Unterrichtsmethoden das Wort gesprochen. Gerade am Beispiel der *Educación Popular* lässt sich allerdings nachvollziehen, dass das Aufgreifen einiger ihrer Prinzipien zu einer Instrumentalisierung ihres emanzipatorischen Diskurses geführt hat. In einem Prozess der Neuinterpretation werden befreiungspädagogische Methoden wie Partizipation und Selbstbestimmung mitunter zur Rechtfertigung des Abbaus und der Privatisierung staatlicher Bildungsstrukturen verwendet. Der kolumbianische Erziehungswissenschafter Marco Raul Mejía zeigt demgegenüber auf, dass die Beziehung zwischen Bildungswesen und gesellschaftlicher Organisation nach wie vor zentral ist und das Herauslösen einzelner pädagogischer Elemente ohne Bezug auf ein emanzipatorisches Projekt nicht automatisch zur Emanzipation der unterprivilegierten Bevölkerungsschichten beiträgt (Mejia 1997, zitiert in Liebel 2002: 59).

Aufgrund der starken Rezession in den 1980er Jahren mussten viele Länder des Südens so genannte Strukturanpassungsprogramme oft als Vorbedingung für Schuldenerlass oder weitere Kreditgewährungen durch die internationalen Finanzinstitutionen durchführen. Wesentlicher Bestandteil dieser Programme waren massive Kürzungen der öffentlichen Ausgaben. Für den Bildungsbereich bedeutete das nicht nur schwindende Möglichkeiten für den weiteren Ausbau und die Neugestaltung der Bildungssysteme, sondern auch, vor allem in den ärmsten Ländern, einen Rückschritt im Bereich der Bildungsbeteiligung. Im Primarschulsektor sanken aufgrund von Budgetkürzungen, LehrerInnenmangel und (Wieder)einführung von Schulgebühren die Einschulungsraten, die in manchen Ländern durchaus hoch gewesen waren (z.B. in Tansania von 90 Prozent im Jahr 1980 auf 53,2 Prozent im Jahr 1993, Brock-Utne 2000: 26). Die Institutionen höherer Bildung wurden in den meisten Entwicklungsländern und insbesondere in Afrika seit den 1980er Jahren finanziell und strukturell stark vernachlässigt.

Eine Folge dieser Bildungspolitik war die massive Abwanderung hoch qualifizierten Personals aus den Ländern des Südens in den Norden. Für das subsaharische Afrika führt Brock-Utne die Zahl von 30 Prozent der gut ausgebildeten Arbeitskräfte an, die der Kontinent zwischen 1960 und 1990 an Europa und Nordamerika verloren hat (Brock-Utne 2003: 31).

Die Ende der 1980er Jahre deutlich werdende Bildungsmisere veranlasste die UNO das Ziel der universellen Grundbildung bis zum Jahr 2015 zu definieren, was seit Mitte der 1990er Jahre wieder zu einem Anstieg der Einschulungsraten geführt hat (zu einer ausführlicheren Diskussion der Bildungsförderung im Rahmen der Entwicklungszusammenarbeit siehe das nachfolgende Kapitel).

Vor dem Hintergrund der Globalisierung zeigt sich im Bildungsbereich die Tendenz zur weltweiten Kommerzialisierung und Ökonomisierung von Bildung. Dieser Trend hat, wenn auch in unterschiedlichem Ausmaß, massiven Einfluss auf die Bildungssysteme der Länder des Südens. Er spiegelt sich einerseits im Anwachsen des Angebots privater kommerzieller Bildungsdienstleistungen und parallel dazu im Abbau bzw. der Einschränkung staatlicher Bildungsbereitstellung (v.a. im Bereich höherer Bildung) wider, andererseits in erhöhtem Rationalisierungsdruck auf die staatlichen Bildungssysteme (Kürzung von LehrerInnengehältern, Einsparungen bei der LehrerInnenausbildung) bzw. in der Einführung von Marktmechanismen in die Binnenstruktur dieser Systeme. Die Auswirkungen dieses Trends im Hinblick auf die Bildungsbeteiligung in den Ländern des Südens sind noch nicht absehbar. Bereits jetzt sichtbar ist allerdings die Tendenz zur sozialen Polarisierung der

Bildungssysteme, die den Zugang zu Bildungsdienstleistungen von guter Qualität für arme und marginalisierte Bevölkerungsschichten einengt (Datta 2004).

Darüber hinaus verringert der Trend zur weltweiten Bildungsökonomisierung durch Auslagerung von bildungspolitischen Entscheidungen auf die Ebene des weltweiten Handels die Möglichkeiten der Länder des Südens, ihre Bildungssysteme anhand nationaler Prioritätensetzungen selbst zu gestalten. Vor dem Hintergrund struktureller ökonomischer Abhängigkeit kristallisiert sich seit der Entkolonisierungsphase als wesentliches Merkmal der Bildungspolitik im Süden dessen eingeschränkte Souveränität in Bildungsfragen heraus.

Bildungsförderung im Rahmen der Entwicklungszusammenarbeit

In der Anfangsphase der Entwicklungszusammenarbeit wurde die Bildungsförderung eher vernachlässigt. Man räumte vielmehr der Investition in die Infrastruktur Priorität ein, in der Annahme über eine induzierte Entwicklung des industriellen Sektors einen selbst tragenden Prozess wirtschaftlichen Wachstums erreichen zu können. Hingegen war die darauf folgende Phase der 1960er und der frühen 1970er Jahre von einem „Bildungsoptimismus" gekennzeichnet. Parallel zur Bildungsdiskussion in den Industrieländern ging man davon aus, dass Investitionen in das Humankapital ein entscheidender Faktor für die Schaffung von Wirtschaftswachstum seien (Bodenhöfer 1983).

Im Laufe der 1970er Jahre begann das Vertrauen in Bildungsinvestitionen als Motor wirtschaftlicher Entwicklung wieder zu sinken. Nicht unwesentlich dafür war die Tatsache, dass die Arbeitslosenraten unter SchulabgängerInnen und UniversitätsabsolventInnen zu steigen begannen und Einkommensunterschiede nicht verschwanden. Der offensichtlich komplexere Zusammenhang zwischen Bildung und Entwicklung, die Tatsache, dass Einschulung nicht automatisch zu Lernerfolg führt und Ausbildung nicht automatisch zu Wirtschaftswachstum, setzte dem Bildungsoptimismus ein jähes Ende. Hinzu kam die tiefe Rezession der 1980er Jahre. Durch die wachsende Verschuldung vieler Länder des Südens stieg der Druck auf die öffentlichen Haushalte (Little 1992).

Die Strukturanpassungsprogramme der internationalen Finanzinstitutionen führten in vielen Entwicklungsländern zu einem Stopp oder gar Rückgang der Bildungsexpansion, von dem vor allem die Universitäten, aber in der Folge auch der Primarschulsektor betroffen waren. In den 1980er Jahren begann die Weltbank Bildungsstrategien zu entwickeln, deren Umsetzung den Entwicklungsländern empfohlen bzw. über Kredit- oder Entschuldungskonditionalitäten verordnet wurde. Im Wesentlichen beinhalteten diese Strategiepapiere Maßnahmen zur Kostenreduktion und die strategische Konzentration der Bildungsinvestitionen auf den Primarschulsektor. Theoretische Grundlage dafür war die Humankapitaltheorie. *Rate-of-Return*-Berechnungen hätten zudem ergeben, dass Investitionen in den Primarschulsektor weitaus rentabler wären als in den Sekundar- oder Tertiärsektor (Brock-Utne 2000).

Die Konzentration auf den Primarschulsektor war jedoch auch teilweise der Kritik an einer als elitär betrachteten Bildungspolitik der 1960er und 1970er Jahre zuzuschreiben. Staatliche Investitionen in den Tertiärsektor überstiegen jene in den Primarsektor um ein Vielfaches, während Berufsbildung und informelle Bildung generell vernachlässigt wurden. Zudem stellte man die Relevanz von Bildungssystemen, die westlichen Strukturen und Standards nacheiferten, anstatt auf konkrete Bildungs- und Ausbildungsbedürfnisse ihrer im Wesentlichen ländlichen und informellen Ökonomien Antwort zu geben, zunehmend in Frage (Bodenhöfer 1983).

Auf die Bildungsmisere der 1980er Jahre reagierte die UNO mit der Lancierung der *Education for All*-Initiative. Die Weltbildungskonferenzen 1990 in Thailand sowie 2000 in Dakar defi-

MARGARITA LANGTHALER

nierten das Ziel, Primarschulbildung für alle Kinder bis zum Jahr 2015 zu ermöglichen. Die UN-Millenniumsziele des Jahres 2000 bekräftigten diesen Anspruch. Somit wurde Bildungsförderung im Grundschulbereich zu einem prioritären Thema der internationalen Entwicklungszusammenarbeit, das im Laufe der 1990er Jahre immer stärker mit dem Thema Armutsminderung in Verbindung gesetzt wurde.

Mit den Weltbildungskonferenzen trat allerdings eine Veränderung des Konzeptes von Bildung ein. Vor dem Hintergrund des Scheiterns allzu optimistischer Bildungserwartungen und eines eher technokratischen Verständnisses von Bildung der 1960er Jahre rückte seit den 1990er Jahren die Qualität von Bildung in den Mittelpunkt des Interesses (Little 1992). Methodisch kamen dabei durchaus Erkenntnisse der Reformpädagogik und kritischer Bildungsmodelle zum Einsatz, die ganzheitliche Ansätze, LernerInnen-Zentriertheit und die Relevanz von Lernen für das Lebensumfeld der Lernenden postulierten.

Während die UNESCO als Durchführungsagentur von *Education for All* ein breites Grundbildungskonzept entwickelte, das Berufsbildung, Erwachsenenbildung, die Entwicklung von praktischen Fähigkeiten und Fertigkeiten (*life skills*) und Priorität für die Förderung von Mädchen und benachteiligten Gruppen beinhaltete, brachte die Praxis der Entwicklungszusammenarbeit eine weitgehende Verengung der Bildungsförderung auf den Primarschulbereich.

Durch die methodische Verschiebung in der Bildungszusammenarbeit von Projektförderung zu Programmförderung wurde diese Konzentration verstärkt. Im Rahmen der Armutsbekämpfungsstrategien entwickelten sich im Laufe der 1990er Jahre die Sektoransätze als neues Instrument der Entwicklungszusammenarbeit heraus, die anstelle von Projektfinanzierung das gesamte Entwicklungsprogramm eines Sektors, etwa des Bildungssektors, fördern. Diese SWAps (*Sector Wide Approaches*) haben bislang zwar zu quantitativen Verbesserungen im Primarschulbereich (Erhöhung der Einschulungsraten) beigetragen, tendieren allerdings dazu, die Vernachlässigung anderer Bildungsbereiche zu zementieren. Zudem wird von kritischen BildungsexpertInnen ihre Bindung an die Armutsbekämpfungsstrategien und somit ihr makroökonomischer Kern, der den Austeritätsprogrammen der 1980er Jahre ähnelt, kritisiert (Klees 2001, 2002).

Nach rund zwanzig Jahren der Konzentration auf Primarschulförderung zeigt sich auch hier das Ausbleiben einer automatischen Funktionalität im Sinne der angestrebten Armutsminderung. Ohne gleichzeitige Förderung von Erwachsenenbildung, non-formaler und informeller Bildung sowie Berufsbildung, ohne Einsatz von Bildung als Querschnittsinstrument zur Bekämpfung brennender Probleme wie der Aids-Epidemie oder Konfliktsituationen bleiben weite Teile der in Armut lebenden Bevölkerung von der neuen Bildungsexpansion ausgespart. Vor dem Hintergrund der Globalisierung und der wachsenden Kluft zwischen Norden und Süden auf dem Gebiet wissenschaftlicher und technologischer Kapazitäten stellt sich zudem die Frage, inwieweit die Beschränkung auf Primarschulbildung in den Ländern des Südens zu einer Verfestigung der gegenwärtigen Arbeitsteilung auf globaler Ebene führt, die den armen Ländern die Rolle eines Pools von billigen, gering ausgebildeten und flexiblen Arbeitskräften zuschreibt (Hickling-Hudson 2002).

Seit Ende der 1990er Jahre und im Rahmen der Diskussion um die so genannte Wissensgesellschaft zeichnet sich in der Entwicklungszusammenarbeit eine gewisse Trendumkehr ab. Da Wissen als wesentliches Kapital angesehen wird, gewinnt auch die Tertiärbildung in den Ländern des Südens wieder an Bedeutung. In jüngeren Strategiepapieren empfiehlt die Weltbank den Entwicklungsländern ihre Tertiärsysteme auf rasche und flexible Ausbildung ökonomisch verwertbarer Arbeitskräfte unter Bedacht auf die jeweiligen Standortvorteile des Landes auszurichten (The World

Bank 2002; 2003). Ob damit die strukturellen Kapazitätsmängel der Entwicklungsländer im wissenschaftlichen und technologischen Bereich überwunden werden können, ist allerdings fraglich. In diesem Sinne bestätigt die Neuorientierung der Finanzinstitutionen deren traditionelle Bildungskonzeption auf Basis der Humankapitaltheorie. Das ihr zu Grunde liegende Modell, das Bildung auf die Ausbildungsfunktion reduziert und Armut ursächlich auf fehlende Bildung zurückführt, wurde von ErziehungswissenschafterInnen grundlegend in Frage gestellt (z.B. Brock-Utne 2000, Hickling-Hudson 2002, Tomasevski 2003).

Nach Jahrzehnten der Diskussion um unterschiedliche Ansätze und Gewichtungen in der Bildungsförderung, die im Wesentlichen von der Dichotomie Grundbildung versus höhere Bildung geprägt war, zeichnet sich die Notwendigkeit einer ausgeglichenen Bildungspolitik ab, die auf den Aufbau ganzheitlich funktionaler Bildungssysteme in den Entwicklungsländern ausgerichtet ist.

Literatur

Amin, Samir (1975): What education for what development? In: Prospects V(1), 48-53.

Bodenhöfer, Hans-Joachim (1983): Bildung und Entwicklung – Erfahrungen und neue Ansätze. In: Braunstein, Dieter/Raffer, Kunibert (Hg.): Technologie, Bildung und Abhängigkeit. Die kulturelle Dependenz der Entwicklungsländer. Wien: Verlag für Gesellschaftskritik, 29-45.

Bray, Mark (1997): Education and Decolonization: Comparative Perspectives on Change and Continuity. In: Cummings, William/McGinn, Noel (eds.): International Handbook of Education and Development: Preparing Schools, Students and Nations for the Twenty-First Century. Oxford: Elsevier Science, 103-119.

Brock-Utne, Birgit (2000): Whose Education for All? The Reco-
lonization of the African Mind. New York & London: Falmer
Press.

Brock-Utne, Birgit (2003): Formulating Higher Education Policies
in Africa: The Pressure from External Forces and the Neoliberal
Agenda. In: Journal of Higher Education in Africa 1(1), 24-
56.

Datta, Asit (2004): Ware Bildung. Folgen der Globalisierung für
den Süden. In: ZEP 27(3), 27-30.

Freire, Paulo (1971): Pädagogik der Unterdrückten. Stuttgart:
Kreuz-Verlag.

Freire, Paulo (1974): Erziehung als Praxis der Freiheit. Stuttgart:
Kreuz-Verlag.

Hickling-Hudson, Anne (2002): Re-visioning from inside: getting
under the skin of the World Bank's Education Sector Strategy.
In: International Journal of Educational Development 22(6),
565-577.

Ki-Zerbo, Joseph (1990): Éduquer ou périr. Paris: Éditions
L'Harmattan.

Klees, Steven J. (2001): World Bank Development Policy: A SAP in
a SWAP's Clothing. In: Current Issues in Comparative Education, 3 (2), http://www.tc.columbia.edu/cice/articles/sjk232.htm,
22.07.2005.

Klees, Steven J. (2002): World Bank education policy: new rhetoric,
old ideology. In: International Journal of Educational Development 22(5), 451-474.

Liebel, Manfred (2002): Educación Popular und befreiungspädagogische Praxis mit Kindern und Jugendlichen in Lateinamerika.
In: Datta, Asit/Lang-Wokjtasik, Gregor (Hg.): Bildung zur
Eigenständigkeit. Vergessene reformpädagogische Ansätze aus
vier Kontinenten. Frankfurt am Main, London: IKO – Verlag
für Interkulturelle Kommunikation, 49-62.

Little, Angela (1992): Education and Development: Macro Relationships and Microcultures. Sussex: Institute of Development Studies.

Noormann, Harry (2002): Menschen können sich nur selbst entwickeln. Anmerkungen zu Nyereres Vorstellung von Bildung und Entwicklung. In: Datta, Asit/Lang-Wojtasik, Gregor (Hg.): Bildung zur Eigenständigkeit. Vergessene reformpädagogische Ansätze aus vier Kontinenten. Frankfurt am Main, London: IKO – Verlag für Interkulturelle Kommunikation, 127-141.

Nyerere, Julius K. (1979): Afrikanischer Sozialismus. Aus Reden und Schriften von Julius K. Nyerere. Frankfurt am Main: Otto Lembeck.

Rodney, Walter (1972): How Europe Underdeveloped Africa. Dar es Salaam: Tanzania Publishing House.

Tomasevski, Katarina (2003): Education Denied. Costs and Remedies. London & New York: Zed Books.

UNESCO (Hg., 2003): EFA Global Monitoring Report 2003/04. Paris: UNESCO.

UNESCO (Hg., 2004): EFA Global Monitoring Report 2005. Paris: UNESCO.

UNESCO Institute for Statistics (Hg., 2001): The State of science and technology in the world 1996-1997. Paris: UNESCO.

The World Bank (Hg., 2002): Constructing Knowledge Societies: New Challenges for Tertiary Education. Washington DC: The World Bank.

The World Bank (Hg., 2003): Lifelong Learning in the Global Knowledge Economy. Challenges for Developing Countries. Washington DC: The World Bank.

Monica Budowski
„Policies matter": Gesundheit und Entwicklung

Gesundheitskonzepte in der Entwicklungspolitik

Aus der Geschichte sowie aus wissenschaftlicher Forschung ist bekannt, dass sehr viele Faktoren die Gesundheit der Bevölkerung beeinflussen. Gesundheit wird durch Kriege, soziale Unruhen, Naturrisiken und durch menschenverursachte Umweltrisiken beeinträchtigt. Nebst biologischen sind v.a. sozioökonomische Faktoren von Bedeutung für die Entwicklungspolitik.

Pioniere der *Public Health* und der Epidemiologie wiesen bereits Mitte des 19. Jahrhunderts in England darauf hin, dass es sinnvoll sei, sich nicht nur mit dem Verständnis von Krankheit und den Methoden zur individuellen Genesung zu befassen; ebenfalls bedeutsam sei es, die Verteilung bestimmter Krankheiten über soziale Schichten oder Nachbarschaften und geografische Regionen hinweg zu untersuchen und umweltbedingte Ursachen zu berücksichtigen. Mit diesem Verständnis begründeten Mediziner Mitte des 19. Jahrhunderts, u.a. Rudolf Ludwig Karl Virchow, William Farr und John Snow, die Medizin auch als Sozialwissenschaft. Das Engagement dieser Pioniere ging über das medizinische Interesse hinaus und reichte in die Gesundheitspolitik hinein – unter anderem untersuchten sie die Bedeutung der Arbeitsbedingungen für die Gesundheit. Virchow und andere betonten nicht nur die Notwendigkeit wissenschaftlicher Untersuchungen über den Einfluss sozialer und ökonomischer Bedingungen auf Gesundheit und Krankheit der Bevölkerung. Vielmehr unterstrichen sie auch, dass eine Gesellschaft verpflichtet ist, die Gesundheit ihrer Bürgerinnen und Bürger zu gewährleisten und forderten soziale Interventionen, um die Gesundheit der Bevölkerung zu fördern und Krankheiten zu bekämpfen (Lieban 1977: 14).

Die sozialen und ökonomischen Dimensionen von Krankheit erlangten großes Interesse als die gesundheitlichen Folgen der industriellen Revolution deutlich wurden. Dies hat sich bis heute nicht grundsätzlich geändert. Schon damals zeigte sich, dass Gesundheit mit den ungleich verteilten Chancen innerhalb der Gesellschaften sowie mit Machtverteilung zu tun hat. Im 19. Jahrhundert war das öffentliche Interesse an der Gesundheit der Bevölkerung eng mit der ökonomischen Entwicklung verknüpft, aber auch das Beziehungsgeflecht zwischen der gesundheitlichen Situation der Bevölkerung, gesellschaftlichen Rahmenbedingungen und Machtstrukturen trat deutlich zu Tage. Dieses Interesse ist noch heute aktuell, wenn nach Wegen gesucht wird, um mit relativ geringen Ressourcen eine gute Bevölkerungsgesundheit (gekennzeichnet z.B. durch niedrige Mortalität) zu erzielen. Dabei figurieren China, Kuba wie auch der indische Bundesstaat Kerala als gute Beispiele (Caldwell 1986); Costa Rica gilt ebenfalls als Vorbild (Rosero-Bixby 1990; 1993).

Die Vorstellungen und das Wissen der jeweiligen Zeit und Kultur beeinflussen also die Wahrnehmung und mithin die Definition von Gesundheit. Auch gibt es unterschiedliche Ansätze (Corin 1994). Die Definition von Behinderung illustriert exemplarisch, wie Definitionen und Vorstellungen auch die Handlungsoptionen mitbestimmen. Eine ökosystemische Sichtweise im Vergleich zu einer pathologischen erlaubt neue Handlungsansätze. „Pathologisch" verweist auf einen medizinisch orientierten Ansatz: Behinderung wird darin als eine Krankheit verstanden, die bestimmte Ursachen hat und Symptome vorweist, denen es mit medizinischen und/oder therapeutischen Maßnahmen zu begegnen gilt. Die *International Classification of Impairments, Disabilities and Handicaps* (ICIDH) der WHO aus dem Jahr 1980 z.B. definiert Behinderung aber nicht als Eigenschaft einzelner Personen, sondern als eine sozial bedingte

Folge von individueller Schädigung (*impairment*) oder Leistungs-minderung bzw. Funktionsbeeinträchtigung (*disability*). Demzufolge besteht Behinderung (*handicap*) aus sozialen Benachteiligungen, die auf eine Schädigung oder Leistungsminderung zurückgehen, die es den Menschen erschweren oder verunmöglichen, ihrem Alter, Geschlecht oder anderen soziokulturellen Faktoren entsprechende „normale" soziale Rollen zu übernehmen oder auszufüllen. Eine solche Definition von Behinderung stellt den sozialen Umgang mit der Schädigung und nicht medizinische und/oder therapeutische Maßnahmen in den Vordergrund. Damit verändert sich das Erleben und die Wahrnehmung der Schädigung, in dem sie nicht als unveränderbar, genetisch, hirnorganisch oder sonst wie biologisch bedingt interpretiert wird, sondern als das Resultat sozialer Interaktionen. Gesundheits- und sozialpolitische Maßnahmen setzen hier an. Wie Evans und Stoddart (1994: 29) ausführen, geht es nicht darum, „richtige" und „falsche" Konzepte oder Definitionen zu unterscheiden, sondern um die Feststellung, dass sie für unterschiedliche Zielsetzungen und Handlungsfelder nützlich sind.

Derek Yach (Yach o.J.) von der Weltgesundheitsorganisation (WHO) klassiert unterschiedliche Verständnisse von Gesundheit in drei Kategorien:

1. Definitionen, die Gesundheit als subjektives oder objektives Phänomen erfassen, und danach, ob Gesundheit über das Körperliche hinausgeht;
2. Definitionen, welche die Mittel zur Verbesserung und/oder Aufrechterhaltung der Gesundheit mit einbeziehen (Gesundheitssysteme und Institutionen);
3. Definitionen, die auf dem Wert und den Zielen von Gesundheit beruhen (normative Ansätze, die sich in Sozialpolitik manifestieren).

Wurden in der Vergangenheit gesundheitliche Probleme mit Laienmedizin, religiösen Handlungen und systematisierten traditionellen Mitteln angegangen, sind diese traditionellen Ansätze vielerorts durch westliches schulmedizinisches Wissen ergänzt oder gar abgelöst worden. Die westliche Schulmedizin ist hervorgegangen aus der „kulturspezifischen" Medizin in Europa (Velimirovic/Velimirovic 1982); in anderen Ländern ist die „kulturspezifische" Medizin nicht identisch mit der westlichen Schulmedizin, wie z.B. *Ayurveda* und *Unani* in Indien.

Die Bedeutung der sozialwissenschaftlichen Erkenntnis und der Bio-Medizin für die Gesundheit wurde Ende des 18. Jahrhunderts sichtbar, als mit hygienischen Maßnahmen Epidemien eingedämmt wurden und insbesondere Mitte des 20. Jahrhunderts, als mit Antibiotika und Impfungen viele Krankheiten erfolgreich behandelt werden konnten. Die Eindämmung von Epidemien führte dazu, dass sich die westliche Schulmedizin auf individuelle kurative Maßnahmen spezialisierte. Diese Entwicklung prägte einerseits die Vorstellung, dass alle für ihre Gesundheit selbst verantwortlich seien, andererseits leitete sich aus der Bedeutung der präventiven Maßnahmen im hygienischen Bereich ab, dass es auch eine soziale Verantwortung für die Gesundheit der Gesellschaft gibt, wie es Virchow schon früh gefordert hatte.

Unterschiedliche kulturspezifische Vorstellungen von Gesundheit und ihre entsprechenden Behandlungsweisen existieren bis heute fort. Auf internationaler Ebene hat sich indessen die Vorstellung in der Definition der Weltgesundheitsorganisation (WHO) durchgesetzt. Für die Thematik „Gesundheit und Entwicklung" ist das Wissen um die Existenz unterschiedlicher Vorstellungen und Systeme besonders wichtig, vor allem bei der Implementierung von gesundheitspolitischen Maßnahmen, da die Akzeptanz von Behandlungsmethoden ganz zentral von den Vorstellungen von Gesundheit abhängt.

Die Definition der WHO, mit der heute gearbeitet wird, lautet: „Health is a state of complete physical, mental and social well-being and not merely the absence of disease or infirmity". Das „Recht auf Gesundheit" (gemeint ist die individuelle) wurde in die Konstitution der WHO aufgenommen und beinhaltet das Recht auf Wasser, adäquate Nahrung, Kleidung, Unterkunft, Gesundheitsfürsorge, Ausbildung, Sicherheit bei Arbeitslosigkeit, Krankheit, Invalidität oder Alter etc. Im Jahr 1977 wurde von der WHO zusätzlich gefordert, dass sich alle Regierungen darum bemühen sollten, die Gesundheit aller Bürgerinnen und Bürger der Welt bis ins Jahr 2000 so weit zu verbessern, dass ihr Gesundheitszustand es ihnen ermöglicht, sozial und ökonomisch produktiv zu leben (Resolution WHA40.43 in: Yach o.J.). Obgleich sie zu mancherlei Kritik Anlass gibt, wird die Definition der WHO immer wieder benutzt; sie stützt sich dabei auf einen politischen Konsens verschiedenster Länder. Aus ihr geht hervor, dass Gesundheit das Resultat mehrerer Faktoren ist, wie individueller biologischer und sozialer Kompetenzen, der Ausbildung, aber auch der Arbeits- und Lebensbedingungen sowie der natürlichen Umgebung.

So wie Gesundheit über das Überleben des Einzelnen entscheidet – auch wenn sie kein qualitativ hochstehendes Überleben garantiert –, ist sie auch für die Entwicklung einer Gesellschaft von zentraler Bedeutung. Die Definition von Gesundheit der WHO legt nahe, dass es Aufgabe der Gesellschaft ist, ein Gesundheitssystem zu fördern, das zu gleichen Chancen beiträgt, soziale Ungleichheit auf Grund attribuierter Merkmale wie Geschlecht, Rasse und Ethnie minimiert, demokratische Partizipation im Zivilleben erhöht und zu einem bewältigbaren Gemeinde- und Familienleben beiträgt. Dagegen kann auf Grund von machtpolitischen Interessen der Eliten argumentiert werden, dass jedes Land das Gesundheitssystem hat, das von diesen Eliten gefördert wird und namentlich deren Verständnis von Gesundheit und Behandlungsmaßnahmen reflektiert (Light 2000: 62). Laut Krieger geht es bei Gesundheitspolitik um folgende Fragestellung: „Who and what are responsible for population patterns of health, disease, and well-being, as manifested in present, past and changing social inequalities in health?" (Krieger 2003: 429). Damit sind neben biologischen, medizinischen und umweltbezogenen Kenntnissen auch die sozioökonomischen Rahmenbedingungen angesprochen, die für die Verteilung gesundheitlicher Probleme bzw. für die Verhinderung von Maßnahmen zu deren Bewältigung verantwortlich sind.

Wenn also von Gesundheit in Beziehung zu Entwicklung (z.B. Gesundheitspolitik, Entwicklungspolitik) gesprochen wird, ist nicht individuelle Gesundheit gemeint. Die Beschäftigung mit Gesundheit in Entwicklungsländern erfordert vielmehr eine epidemiologische und sozialepidemiologische Sichtweise. Während Epidemiologie sich mit der Inzidenz von Krankheiten in bestimmten Populationen befasst wird soziale Epidemiologie definiert als die Verteilung und Determinanten von Gesundheitszuständen in der Bevölkerung oder in Bevölkerungsgruppen als Resultat sozioökonomischer Ursachen (Susser 1973 zitiert in Berkman/Kawachi 2000: 3). Bei dieser Verteilung von Gesundheit (in der Bevölkerung) und der sie verursachenden Faktoren steht demzufolge nicht die individuelle Gesundheit im Vordergrund, sondern das „Risiko" eines bestimmten Zustandes infolge der Verteilung bestimmter Determinanten. In der sozialen Epidemiologie gibt es drei Hauptstränge von Erklärungsansätzen, wovon insbesondere der zweite und dritte für die Entwicklungsthematik bedeutsam sind:

1. Die psychosozialen Erklärungen, wobei es hier weniger um die Determinanten von schlechter (individueller) Gesundheit geht als um die Frage, weshalb unter denselben Umständen einige Leute gesund bleiben und andere krank werden. Aus diesem Ansatz abzuleitende Handlungsmaßnahmen beziehen sich häufig auf individuelle Verhaltensweisen, was für sozial- und entwicklungspolitische Maßnahmen weniger von Interesse ist.

2. Die soziale Produktion von Krankheit, oder aber die politische Ökonomie der Gesundheit. Bei diesem Ansatz geht es um die sozialen Bedingungen, die für die Ungleichverteilung von Gesundheit in der Bevölkerung verantwortlich sind, also auch um Fragen der Macht und der Effekte von sozial- und gesundheits-

MONICA BUDOWSKI

politischen Maßnahmen. Dieser Ansatz untersucht, wer von welchen politischen Maßnahmen und Situationen profitiert und wer dafür bezahlt. Er gründet auf der Hypothese, dass ökonomische und politische Institutionen und deren Entscheidungen als Hauptursache für das Entstehen, die Verfestigung und die Perpetuation von ökonomischen und sozialen Privilegien und von Ungleichheiten zu verstehen sind (Krieger 2003: 434). Handlungsansätze, die aus diesem Erklärungsansatz hervorgehen, sind jene des gemeinschaftlichen (gesellschaftlichen) *Empowerment* sowie Maßnahmen zu grundsätzlichen sozialen Reformen.

3. Der dritte Erklärungsansatz kann als sozialökologischer bezeichnet werden. Er versucht, bei der Analyse sozioökonomischer Grundsätze biologische und ökologische Faktoren stärker zu berücksichtigen. Ziel ist ein besseres Verständnis der Ursachen der Ungleichverteilung der Gesundheit und der Wirkung von sozial- und gesundheitspolitischen Maßnahmen. Diese relativ neuen Ansätze erklären gesellschaftliche Muster ungleicher Gesundheit als biologischen Ausdruck sozialer Beziehungen und streben danach, die soziale mit der biologischen und medizinischen Epidemiologie zu verknüpfen.

Alle drei Ansätze gehen von Determinanten bzw. Ursachen von Gesundheit und Krankheit aus, wodurch eine Kausalität und Temporalität impliziert wird. Die sozioökonomische und gesundheitliche Situation im Kindesalter wirkt sich dabei Jahre später in der Bevölkerungsgesundheit aus. Erst mit den Kenntnissen der Determinanten können Maßnahmen ergriffen werden im Hinblick auf biologische, medizinische, soziale oder normative Zielvorstellungen. Von besonderer Bedeutung für die Situation in Entwicklungsländern sind die Machtbeziehungen und die Bedeutung der AkteurInnen, welche Einfluss auf die Faktoren haben, die die Bevölkerungsgesundheit mitbestimmen (z.B. die Pharmaindustrie oder ein klientelistisches politisches System, wie es in Venezuela der Fall ist).

Ursachen oder Determinanten, ebenso wie die Gesundheit von Populationen, werden mit unterschiedlichen Indikatoren „gemessen". Alle drei Ansätze innerhalb der sozialen Epidemiologie messen sozialen, ökologischen und ökonomischen Faktoren besondere Bedeutung bei, weil sie durch gesundheits- und sozialpolitische Maßnahmen beeinflusst werden können. Maßnahmen der Agenda 21, des Programms der Vereinten Nationen für nachhaltige Entwicklung, beruhen konsequenterweise vorab auf ökonomischen, ökologischen und soziodemografischen Faktoren.

Der Fokus im Bereich Gesundheit und Entwicklungspolitik liegt also nicht auf der Bewältigung individueller Probleme, sondern vielmehr auf der Erarbeitung von Maßnahmen, die das Leben generell – oder jenes von besonders betroffenen oder bedrohten Bevölkerungsgruppen – verbessern können. So schrieb die WHO am 25. November 2004: „The social conditions in which people live powerfully influence their chances to be healthy. Indeed, factors such as poverty, food insecurity, social exclusion and discrimination, poor housing, unhealthy early childhood conditions and low occupational status are important determinants of most of disease, death and health inequalities between and within countries. To improve health for the world's most vulnerable populations and promote health equity requires new strategies for action which take into account these social determinants of health" (WHO 2004a). Nicht thematisiert in diesem Zitat wird, dass soziale Konditionen von Mächtigen toleriert oder gar aufrechterhalten werden, dass Machtbeziehungen mitunter solche Situationen schaffen, dass unterschiedliche Interessen im Hinblick auf die Gesundheitsdienstleistungen bestehen und schliesslich auch, dass die Versorgung mit Gesundheitsdienstleistungen meistens im Rahmen eines grossen (internationalen) Marktes stattfindet.

Monica Budowski

Wie misst man Gesundheit?

Dem „Messen" von Gesundheit liegt zum einen ein bestimmtes Krankheitsbild zu Grunde. Zum anderen wird Gesundheit unterschiedlich gemessen, je nachdem, ob darunter die Gesundheit von Populationen oder individuelle Gesundheit verstanden wird, ob Gesundheitssysteme im Zentrum des Interesses stehen oder ob Gesundheit als notwendiger Teil eines sozialen Ganzen, einer sozialen Gemeinschaft betrachtet wird.

Um den Gesundheitszustand einer Bevölkerungsgruppe zu beurteilen braucht es Indikatoren. Ausgehend von der Definition des Begriffs Gesundheit der WHO bieten sich unterschiedliche Indikatoren an, obschon in der Regel nur eine geringe Anzahl von Informationen tatsächlich zur Verfügung steht. Je nach Auffassung von Gesundheit kommen unterschiedliche Kennzahlen zur Anwendung: Klinische Vorstellungen von Gesundheit z.B. orientieren sich an Mortalitäts- und Morbiditätsraten; institutionelle Perspektiven an Indikatoren der Gesundheitsversorgung wie z.B. Anzahl Spitalbetten oder Ärztedichte. Andere Ansätze gehen vom Individuum aus und beziehen ihre Indikatoren auf die subjektive Wahrnehmung von Gesundheit in Bevölkerungsgruppen oder auf funktionale Fähigkeiten (*Functional Ability Concept*: WHO 1980). Das „positive Gesundheitskonzept" setzt sich vom „negativen" insofern ab, als es nicht die Abwesenheit von Krankheit messen möchte, sondern das Wohlbefinden der Individuen und deren Möglichkeit, mehr Kontrolle darüber zu gewinnen, um es zu verbessern. Indikatoren über die Qualität der sozialen Beziehungen im Hinblick auf die Gesundheit weisen auf die Bedeutung des sozialen Umfeldes für die Gesundheit hin. Im Begriff *Quality of Life* laufen verschiedene Konzepte zusammen; diese Indikatoren sind vor allem in den entwickelten Ländern wichtig geworden, wo andere Indikatoren zur Messung der Gesundheit der Bevölkerungen kaum mehr aussagekräftig sind (Bowling 1997).

Indikatoren von Gesundheit existieren für die Mikro- und die Makroebene: Mikroindikatoren zur Messung der Gesundheit gehen vom Individuum aus und sind z.B. die subjektive Einschätzung von Gesundheit, individuelle funktionale Störungen, psychische Störungen, gesundheitliche Beeinträchtigungen im Alltag, Medikalisierung im Alltag oder Viktimisierungserfahrungen. Unter Makroindikatoren versteht man z.B. die Mortalitätsrate, die Lebenserwartung, die Lebenserwartung bei guter Gesundheit, die Säuglingssterblichkeit, das Geburtsgewicht, die Müttersterblichkeitsrate, die Morbiditätsrate in verschiedenen Krankheitsarten, die Unfallrate (berufliche, verkehrsbedingte oder andere Unfälle), die Suizidrate, die Anzahl Spitalnächte, die Anzahl gesundheitlich bedingter beruflicher Absenzen etc. Weitere Maßeinheiten für Gesundheit beziehen sich auf verschiedene Vorstellungen von Gesundheit bzw. auf unterschiedliche Komponenten oder Facetten von Gesundheit, wie z.B. die psychische Gesundheit, bestimmte Krankheiten usw. Schließlich gibt es Indikatoren, die Auskunft über die infrastrukturelle Gesundheitsversorgung geben. Infrastrukturelle Indikatoren erfassen die Anzahl Ärzte pro Einwohner, die Anzahl Spitalbetten, die geografische Ärztedichte, die Ausgaben für den kurativen und präventiven Gesundheitsbereich, öffentliche und private Beiträge zur Finanzierung des Gesundheitsdienstleistungen etc. Ausgaben für den Gesundheitsbereich weisen auf die Ausstattung des Bereichs hin.

Eine „schlechte Bevölkerungsgesundheit" hat nicht überall die gleichen Ursachen und kann daher nicht immer mit denselben Indikatoren erfasst werden. Je nach Bevölkerungsgruppe oder ökonomischem Entwicklungsstand kann sich eine „schlechte Bevölkerungsgesundheit" sehr unterschiedlich darstellen. Grund hierfür ist der „epidemiologische Übergang". Dieser hängt eng mit dem demografischen Übergang zusammen, der sich durch eine Veränderung der Bevölkerungsstruktur in der Gesellschaft auszeichnet: Die ältere Bevölkerung nimmt im Vergleich zur jüngeren zu. Der epidemiologische Übergang bezeichnet die Verlagerung des relativen Gewichts von ansteckenden Krankheiten hin zu Krankheiten, die chronischer Natur oder auf mangelnde Bewegung, Stress und falsche Ernährung zurückzuführen sind. Die relative Bedeutung von Mortalität, Morbidität und gesundheitlichen Beeinträchtigungen verursacht durch ansteckende Krankheiten unter Säuglingen und Kindern nimmt ab im Vergleich zu Gesundheitsproblemen unter älteren Bevölkerungsgruppen, die nicht ansteckend sind (World Bank 1993; Yach et al. 2004).

Der epidemiologische Übergang wirft die Frage auf, ob ein Anstieg der Lebenserwartung tatsächlich mit einem verbesserten Gesundheitszustand gleichzusetzen ist, was in der Diskussion um Indikatoren zur *Quality of Life* zum Ausdruck kommt. Nebst der Auseinandersetzung mit den Ursachen und Maßnahmen zur Vermeidung oder Verminderung „neuer" Krankheiten mussten andere Indikatoren ausgearbeitet werden, um die Bevölkerungsgesundheit zu messen. So wird Gesundheit nicht mehr allein mit der Lebenserwartung bei Geburt gemessen; die aktuellen Indikatoren schließen die qualitätsbereinigten Lebensjahre (*Quality-Adjusted Life Year* (QALY), die Anzahl Jahre mit Behinderungen (*Disability-Adjusted Life Year* DALY) oder die gesundheitsbezogene Lebenserwartung (*Health-Adjusted Life Expectancy* HALE) mit ein. Ein DALY ist definiert als ein Lebensjahr, das infolge Krankheit bzw. Behinderung vor dem erwarteten Sterbealter der sterbenden Person verloren wurde, unter der Annahme, dass die Person der Standard-Modellpopulation mit dem höchsten Sterbealter (zur Zeit Japan) angehört (WHO 1999:15). Der Indikator der *Health-Adjusted Life Expectancy* (HALE) beruht auf der Lebenserwartung bei Geburt und schliesst eine Anpassung mit ein für die Zeit, die in schlechter Gesundheit verbracht wird. Er kann verstanden werden als die erwartete Anzahl Jahre, die ein Neugeborenes – entsprechend dem aktuellen Wissen über schlechte Gesundheit und Mortalität – bei guter Gesundheit verbringen dürfte (WHO 2004:137).

Ein neuer Indikator für die Bevölkerungsgesundheit ist die Krankheitslast (*Disease Burden*). Sie bezieht sich auf die Differenz eines Indikators der Bevölkerungsgesundheit in Bezug auf einen Referenzstatus (WHO 1999: 15).

Während sich entwickelte Länder vor allem mit nicht ansteckenden Krankheiten befassen müssen, bedeutet der epidemiologische Übergang für die meisten Entwicklungsländer eine doppelte Last: Sie sehen sich konfrontiert mit den Problemen der proportional relativ kleinen, aber gebildeten und mächtigen Elite, die ähnliche Gesundheitsprobleme hat wie die Bevölkerung in der westlichen Welt; gleichzeitig müssen sie die Probleme der Bevölkerungsmehrheit bewältigen, die auf mangelnde Hygiene, Armut oder infektiöse Krankheiten zurückzuführen sind. Hinzu kommt vor allem in Afrika das Aids-Problem, das ein Ausmaß angenommen hat, mit dem sich auch die entwickelten Länder schwer tun würden. Im sub-saharischen Afrika sind im Durchschnitt 7,5 Prozent der 14- bis 49-Jährigen (Swaziland 38,8 Prozent Mauretanien 0,6 Prozent) von Aids betroffen; demgegenüber lag 2003 Portugal mit einer (geschätzten) Rate von 0,4 Prozent an der europäischen Spitze (UNICEF o.J.; AVERT o.J.). Wenn die zukünftigen psychosozialen Probleme hinzugerechnet werden ist auf längere Sicht eine ausgesprochen schwierige Situation zu erwarten.

Das Messen von Gesundheit bedingt, dass Angaben über repräsentative Stichproben auch tatsächlich vorhanden sind. Wichtige Datengrundlagen für die Gesundheitsforschung und die Bildung von Indikatoren sind das *World Fertility Survey* (WFS) und die *Demographic and Health Surveys* (DHS). Afrika ist in beiden Umfragen eine vernachlässigte Region. Das H*ealth and Demographic Surveillance System* DSS (früher bekannt unter *Demographic Surveillance System*) bietet für diese Region sehr wertvolle Datenbanken, die zwar lokal eingegrenzt, dafür aber als längerfristige Überwachungssysteme angelegt sind. Das erste dieser DSS wurde in Matlab, Bangladesh 1963 als wichtiger Pfeiler des Forschungsprogramms

International Centre for Diarrhoeal Disease Research, Bangladesh
aufgebaut (INDEPTH Network 2002). Das Programm ist in der
letzten Dekade in Afrika ausgeweitet worden[1].

Trotz solcher Initiativen bleibt die Datenlage in vielen Entwicklungsländern sehr dürftig; kaum erfasst sind Angaben über Leben,
Krankheit, Tod und Todesursachen für die meisten Menschen in
den ärmsten Ländern der Welt, die die schwerste Krankheitslast
tragen. Das Gesundheitsprofil dieser Länder ist alles andere als
gesichert, was die Formulierung und Durchführung effektiver
Programme und Maßnahmen zur Verbesserung der Gesundheit
verunmöglicht. Demgegenüber existieren sehr gute Datensätze
aus den entwickelten Ländern. Diese unterschiedliche Datenlage
und die entsprechenden Möglichkeiten zur Erarbeitung wirksamer
gesundheitspolitischer Programme führt zu einer Verfestigung der
großen Ungleichheiten zwischen Ländern im Hinblick auf die
Gesundheit.

Unterschiedliche gesundheitspolitische Konzepte

Maßnahmen zur Sicherung von Gesundheit sind zentral für
den Entwicklungsprozess generell, denn Entwicklung ohne die
entsprechende Berücksichtigung des Menschen macht keinen
Sinn. Fast alle aktuellen gesundheitspolitischen Maßnahmen,
insbesondere in der internationalen Auseinandersetzung um eine
nachhaltige Entwicklung, gehen von der international akzeptierten
Definition von Gesundheit der WHO aus. Dies bedeutet, dass
Gesundheitspolitik verschiedene Aspekte abzudecken hat: Präven-
tion von Krankheiten, Reduktion der Krankheitserreger, Einfluss
auf Lebensstile und Lebensbedingungen, kurative Medizin und
andere Gesundheitsdienste sowie sozioökonomische Bedingungen,
die nicht entwürdigend sind und ein gesundes Leben ermöglichen.
Demnach kann in Gesundheitssystemen grundsätzlich zwischen
dem medizinischen Versorgungssystem, das kurativ ausgerichtet ist,

und *Public-Health*-Maßnahmen, die präventiv und sozial orientiert sind, unterschieden werden. Ersteres bezieht sich auf die punktuellen Bedürfnisse der Menschen, wenn sie an gesundheitlichen Problemen leiden, letztere sind von einer generellen Notwendigkeit für alle Menschen, da sie die Grundlagen schaffen, um Krankheiten zu verhindern (z.B. sauberes Trinkwasser). Nachhaltig wirken *Public-Health*-Maßnahmen vor allem dann, wenn gleichzeitig andere sozialpolitische Maßnahmen, wie etwa Bildung oder Maßnahmen zur Verminderung von Geschlechter- und Einkommensungleichheit etc., gefördert werden.

Die Gesundheit der Bevölkerung stand nicht immer auf der Entwicklungsagenda. Auch haben sich die Prioritäten diesbezüglich über die Jahre verschoben. Nicht nur das Verständnis von Gesundheit und Krankheit, sondern auch gesichertes Wissen, politische Prioritäten, sowie finanzielle und personelle Ressourcen beeinflussen die Gesundheitspolitik.

- Das Hauptproblem im Entwicklungsbereich wurde in den 1950er und 1960er Jahren in der so genannten „Bevölkerungsexplosion" gesehen, der es durch technische Innovation zu begegnen galt (z.B. durch die „grüne Revolution"). Es dominierten die Modernisierungstheorien, die besagten, dass Unterentwicklung durch ökonomisches Wachstum überwunden werden könne, welches nach und nach auch ärmeren Bevölkerungsgruppen zugute käme (*Trickle-Down*-Effekt). Mit verbesserten ökonomischen Verhältnissen, so die Logik, würde sich auch die Gesundheit der Bevölkerung verbessern (genügend Nahrung, Einkommen zum Erkauf medizinischer Dienstleistungen, etc.).

- In den 1970er Jahren wurde diese Ansicht zunehmend kritisiert, und es begannen sich nebst anderen Ansätzen auch jene der *Basic Human Needs* durchzusetzen, die sich für die Gesundheitsthematik als besonders bedeutsam erwiesen. Diese Ideen fanden ihren Weg in die Entwicklungspolitik durch die Dekla-

MONICA BUDOWSKI

ration von Alma Ata im Jahr 1978, das Resultat des Treffens der Weltgesundheitsorganisation (WHO) und der UNICEF. Dabei ging es darum, die Gesundheitssituation der schlechter gestellten Bevölkerungsgruppen zu verbessern. Die damalige Analyse der Gründe für die schlechte Gesundheit unter den armen Bevölkerungsgruppen kam zum Schluss, dass eine Ursachenbekämpfung durch kostengünstige Maßnahmen erfolgen sollte, die auf lokaler Ebene von wenig geschultem paramedizinischem Personal durchzuführen seien. Dieser Ansatz wurde bekannt unter dem Begriff *Primary Health Care* und steht im Gegensatz zu den Modernisierungstheorien der vorherigen Dekaden. Er favorisiert *Grass-Roots-*, *Self-Help-* und *Human-Needs-*Ansätze und stellt Wissen, Bildung und Mitbestimmung ins Zentrum. Dieser Ansatz fand in der Genderforschung Anklang und wurde aus dieser Perspektive weiterentwickelt, da er unterschiedliche Bedürfnisse und Lebenswelten berücksichtigt.

- Costa Rica z.B. setzte auf *Primary Health Care* und Bildung; empirische Studien weisen nach, dass diese Maßnahmen zur Verbesserung der Werte von grundlegenden Gesundheitsindikatoren (Lebenserwartung, Kindersterblichkeit etc.) führten. Costa Rica liegt heute diesbezüglich näher bei den industrialisierten als bei den übrigen lateinamerikanischen Ländern (Proyecto Estado de la Nación 1999; Rosero-Bixby 1986;1990; 1993; Dow et al. 2003).

- Zwar werden die 1980er Jahre in der Entwicklungspolitik als das „verlorene Jahrzehnt" bezeichnet, in dem es vielen Entwicklungsländern wirtschaftlich schlecht ging. Die Gesundheitsversorgung war durch stagnierende oder sinkende Ausgaben betroffen mit z.T. sichtbaren Konsequenzen für die Gesundheitsindikatoren. In verschiedenen Ländern tauchten ausgerottet geglaubte Krankheiten wieder auf. Dennoch behauptete sich die Gesundheitspolitik auf der politischen Agenda. Ähnlich wie in den 1970er Jahren ging es um die Krankheitsbedingungen der armen Bevölkerungsgruppen (Gwatkin/Guillot 1999). Ziel war es, ansteckende und armutsbedingte Krankheiten (Durchfall und parasitäre Krankheiten infolge von Mangel an Hygiene und sauberem Trinkwasser, Unter- und Fehlernährung usw.) zu reduzieren. Angestrebt wurde auch eine Verringerung der durch Insekten oder Würmer übertragenen Tropenkrankheiten (Malaria, Schlafkrankheit, Flussblindheit, Bilharziose, Chagas, Dengue und Lepra). Angesichts der ökonomisch angespannten Lage wurde vom Prinzip der *Primary Health Care* abgewichen und der Grundsatz der *Selective Primary Health Care* (SPHC) entwickelt, das heisst die Mittel wurden zielgerichtet für bestimmte Anliegen oder Bevölkerungsgruppen eingesetzt. Lagen dem Konzept der *Primary Health Care* implizit Umverteilungen und soziale Reformen zu Grunde, wird beim SPHC-Ansatz Gesundheit losgelöst vom Strukturproblem Armut und von grundsätzlichen Verteilungsfragen angegangen. Der SPHC-Ansatz nimmt Abstand von der Idee „Gesundheit für Alle" zu Gunsten einer bezahlbaren Gesundheitsversorgung, der „Gesundheitssektorreform" und der „nachhaltigen" Finanzierbarkeit (Gwatkin et al 2002). Im SPHC-Ansatz konzentrieren sich die Programme auf politisch einfach anzuerkennende Indikatoren, welche die Umverteilungsfrage kaum aufwerfen, beispielsweise die Senkung der Kindersterblichkeit. Die Kosten entsprechender Maßnahmen – z.B. Impfungen, Wachstumskontrollen und Förderung des Stillens – lassen sich finanziell beziffern und der Erfolg ist messbar. Dieser Ansatz ändert jedoch wenig an den politischen und ökonomischen Ungleichheiten.

In den 1990er Jahren setzte sich die Erkenntnis durch, dass ökonomische Entwicklung per se nicht das Ziel von Entwicklung sein kann, sondern dass die Entwicklung direkter dem Menschen dienen muss. Menschen sollten nicht als Mittel zum Zweck (Entwicklung), sondern als Zweck selbst betrachtet werden (Nussbaum 2000; 2003). Damit war die Debatte um die

MONICA BUDOWSKI

Notwendigkeit einer nachhaltigen Entwicklung entfacht. Feministische und genderorientierte Forschungen wiesen deutlich auf die geschlechterspezifische Bedeutung der Gesundheit für Entwicklung hin (Kabeer 1994; Stein 1997; Budowski 2005). Zur nachhaltigen Entwicklung, dem bis heute dominierenden Paradigma, gehört der Gesundheitszustand der Gesamtbevölkerung bzw. von Bevölkerungsgruppen. Dieses Paradigma ändert den Fokus der Gesundheitspolitik der früheren Dekaden insofern, als es den Blick auf die „globale Last" von Krankheiten richtet (Gwatkin/Guillot 1999). Die globale Last wird nicht nur durch Ansteckungs- oder armutsbedingte Krankheiten, sondern auch durch Behinderungen, chronische Krankheiten und durch die Lebensqualität beeinflusst. Die HIV/Aids-Thematik findet ebenfalls Eingang in die Gesundheitspolitik. Damit werden für die Allokation von Ressourcen für den Gesundheitsbereich sowohl die Gesundheitszustände der Reichen wie der Armen wichtig. Zwar steht die Gesundheit der benachteiligten Bevölkerungsgruppen nach wie vor im Zentrum: „First and foremost, there is a need to reduce greatly the burden of excess mortality and morbidity suffered by the poor" (Brundtland 1999: ix). Doch geht es nun ebenfalls darum, die Risiken für die Gesundheit zu bekämpfen, die in der ökonomischen Krise, der ungesunden Umgebung und einem für die Gesundheit risikoreichen Verhalten gesehen werden. Die Effektivität des Gesundheitsversorgungssystems wird zusehends wichtiger, was zur *Health Sector Reform* (Gesundheitssektorreform) führt. Mit dieser Reform wird die Verantwortung für die Gesundheitsversorgung nicht dem Staat allein überlassen, sondern der Einbezug privater AnbieterInnen gefordert (WHO 1999). Auch baut dieser Ansatz auf gezielten Maßnahmen für gezielte Populationen auf. In Costa Rica z.B. wird die Gesundheit der Frauen als zentral identifiziert; Programme befassen sich mit Hygiene und Sexualerziehung ebenso wie mit Gewalt gegen Frauen. Die

Zielgruppen werden als „handelnde AkteurInnen" betrachtet. Als Beispiel kann ein groß angelegtes *Empowerment*-Programm für (45.000) Frauen in der Rolle des Familienoberhaupts (*jefas de hogar*) angeführt werden, in dem nebst Wissen um Gesundheit auch politische und soziale Rechte vermittelt und diskutiert wurden, um gleichzeitig das Problem der Armut anzugehen (Budowski 2005). Die Trägerschaft war zusammengesetzt aus Organisationen der Zivilgesellschaft und der Regierung.

Die Herausforderungen des 21. Jahrhunderts werden in zwei unterschiedlichen Gesundheitsansätzen gesehen:

1. In der Reduktion der Armut entsprechend den *Challenges of the Millennium.*

2. In der Auseinandersetzung mit Ungleichheiten im Hinblick auf die Verteilung von Gesundheitszuständen zwischen Nationen und Bevölkerungsgruppen sowie mit den Auswirkungen von Ungleichheiten auf die Gesundheit (Hofrichter 2003; Bartley et al. 1998; Whitehead et al. 2001;WHO 1998; Kawachi et al. 2002; Daniels et al. 2000; Wilkinson/Marmot 1998).

Für die Gesundheitspolitik bedeutet dies einerseits, dass diejenigen Krankheiten, die vermieden werden können und vor allem die benachteiligten Bevölkerungsgruppen betreffen, im Vordergrund stehen. Die Erkenntnis wissenschaftlicher Forschung führte diesbezüglich schon im Weltgesundheitsbericht 1999 zu folgender Aussage: „Poverty is not an insurmountable barrier to better health when policies are right" (WHO 1999: 20). Andererseits muss die Gesundheitspolitik in den Entwicklungsländern gleichzeitig die Determinanten der nicht ansteckenden und nicht armutsbedingten Krankheiten (Depressionen, Herzkrankheiten, Krebserkrankungen etc.), die insbesondere in den entwickelten Ländern zunehmen, avisieren, um dafür Lösungsansätze zu finden (WHO 1999: 14).

Ob sozialpolitische Maßnahmen hauptsächlich aus der Perspektive der „Gesundheit der armen Bevölkerung" (*Health of the Poor*), der „Ungleichheiten für die Gesundheit", also des Einflusses ungleicher Lebensbedingungen für die Gesundheit (*Inequalities in Health*) oder der „Gleichheit der Gesundheit" (*Health Equity*) formuliert werden, hat Implikationen für die Betroffenen, wie Gwatkin in mehreren Artikeln überzeugend darlegt (Gwatkin/Guillot 1999; Gwatkin 2000; 2002; 2003). Die Konzepte überlappen sich teilweise, doch setzen sie die Prioritäten anders; ebenso unterstellen sie unterschiedliche sozialepidemiologische Ansätze.

1. Die sozialpolitischen Maßnahmen, die vom Konzept *Health of the Poor* ausgehen, fokussieren auf Indikatoren der Gesundheit von festgelegten Zielgruppen. Die Maßnahmen haben die Verbesserung der Gesundheit der Armen zum Ziel; mögliche Unterschiede zwischen Reich und Arm interessieren kaum (Gwatkin 2002), ebenso wenig wie die bestehenden Machtverhältnisse oder die Diversität nicht ansteckender Krankheiten. Bei diesem Ansatz sind Indikatoren notwendig, die die „armen" Bevölkerungsgruppen definieren; in der ökonomischen Literatur wird mehrheitlich auf die „absolute" Armut und auf die „relative" Armut Bezug genommen (Gordon/Spicker 1999; Sen 1979; Sen 1983; 1985; Townsend 1979; 1985).

2. Konzepte, die von Ungleichheiten für die Gesundheit (*Health Inequality*) ausgehen, suchen die Ursachen in der Struktur der Gesellschaft; sozialpolitische Maßnahmen richten sich demnach auf die Reduktion von Ungleichheiten in der Gesellschaft, die mitverantwortlich sind für die unterschiedliche Gesundheit von Bevölkerungsgruppen – charakterisiert z.B. durch Ungleichheiten hinsichtlich Gender, Einkommen, Ausbildung, Beschäftigung oder ethnische Zugehörigkeit. Die Debatte um die Auswirkungen von Ungleichheiten für die Gesundheit wurde mit dem *Black Report* (1980) in England begründet (Marmot/Wilkinson 2000; Wilkinson 1996; Kawachi et al. 1999). Dieses Konzept wird sozialepidemiologischen oder ökosozialen Erklärungsansätzen am ehesten gerecht und eignet sich für sozialpo-

litische Maßnahmen, die auf die Gesundheit unterschiedlicher Bevölkerungsgruppen abzielen.

Bei Konzepten, die sich auf die Gesundheit der Armen und Ungleichheit beziehen, dominieren empirische Überlegungen (die nur implizit von normativen Überlegungen ausgehen). Dagegen wird beim dritten Konzept nach normativen Richtlinien gesucht:

3. Gleichheit von Gesundheit (*Health Equity*) ist ein normatives Konzept. Gesundheitspolitische Maßnahmen richten sich bei diesem Verständnis auf Ungleichheiten bei Gesundheitszuständen, die als „unfair" oder/und „ungerecht" bezeichnet werden. „The term inequity has a moral and ethical dimension. It refers to differences, which are unnecessary and avoidable but, in addition, are also considered unfair and unjust. So, in order to describe a certain situation as inequitable, the cause has to be examined and judged to be unfair in the context of what is going on in the rest of society" (Whitehead 2000: 5). Nach diesem Ansatz werden Unterschiede von Gesundheitszuständen von Bevölkerungen identifiziert unter dem Gesichtspunkt, ob sie unnötig oder ungerecht sind. Biologische Variationen oder individuelles, freiwilliges gesundheitsschädigendes Verhalten etwa gelten nicht als ungerecht, es sei denn, der Lebensstil kann nicht selbst gewählt werden. Dagegen werden Unterschiede des Gesundheitszustandes als unfair bezeichnet, wenn Menschen ungesunden, stressenden Umwelt-, Lebens- und Arbeitsbedingungen ausgesetzt sind oder wenn sie keinen adäquaten Zugang zu wichtigen Gesundheitsdiensten haben.

Ein Beispiel für „vermeidbaren" Mangel an Wohlergehen ist häusliche Gewalt. In verschiedenen lateinamerikanischen Ländern ist sie eine wichtige soziale Determinante für die beeinträchtigte Gesundheit von Frauen. Unterschiedliche Programme zielen darauf ab, dies zu verändern: In Nicaragua z.B. führt die feministische Organisation *Fundación Puntos de Encuentro* ein Programm mit dem

Titel „Gewalt gegen Frauen: Ein Katastrophe, die die Männer doch verhindern können!" durch, in dem Männer, Frauen und Jugendliche zusammenarbeiten, um die häuslichen Machtbeziehungen in der Gesellschaft öffentlich zu thematisieren und zu verändern (Abaunza 2000). In Costa Rica stützt sich das von der Regierung durchgeführte *Programa de Formación Integral para Mujeres Jefas de Hogar „Asignación Familiar Temporal"* auf den Gedanken des *Empowerment*: Das Programm soll finanziell benachteiligte allein stehende Frauen mit Kindern befähigen, sich selbst als aktive, ihr Leben gestaltende Personen wahrzunehmen. Sie sollen lernen, sich gegen erfahrenes Unrecht wie häusliche Gewalt zu wehren, im Wissen um die institutionellen Rahmenbedingungen, die ihnen zur Verfügung stehen (Budowski 2005).

Nebst dem Verständnis von Gesundheit, den Konzepten und Erklärungsansätzen spielen die Gesundheitsversorgung, deren Organisation, die gesetzten Prioritäten und der politische Wille eine zentrale Rolle. Prioritäten werden in der Regel durch politische Prozesse gesetzt oder sind von politischen Überlegungen geprägt. Vom politischen Willen hängt es ab, wie viele Ressourcen tatsächlich für unterschiedliche Zwecke (präventiv, kurativ etc.) aufgewendet werden. Schließlich spielt die Verwaltung eine wichtige Rolle: Sie ist in der Regel verantwortlich für die Transparenz des Zugangs und funktioniert mit den ihr zur Verfügung stehenden menschlichen und finanziellen Ressourcen sowie unter der ihr auferlegten politischen Kontrolle (*Accountability*) der Tätigkeiten.

Policies matter

Ziel dieses Aufsatzes war es aufzuzeigen, dass Gesundheit kulturell und geschichtlich unterschiedlich definiert wurde. Je nach Definition werden unterschiedliche Faktoren die Gesundheit determinieren. Die heute vielfach verwendete Definition der WHO geht von einem Zusammenspiel unterschiedlicher Faktoren als

Determinanten der Bevölkerungsgesundheit aus. Je nach AutorIn und Ansatz werden verschiedene, zwischen drei und vier gesundheitsrelevante Sphären aufgelistet (WHO 1997; Tarlov 2000; Evans et al. 1994; Evans/Stoddart 1994). Tarlov (2000: 283) identifiziert vier wesentliche Faktorengruppen: (i) biologische Determinanten, (ii) Gesundheitsverhalten, (iii) medizinische Versorgung bzw. Gesundheitssystem und (iv) natürliche, soziale und gesellschaftliche Umwelt. Er geht davon aus, dass die natürliche, soziale und gesellschaftliche Umwelt zu über 50 Prozent die Bevölkerungsgesundheit bestimmt. Andere AutorInnen und Berichte schlüsseln die natürliche, soziale und gesellschaftliche Umwelt detaillierter auf und unterscheiden zwischen biologischen und umweltbezogenen Determinanten, sozialen Determinanten (soziale Werte, Kultur, Gender, Ethnie, Rasse, Religion etc.) und ökonomischen Determinanten. Die Überlappung dieser oben genannten Sphären ist ausschlaggebend für die Bevölkerungsgesundheit bzw. für die Gesundheit unterschiedlicher Bevölkerungsgruppen (WHO 1997; Evans et al. 1994; Evans/Stoddart 1994).

Strategien und Maßnahmen richten sich entsprechend der identifizierten Determinanten der Bevölkerungsgesundheit: Wird z.B. Gesundheit vorab als biologischer Defekt im Individuum konzeptualisiert, bietet sich logischerweise die (medizinische) Forschung als Lösungsweg an, um diesen zu beheben. In der Entwicklungspolitik stehen soziale Determinanten im Vordergrund. Wird Bevölkerungsgesundheit in den soziökologischen und soziökonomischen Kontext gestellt folgt daraus, dass die Verhältnisse analysiert werden müssen, unter denen Gesundheit definiert und Maßnahmen durchgesetzt werden. Wird Bevölkerungsgesundheit in einen entwicklungspolitischen Zusammenhang gestellt, rücken sozialpolitische Maßnahmen, historische Gegebenheiten und politische Prioritäten in den Vordergrund. Aus dieser Perspektive lohnt es sich zu untersuchen, welche Bevölkerungsgruppen welchen Gesundheitszustand aufweisen und wer die Mittel und/oder die Macht hat, Prioritäten zu setzen und auf mögliche Veränderungen hinzuwirken.

Die Bevölkerungsgesundheit kann als Resultat sowohl idiosynkratischer als auch systematischer umweltbedingter sowie sozialer, ökonomischer und biologischer Faktoren bezeichnet werden, zu denen Lebensumstände und Menschen durch ihre Lebensweise (*Lifestyle*) beitragen können. Während in Albanien die Gesundheit der Bevölkerung wesentlich von den ärmlichen Lebensbedingungen und der guten Ausbildung der Bevölkerung geprägt wurde, zeigt sich in Kuba und Costa Rica, wie unterschiedliche Prioritäten und Zielsetzungen für die Gesellschaft trotz geringer finanzieller Mittel zu vergleichsweise guten Gesundheitsindikatoren führen können. Neue Arten von Indikatoren messen unterschiedliche Aspekte von Entwicklung. Für die Verknüpfung von Bevölkerungsgesundheit und Entwicklung besonders bedeutsam ist der *Human Development Index*. Er berücksichtigt die Dimensionen „langes und gesundes Leben"; „Wissen"; und „angemessener Lebensstandard". Der *Human Development Index*, wie andere Indikatoren, die Gesundheit, Bildung und Entwicklung messen, bietet einen Hinweis darauf, welche Grundlagen ein Land für Entwicklung hat; wichtiger am Index ist aber, dass die Entwicklung des Menschen in den Vordergrund gerückt wird, wovon die ökonomische Situation des Landes einen Teil darstellt.

Während eine Erklärung für den hohen HDI Rang Costa Ricas (Rang 45, Index: 834) in der hohen Konstanz bei den politisch gesetzten Prioritäten für Gesundheit und Ausbildung liegt, verdeutlicht Venezuela (Rang 68, Index: 778) dagegen, dass inkonsistente sozial- und gesundheitspolitischen Maßnahmen trotz eines größeren Spielraums im Hinblick auf die verfügbaren finanziellen Mittel wenig zu einer nachhaltigen Bevölkerungsgesundheit beitragen. Im Vergleich mit Costa Rica drückt sich dies z.B. in entsprechend niedrigeren Indikatorwerten aus. Insbesondere das Beispiel Albanien (Rang 65, Index: 781) verdeutlicht, dass es nicht nur auf die

Gesundheitsversorgung und *Public-Health*-Maßnahmen ankommt, sondern auch idiosynkratische Faktoren im Spiel sein können (hohe Bildung und Armut mit knapper, aber gesunder Ernährung, gesundem Lebensstil und viel Bewegung). Kuba (Rang 52, Index: 809) dagegen belegt auf eindrückliche Weise, wie mit gezielten gesundheits- und bildungspolitischen Maßnahmen die Bevölkerungsgesundheit signifikant verbessert und die Ungleichheit deutlich reduziert werden konnte.

Am Beispiel der Vereinigten Staaten (Rang 8, Index: 939) wird erkennbar, dass sehr hohe finanzielle Ausgaben noch nicht die besten Werte bei den Gesundheitsindikatoren garantieren. Dies ist umso weniger der Fall, wenn die Berechnung der Indikatoren für unterschiedliche Bevölkerungsgruppen durchgeführt wird. Da fallen starke Diskrepanzen (der Kategorie „ethnischer" Gruppe und „Rasse" entsprechend) auf: Alle aufgeführten Beispiele weisen darauf hin, dass politische Prioritäten für Gesundheit und Entwicklung von zentraler Bedeutung sind.

Die Bevölkerungsgesundheit hängt nicht nur von gezielten Investitionen in Maßnahmen zur Eliminierung von Krankheiten ab, sondern auch von gesunden Umgebungen, lebenswerten Arbeits- und Lebensbedingungen und sozialen Zugehörigkeiten. Auch das Wissen um individuelles Verhalten (bei häuslicher Gewalt, bei Aids, bei Hygiene) durch Bildung erweist sich als bedeutsam. Investitionen in gesundheitspolitische Maßnahmen werden von politischen und sozio-ökonomischen Machtverhältnissen gestaltet, und zwar nicht nur innerhalb eines Landes, sondern global. So zusammengefasst ist die Gesundheitspolitik Teil einer umfassenden sozioökonomischen Politik oder Entwicklungspolitik einer Gesellschaft. Politische Entscheidungen und die Setzung von Prioritäten können – wie schon der Weltgesundheitsbericht feststellte – demnach viel bewirken. Dazu notwendig sind jedoch explizite Ziele gesundheitspolitischer Maßnahmen. Für deren nachhaltigen Erfolg zentral ist, dass sie nicht isoliert, sondern im Zusammenhang mit anderen sozio-

Monica Budowski

ökonomischen Maßnahmen umgesetzt werden. Der systematische Vergleich von sozial- und gesundheitspolitischen Maßnahmen in unterschiedlichen Ländern dürfte interessante Ergebnisse erbringen, um effektive Maßnahmen und ihre Rahmenbedingungen gestalten zu können.

Literatur

Abaunza, Humberto (2000): Violencia contra las mujeres: Un desastre que SI podemos evitar. In: Verschuur, Christine (Hg.): Quel genre d'homme? Construction sociale de la masculinité, relations de genre et développement. Geneva: Institut universitaire des études du développement, IUED, 157-174.

AVERT (o.J.): http://www.avert.org/eurosum.htm, 14.2.2005.

Bartley, Mel/Blane, David/Davey-Smith, George (Hg., 1998): The Sociology of Health Inequalities. Oxford/Malden: Blackwell.

Berkman, Lisa F./Kawachi, Ichiro (2000): A Historical Framework for Social Epidemiology. In: Berkman, Lisa F./Kawachi, Ichiro (Hg.): Social Epidemiology. Oxford, New York: Oxford University Press, 3-12.

Bowling, Ann (1997): Measuring Health. A review of quality of life measurement scales. Buckingham, Philadelphia: Open University Press.

Brundtland, Gro Harlem (1999): Message from the Director General. In: WHO (Hg.): World Health Report 1999. Geneva: World Health Organisation, vii-xix.

Budowski, Monica (2005): Dignity and Daily Practice: The Case of Lone Mothers in Costa Rica. Münster, Berlin: LIT.

Caldwell, John C. (1986): Routes to low mortality in poor countries. Population and Development Review 12(2), 171-220.

Corin, Ellen. (1994): The Social and Cultural Matrix of Health and Disease. In: Evans, Robert G./Barer, Morris L./Marmor, Theodore R. (Hg.): Why Are Some People Healthy and Others

Not? The Determinants of Health of Populations. New York: Aldine de Gruyter, 93-132.

Daniels, Norman/Kennedy, Bruce C./Kawachi, Ichiro (Hg., 2000): Is Inequality Bad for Our Health? Boston, MA: Beacon Press.

Dow, William H./Gonzalez, Kristine A./Rosero-Bixby, Luis (2003): Aggregation and Insurance-Mortality Estimation. NBER Working Paper Series. Working Paper 9827. Cambridge, USA: National Bureau of Economic Research.

Evans, Robert G./Barer, Morris L./Marmor, Theodore R. (Hg.): Why Are Some People Healthy and Others Not? The Determinants of Health of Populations. New York: Aldine de Gruyter.

Evans, Robert G./Stoddart, G.L. (1994): Producing Health, Consuming Health Care. In: Evans, Robert G./Barer, Morris L./Marmor, Theodore R. (Hg.): Why Are Some People Healthy and Others Not? The Determinants of Health of Populations. New York: Aldine de Gruyter, 27-66.

Gordon, David/Spicker, Paul (Hg., 1999): The International Glossary on Poverty. London, New York: Zed Books.

Gwatkin, Davidson R. (2000): Health inequalities and the health of the poor: What do we know? What can we do? Bulletin of the World Health Organization 78(1), 3-18.

Gwatkin, Davidson R. (2002): Reducing Health Inequalities in Developing Countries. In: Detels, Roger/Mcewen, James/Beaglehole, Robert/Tanaka, Heizo (Hg.): Oxford Textbook of Public Health. Oxford: Oxford University Press, http://web.worldbank.org/wbsite/external/topics/exthealthnutritionandpopulation/extpah/0,,contentMDK:20278877~menuPK:460199~pagePK:148956~piPK:216618~theSitePK:400476,00.html, 5.1.2005.

Gwatkin, Davidson R. (2003): Free Government Health Services: Are They the Best Way to Reach the Poor. Washington: World Bank.

MONICA BUDOWSKI

Gwatkin, Davidson R./Guillot, Michel (1999): The Burden of Disease among the Global Poor. Current Situation, Future Trends, and Implications for Strategy. Health, Nutrition, and Population Series. Geneva: The World Bank.

Hofrichter, Richard (Hg., 2003): Health and Social Justice: Politics, Ideology, and Inequity in the Distribution of Disease. San Francisco: John Wiley & Sons.

INDEPTH Network (2002): Population and Health in developing countries. Population, Health, and Survival at INDEPTH Sites. Ottawa, Cairo: IDRC, International Development Research Centre.

Kabeer, Naila (1994): Reversed Realities. Gender Hierarchies in Development Thought. London, New York: Verso.

Kawachi, Ichiro/Subramanian, S.V. /Almeida-Filho, N. (2002): A glossary for health inequalities. Journal of Epidemiology and Community Health 56(9), 647-652.

Kawachi, Ichiro/Kennedy, Bruce C./Wilkinson, Richard G. (1999): The Society and Population Health Reader. Income Inequality and Health. New York: The New York Press.

Krieger, Nancy (2003): Theories for Social Epidemiology in the Twenty-First Century. An Ecosocial Perspective. In: Hofrichter, Richard (Hg.): Health and Social Justice: Politics, Ideology, and Inequity in the Distribution of Disease. San Francisco: John Wiley & Sons, 428-450.

Lieban, Richard W. (1977): The Field of Medical Anthropology. In: Landy, David (Hg.): Culture, Disease and Healing. Studies in Medical Anthropology. New York: Macmillan.

Light, Donald W. (2000): Fostering a Justice-Based Health Care System. Contemporary Sociology 29(1), 62-74.

Marmot, Michael/Wilkinson, Richard (Hg., 2000): Social Determinants of Health. Oxford: Oxford University Press.

Nussbaum, Martha C. (2000): Women and Human Development. The Capabilities Approach. Cambridge: Cambridge University Press.

Nussbaum, Martha C. (2003): Capabilities as Fundamental Entitlements: Sen and Social Justice. Feminist Economics, 9(2-3), 33-59.

Proyecto Estado de la Nación (1999): Estado de la nación en desarrollo humano sostenible. Un análisis amplio y objetivo sobre la Costa Rica que tenemos a partir de los indicadores más actuales (1998). San José, Costa Rica: Proyecto Estado de la Nación.

Rosero-Bixby, Luis (1986): Infant Mortality in Costa Rica: Explaining the Recent Decline. Studies in Family Planning 17, 56-65.

Rosero-Bixby, Luis (1990): Socioeconomic Development, Health Interventions and Mortality Decline in Costa Rica. Scandanavian Journal of Social Medicine Supp 46, 33-42.

Rosero-Bixby, Luis (1993): Studies of the Costa Rican Model I: Peace, Health and Development. In: Hanson, Lars A./Köhler, Lennart (Hg.): Peace, Health and Development. Stockholm: University of Göteborg and The Nordic School of Public Health, 47-58.

Sen, Amartya K. (1979): Issues in the Measurement of Poverty. Scandinavian Journal of Economics 81, 286-307.

Sen, Amartya K. (1983): Poor, Relatively Speaking. Oxford Economic Papers 35, 153-169.

Sen, Amartya K. (1985): A Sociological Approach to the Measurement of Poverty: A Reply to Professor Peter Townsend. Oxford Economic Papers 37, 669-676.

Stein, Jane (1997): Empowerment & Women's Health. Theory, Methods and Practice. London: Zed Books.

Tarlov, Alvin R. (2000): Public Policy Frameworks for Improving Population Health. Annals New York Academy of Sciences, 281-293.

Townsend, Peter (1979): Poverty in the United Kingdom. London: Penguin.

Townsend, Peter (1985): A Sociological Approach to the Measurement of Poverty: A Rejoinder to Professor Amartya Sen. Oxford Economic Papers 37, 659-658.

UNICEF (o.J.): http://www.unicef.org/infobycountry/portugal_statistics.html#4, 14.6.2005.

Velimirovic, Boris/Velimirovic, Helga (1982): Therapeutischer Pluralismus? Curare 5, 47-56.

Whitehead, Margaret (2000): The concepts and principles of equity and health. Discussion paper prepared by the Programme on Health Policies and Planning of the WHO Regional Office for Europe. Copenhagen: World Health Organisation.

Whitehead, Margaret/Dahlgren, Göran/Gilson, Lucy (2001): Developing the Policy Response to Inequities in Health: A Global Perspective. In: Evans, Timothy/Whitehead, Margaret/Diderichsen, Finn/Bhuiya, Abbas/Wirth, Meg (Hg.): Challenging Inequities in Health: From Ethics to Action. New York: Oxford University Press, 309-323.

Wilkinson, Richard (1996): Unhealthy Societies: the afflictions of inequality. London: Routledge.

Wilkinson, Richard/Marmot, Michael (Hg., 1998): Social Determinants of Health: The Solid Facts. Geneva: World Health Organisation.

World Bank (1993): World Development Report 1993. Investing in Health. http://econ.worldbank.org/wdr/, 4.3.2005.

WHO (1997): Sustainable Development and Health: Concepts, Principles and Framework for Action for European Cities and Towns. Copenhagen: World Health Organisation (WHO).

WHO (1998): Social Determinants of Health: The Solid Facts. Geneva: World Health Organisation (WHO).

WHO (1999): World Health Report 1999. Geneva: World Health Organisation.

WHO (2004): Commission on Social Determinants of Health: Note by the Secretariat. Geneva: World Health Organization.

Yach, Derek (o.J.): History: Health and illness: the definition of the World Health Organization no date. http://www.medizin-ethik.ch/publik/health_illness.htm, 30.3.2005.

Yach, Derek/Hawkes, Corinna/Gould, C. Linn/Hofman, Karen J. (2004): The Global Burden of Chronic Diseases. Overcoming Impediments to Prevention and Control. JAMA 291 (21), 2616-2622.

[1] „Over the last decade, a growing number of community-based field stations have evolved in Asia and sub-Saharan Africa and started to generate reliable longitudinal population-based health and demographic data. This bodes well for countries with such stations, as it marks the first step toward rational health planning and meaningful health programs for the people of these countries. Recently, these stations joined to form a network called the International Network for the continuous Demographic Evaluation of Populations and Their Health in developing countries (INDEPTH), creating "a trans-continental resource of robust, longitudinal, health and demographic data in some of the most information deprived settings in the world" (INDEPTH Founding Document; http://www.indepth-network.org; INDEPTH Network 2002).

AUGUST GÄCHTER, ISABELLE WOLFSGRUBER
„Sozialkapital"

Einleitung

„Sozialkapital" ist in den 1990er Jahren zu einem der meistge-
brauchten Worte in den Sozialwissenschaften geworden, wenn auch
weit hinter „Globalisierung". 2003 wurden fast 300 Artikel unter
diesem Thema publiziert (Halpern 2005a: 62). Neun Forschungs-
bereiche scheinen besonders intensiv damit zu hantieren: Familien
und Jugendverhalten, Schulwesen und Bildung, Gemeindeleben,
Arbeit und Organisationen, Demokratie und Regierung, kollektive
Aktion, Gesundheitswesen und Umwelt, Kriminalität und Gewalt,
wirtschaftliche Entwicklung (Woolcock/Narayan 2000: 229). In
diesem Kapitel beschäftigen wir uns nur mit dem letzten Themen-
bereich.

Vielleicht ist es am besten, die Katze gleich am Anfang aus dem
Sack zu lassen. Wir werden im nächsten Abschnitt nicht versuchen,
die allein seligmachende Definition für „Sozialkapital" zu geben. Im
Grunde wird mit „Sozialkapital" heute jedes soziale und politische
Verhalten gemeint, manchmal einschließlich der Einstellungen, das
möglicherweise förderlich für das Wirtschaftswachstum und für die
soziale Ordnung sein könnte. Die grundsätzliche Idee ist keineswegs neu, aber sie wurde zeitweise ausgeblendet. ÖkonomInnen
seit Ricardo, einschließlich ihrer KritikerInnen, konzentrierten sich
auf Anlageinvestitionen, ab den 1960er Jahren auch auf Investitionen in Können und Wissen („Humankapital"). Die Frage, wie
es im Zuge der Arbeitsteilung in der gesellschaftlichen Produktion
auch zu Kooperation komme, was die Individuen dazu veranlasse
und befähige, blieb außen vor, obwohl sie bei Adam Smith, Auguste Comte und Friedrich List eine zentrale Rolle gespielt hatte.

Kooperation in der Produktion von Gütern und Dienstleistungen ebenso wie bei der Produktion des alltäglichen Lebens setzte stets eine grundsätzliche „Sympathie", wie es bei Smith hieß, also eine Zugewandtheit zu den anderen, ein Eingehen auf sie und den Willen zur Konfliktfreiheit voraus, wie auch immer all das induziert worden sein mag. Vertrauen zu den anderen, Mitgliedschaften und Beziehungen und anderes mehr, das heute mit der Bezeichnung „Sozialkapital" versehen wird, drückt genau das in der einen oder anderen Form aus. Dieses Dritte, das weder Anlagekapital noch individuelles Wissen und Können ist, war seit jeher in der Theorie des Wohlstands und des guten Staats- und Gemeinwesens präsent. Seine gegenwärtige Hochkonjunktur unter einem anderen Namen sollte das nicht vergessen machen.

Was ist „Sozialkapital"?

Grundsätzlich lassen sich zwei Perspektiven unterscheiden, aus denen die Verflechtung der Individuen miteinander betrachtet wird. Die eine ist die individualistische Perspektive. Wie Speichen gehen vom Individuum die mehr oder weniger wertvollen Beziehungen zu anderen Individuen. Die Verbindungen zu anderen Menschen erscheinen als individuelle Ressource, die vom Einzelnen je nach Bedarf genutzt werden kann. Der Nutzen besteht in vielerlei Hinsicht, zunächst sicher in Information, nämlich über Arbeitsplätze oder andere Einkommensmöglichkeiten und über Preise in einem näheren oder weiteren Umfeld, Information aber vor allem auch über andere Menschen, die im Umfeld leben oder darin neu auftauchen. Zweitens besteht der Nutzen in Dienstleistungen, die ohne Geld abgerufen werden können, also alles, was zwischen Nachbarn und innerhalb der Verwandtschaft an Hilfen angeboten und genutzt wird – vom Hausbau bis zum Babysitting, Blumengießen und Überwachung des Grundstücks während Abwesenheiten. Wie man leicht sieht, hat der Nutzen eine unmittelbar wirtschaftliche Seite, ebenso aber eine Ordnungs- oder Sicherheitsseite, beides wesentliche Grundaspekte menschlichen Daseins.

Beispiel: Die Beteiligung an sozialen Netzen verbessert den Informationsstand, nicht zuletzt indem es die Kosten von Information senkt. Informationen über Ernrepreise, neue Absatzmöglichkeiten, Kreditmöglichkeiten oder den Umgang mit Viehkrankheiten können in der Steigerung ländlicher Einkommen eine bedeutende Rolle spielen. In Madagaskar, zum Beispiel, konnte gezeigt werden, dass AgrarhändlerInnen mit besseren Verbindungen besseren Zugang zu stimmigen Informationen über Preise und die Vertrauenswürdigkeit von HandelspartnerInnen haben und daher höhere Einkommen erzielen (Grootaert/van Bastelaer 2002: 7).

Die individualistische Konzeption findet sich etwa bei Bourdieu (1983) und bei zahlreichen ÖkonomInnen (Glaeser u.a. 2000a, 2000b; Sobel 2002). Anschaulich wird sie an dem Sprichwort, das aussagt, es komme nicht darauf an, was man wisse, sondern wen man kenne (Woolcock 1998), oder in der Gegenüberstellung von *work* und *network*, die beide zum Erfolg führen können (Halpern 2005a: 68). Sobel (2002) nahm Bezug auf Bourdieu, als er mit dem Wort Sozialkapital Umstände bezeichnete, in welchen Individuen aus der Mitgliedschaft in Gruppen und Netzwerken Nutzen ziehen können (Johnson u.a. 2003: 34). Der Vorteil der individualistischen Herangehensweise liege in der Anschlussfähigkeit an die konventionelle ökonomische Analyse und ihre Methoden und Werkzeuge – es braucht für die Analyse nichts neu erfunden zu werden. Es sei dann möglich anzunehmen, individuelles Handeln sei vom Versuch zur Nutzenmaximierung bestimmt, dass also niemand einfach altruistisch handle. Sozialkapital könne dann als individuelles Eigentum betrachtet werden und davon ausgehend könnten die Effekte und Ergebnisse seines individuellen Einsatzes erforscht werden (Johnson u.a. 2003: 36).

Betrachtet man das Ganze nicht vom einzelnen Individuum aus, sondern erhebt sich quasi in die Vogelperspektive, dann gewinnt man eine ganz andere Ansicht. Man sieht nun ein Netz, in dem die Individuen Knoten sind. Das Netz kann weiter oder enger geknüpft sein, je nachdem, wie weit die Individuen voneinander entfernt sind. Außerdem können die Verbindungen zwischen den Individuen sozusagen dicker oder dünner sein, auch aus besserem oder schlechterem Material. Die Dichte und die Stärke der Verbindungen werden nicht überall im Netz gleich sein. Es wird beispielsweise familiäre oder auch nachbarschaftliche Verdichtungen geben mit teils beträchtlichen Lücken dazwischen. Vielleicht muss man, um die Metapher wirklichkeitsnaher zu machen, die Verbindungen auch als Röhren denken, durch die vielerlei zirkulieren kann, die aber auch verstopft sein können. Schließlich wird man sich das Netz nicht einfach zweidimensional denken dürfen, sondern in Schichten. Alle menschliche Gesellschaft oder Gemeinschaft scheint immer geschichtet zu sein, also hierarchisch, und die vertikalen Beziehungen sind zwar sicher weniger dicht als die horizontalen, aber sie sind um nichts weniger verzichtbar. Das Netz umspannt die ganze Welt. Vermutlich steht kein einziger Mensch gänzlich außerhalb und vermutlich gibt es heute auch nirgends mehr ein Einzelnetz, das gänzlich vom Weltnetz losgetrennt wäre. Vielleicht hat es das auch seit den Neandertalern nie mehr gegeben. Dennoch wird man heute – aller Globalisierung zum Trotz – das Weltnetz noch einigermaßen leicht als ein Patchwork von Teilnetzen erkennen können, die nur relativ lose miteinander integriert sind. Manche dieser Teilnetze sind größer, andere kleiner und sie sind unterschiedlich beschaffen. Zupft man an irgendeiner Stelle des Netzes, so bewegt sich die ganze Umgebung mit.

Man hätte im Übrigen statt der mechanischen auch eine Metapher von Kräften und somit von Feldern wählen können. Norbert Elias zum Beispiel sprach bei den Bindungen von „Valenzen" und lehnte sich damit sprachlich etwas an die Chemie an. Er wies ausdrücklich darauf hin, dass ein erheblicher Gewinn darin liege, das Netz nicht aus der Perspektive des Einzelnen zu betrachten, sondern alle Individuen gleichzeitig in den Blick zu nehmen, und sie nicht als Mittelpunkt einer egozentrischen Welt, sondern als aufeinander ausgerichtete, lediglich halbautonome Einheiten unter anderen wahrzunehmen. Dieser Blickwinkel eben sei es, der die Soziologie ausmache. Zugleich unterschied er „Typen der Ausgerichtetheit und der Bindung von Menschen", etwa affektive, oder solche, die „auf Funktionsteilung, auf beruflicher Spezialisierung, auf der Integration als Stämme und Staaten, auf Gemeinsamkeiten der Identifizierung, der Ich- und Wir-Ideale, der Gegnerschaft gegen Andere oder der Sprech- und Denktraditionen beruhen" (Elias 1986: 11 Fußnote). Schließlich findet sich bei Elias auch ein Hinweis auf Macht, der in der übrigen Sozialkapitalliteratur selten vorkommt. Man müsse sich vergegenwärtigen, „dass labile Machtbalancen und die entsprechenden Machtproben zu den Grundeigentümlichkeiten aller menschlichen Bindungen gehören, ob es sich um Bindungen zwischen zwei Menschen handelt oder um vielgliedrige Figurationen von Menschen" (Elias 1986: 11 Fußnote). Die weitgehende Ausblendung des naheliegenden Themas Macht kann viele Gründe haben, denen nachzugehen wäre, aber einer ist vielleicht auch, dass – insbesondere private – Macht bzw. Einfluss nicht überall so negativ besetzt ist wie im deutsch- oder auch französischsprachigen Raum.

Die Dichte, Stärke und Transportfähigkeit des sozialen Netzes in horizontaler und vertikaler Richtung ergeben das, was heute weithin „Sozialkapital" genannt wird. Je dichter, je stärker und je transportfähiger das Netz zwischen den Individuen in einem Gebiet ist, und je mehr es auch eine vertikale Komponente hat, desto größer das Sozialkapital. Diese – nach wie vor metaphorische – Definition bringt einige hervorhebenswerte Eigenschaften mit sich. Erstens ist Sozialkapital offenbar nicht etwas, was die Einzelnen besitzen. Vielmehr leben sie in und mit dem Sozialkapital jener Bevölkerung oder jenes Teils der Bevölkerung, zu der sie sich zählen und von den anderen gezählt werden. Sozialkapital ist dann zweitens ein öffentliches Gut (Coleman 1990: 315f.; Grootaert/van Bastelaer 2002: 9), zumindest innerhalb der jeweiligen Bevölkerung. Daraus ergibt sich drittens, dass – selbst in der individualistischen Perspektive – nicht die Einzelnen allein für die Produktion von Sozialkapital verantwortlich sein können. Die Einzelnen könnten ohne Mitwirkung der anderen keines hervorbringen.

Unsere metaphorische Definition ist noch keineswegs vollständig. Bisher haben wir eher schablonenhaft über die Verbindungen zwischen den Individuen gesprochen. Wir müssen aber mindestens zwei Unterscheidungen treffen. Die eine ist zwischen interaktiven und konsortialen Beziehungen, die andere zwischen persönlichen und anonymen Interaktionen. Interaktive Beziehungen beruhen auf dem mehr oder minder regelmäßigen und intensiven Austausch. Konsortiale Beziehungen verlangen keinen Kontakt und keinen Austausch, sondern beruhen rein auf der Annahme gemeinsamer Zugehörigkeit oder anderer wichtiger Gemeinsamkeiten oder auf der Annahme, die Beteiligten müssten einer Norm wechselseitiger Unterstützung und wechselseitigen Vertrauens auch dann gehorchen, wenn sie nie zuvor miteinander zu tun hatten. Die erste Form basiert also auf wiederholter Interaktion, die zweite auf bloßer Zusammengehörigkeit. Die zwei Formen der Interaktion, persönlich und anonym, machen die Unterscheidung zwischen Gemeinschaft und Gesellschaft aus. Einzig die anonymen, funktionalen Interaktionen – etwa zwischen KäuferIn und KassiererIn – sind gesellschaftlich, während die persönlichen Interaktionen ebenso wie die konsortialen Beziehungen für Gemeinschaft stehen. Dass Menschen sich in Gemeinschaften organisieren, ist spätestens seit Hobbes ein anerkanntes politisches Problem. Gemeinschaften neigen dazu, sich gegenseitig dominieren und ausrotten zu wollen. Das Aufklärungsprojekt des 17. und 18. Jahrhunderts zielte eben darauf, Gemeinschaft zu Gunsten von Gesellschaft zurück zu drängen und so den Frieden zu sichern. Der häufige Hinweis, viel Sozialkapital könne auch negative Folgen haben, muss vor eben

AUGUST GÄCHTER, ISABELLE WOLFSGRUBER

diesem Hintergrund gesehen werden. Es drängen sich uns jetzt also zwei definitorische Fragen auf. Die eine betrifft die Möglichkeit, gemeinschaftliches von gesellschaftlichem Sozialkapital unterscheiden zu können. Die zweite Frage ist etwas komplizierter. Sie könnte sich entweder auf die Unterscheidbarkeit von erwünschtem und unerwünschtem gemeinschaftlichem Sozialkapital beziehen oder stattdessen auf die Frage, weshalb es in manchen Fällen zu einer unerwünschten Verwendung von Sozialkapital kommt, in den meisten Fällen aber nicht. Bei der zweiten Frage ist also im Moment noch unsicher, ob das Sozialkapital selbst oder seine Verwendung der Gegenstand sei.

Die erste Frage kann auch so formuliert werden: Ob Sozialkapital nur in Gemeinschaft produziert werden könne oder ob es auch in Gesellschaft existiere. Die Antwort darauf ist in der Literatur nicht leicht zu finden. Der Grund liegt in den zumeist unzulänglichen Definitionen. Gemeinschaft basiert stets auf der Annahme, es lägen Gemeinsamkeiten zwischen den Beteiligten vor. Die Annahme kann sich auf genetische, soziale, wirtschaftliche oder jede andere Art von Gemeinsamkeiten beziehen. Die Sozialkapitalliteratur zeige, dass sich Vertrauen und Gegenseitigkeit „ganz natürlich in stabilen Familien und in ethnisch homogenen Gruppen, besonders Einwanderergruppen" einstellten (Johnson u.a. 2003: 36). Glaeser hat experimentell gezeigt, dass Vertrauen und angenommene Vertrauenswürdigkeit zwischen HarvardstudentInnen gleicher Hautfarbe und gleicher Herkunft größer sind als bei ungleicher Hautfarbe oder ungleicher Herkunft (Glaeser u.a. 1999). Im Rahmen der *Social Capital Initiative* der Weltbank wurden Pilotstudien über den Inhalt von Sozialkapital in Ghana und in Kampala, der Hauptstadt Ugandas, gemacht. Unter sieben größeren Gruppen von Variablen erwiesen sich besonders jene in der Gruppe „Mitgliedschaften und andere Gruppencharakteristika" als bedeutsam. Sie umfassten gleiche Bildung, gleiche Verwandtschaft, gleiches Geschlecht, gleiche Religion (bzw. Kirche), gleicher Stamm bzw. Kaste, gleiches

Wohngebiet und die Anzahl der Mitgliedschaften in Vereinigungen (Narayan/Cassidy 2001: 74), wobei die Mitgliedschaften wieder vorwiegend in ethnischen Vereinigungen verzeichnet wurden. Auch die Namen der anderen sechs Gruppen von Variablen haben deutliche Anklänge an Gemeinsamkeiten verschiedener Art: Allgemeine soziale Normen, Gemeinsamkeit, alltägliche Kontakte, nachbarschaftliche Verbindungen, Freiwilligentätigkeiten, Vertrauen (Narayan/Cassidy 2001: 67). Nicht anders zeigt sich die Lage in Großbritannien (Duffy 2005: 47f.) und den USA (Putnam 2000). Weiters: Beteiligung in einem weiteren Sinn, besonders aber politische Teilnahme, sei größer, wenn lokal bzw. national größere Einkommensgleichheit herrsche auf einem möglichst hohen Einkommensniveau (Johnson u.a. 2003: 38). Das sind alles deutliche Hinweise, dass Begriffe, die heute mit Sozialkapital bezeichnet werden, genau das einfangen, was an anderen Orten oder zu anderen Zeiten als Gemeinschaft bezeichnet wird und wurde.

Anhand des Vergleichs von Verhalten im Experiment und Antworten auf eine schriftliche Befragung konnten Glaeser und Kollegen (1999) außerdem zeigen, dass die Antworten auf Fragen nach dem Vertrauen gegenüber anderen in Wahrheit Auskunft geben über die eigene Vertrauenswürdigkeit und nicht über das Vertrauen in die anderen.

Die zweite Frage – jene nach den unerwünschten oder bedrohlichen Aspekten von Sozialkapital – verweist entweder auf Überlegungen über Formen von Sozialkapital und damit auf die Frage nach deren Herstellung oder alternativ auf die Frage nach der Verwendung von Sozialkapital im Allgemeinen. Im ersten Fall gibt es unerwünschte Formen von Sozialkapital, deren Entstehen verhindert werden müsste, im zweiten lediglich unerwünschte Anwendungen. Die beiden Versionen der Frage sind also ganz gegensätzlich in dem Sinn, dass die erste Version den Entstehungszusammenhang zum Thema macht, die zweite den Nutzungszusammenhang. Zu beiden Versionen der Frage finden sich in der Literatur zahlreiche

August Gächter, Isabelle Wolfsgruber

Überlegungen. Grootaert und van Bastelaer (2002: 9) zum Beispiel sprechen von den Folgen einer bestimmten Art von Sozialkapital und gehören daher eindeutig zur Fraktion, welche die Herstellung zum Problem macht. Dabei wird häufig auf eine zwei- oder dreidimensionale Betrachtungsweise von Sozialkapital zurückgegriffen. Unerwünschte Formen, so heißt es dann, zeichneten sich durch ein Übermaß an *bonding* im Vergleich zur Menge an *bridging* und oder *linking* aus. Die drei Dimensionen, besonders ihre Namen, stammen von Gittell und Vidal (1998; Woolcock/Narayan 2000: 230; Productivity Commission 2003: 17f.) und bezeichnen Folgendes:

- *Bonding* steht für die familiären, nachbarschaftlichen und freundschaftlichen Beziehungen nach „innen", welche die Verbindungen innerhalb einer Gruppe stärken.
- *Bridging* steht für die mehr oder minder losen Beziehungen nach außen, welche die Verbindungen zu anderen Gruppen ausmachen und für den Informationsfluss zu und von ihnen sorgen, Migration (Eheschließungen) und Warenhandel zwischen den Gruppen ermöglichen.
- *Linking* steht für die Beziehungen zu Personen oder Gruppen mit höherer hierarchischer Stellung in der Gesellschaft oder der jeweiligen Organisation. Über den Begriff der Sozialstruktur hatte zuvor schon James Coleman (1990: 598) diese vertikale Komponente in die Definition von Sozialkapital hinein reklamiert.

Ausgeprägtem *bonding* werden zuweilen höchst negative Wirkungen zugeschrieben, etwa in Form von „amoralischem Familialismus", einem übertriebenen Verständnis von Zugehörigkeit, welches auf familiären Verbindungen beruht (Woolcock 1998: 171). Auch schwachen internen Bindungen wird aber negative wirtschaftliche Wirkung zugeschrieben, indem sie sowohl die Kooperation als auch die Arbeitsteilung in der Gemeinschaft behindern und so für alle einen zusätzlichen Aufwand an Zeit und Geld schaffen (Woolcock 1998). Das Ideal wäre demnach ein Mittelmaß an *bonding*. Die unerwünschte Form von Sozialkapital scheint sich aber eigentlich nicht durch die Menge an *bonding* zu bestimmen, sondern durch den Mangel an *bridging*. Erst durch die Abgrenzung von den anderen Gruppen wird es möglich, sie als „Fremde" zu sehen und damit grundsätzlich als rechtlos und als bloße Objekte. Für die wirtschaftliche Wirkung wird auch die Menge an *linking* als wesentlich gesehen (Productivity Commission 2003). Gesagt wird also, es sei die Struktur des Sozialkapitals, die im konkreten Fall sowohl das Verhalten als auch die Wirkungen bestimme. Bei einer unausgewogenen Struktur werde eine größere Menge an Sozialkapital zum politischen, wirtschaftlichen und sozialen Problem, während eine kleine Menge immer ein Problem sei, zumindest ein wirtschaftliches. Im Raum stehen bleibt aber die Frage, wie es zu einer unausgewogenen Struktur kommen konnte und wie es zu unterschiedlichen Mengen kommt.

Ein Grundgedanke bei all dem ist, dass ganz unabhängig von der Art der Nutzung niemand wirklich etwas geschenkt bekommt. Sozialkapital ist auch als öffentliches Gut kein Selbstbedienungsladen für TrittbrettfahrerInnen. Was genutzt wird, muss auch erstattet werden, wenn auch nicht unbedingt in gleicher Münze. Die eine borgt sich heute den Wagen und hilft dafür morgen bei den Hochzeitsvorbereitungen, der andere hat gestern auf die Erstattung von Spielschulden verzichtet und erhält dafür morgen Hilfe bei der Errichtung der Gartenmauer. Man könnte wohl sagen, die Beziehungen bestünden im Wesentlichen aus dem Austausch sozialen Geldes, wobei zuweilen auch wirtschaftliches Geld im Spiel ist. Der Einzelne gibt Kredit und erhält Kredit und muss Kreditwürdigkeit durch Wohlverhalten erwerben. Sparvereine oder Mikrokreditvereinigungen sowie die Bewirtschaftung von Wasser in ariden Gebieten sind sicherlich klassische Beispiele für den Nutzen von vertrauensbildenden Netzwerken (Grootaert/van Bastelaer 2002: 7f.).

August Gächter, Isabelle Wolfsgruber

„Sozialkapital" und die soziologische Klassik

In einen klassischen Kontext gestellt ist leicht erkennbar, dass es beim Thema Sozialkapital um ein altbekanntes Problem geht, das in der Tat für die Entstehung der Soziologie von entscheidender Bedeutung war. Dies ist das von Saint-Simon und Comte unmittelbar nach der Französischen Revolution nochmals neu gestellte Problem der Herbeiführung von sozialer Ordnung trotz einer natürlichen Tendenz zu sozialem Chaos (Cowen/Shenton 1996). 200 Jahre zuvor schon hatte Hobbes (1996) das Problem aufs Tapet gebracht und über einen allmächtigen, wenn auch vertraglich errichteten Souverän gelöst, der alle gleich unterdrücken sollte. Adam Smiths spätere Lösung über den staatlich garantierten Markt und die natürliche Zuneigung zwischen den Menschen war durch die Katastrophe der Französischen Revolution schwer erschüttert worden. Es galt, soziale Notwendigkeiten in Hinkunft ohne Blutvergießen zu erreichen.

Ein zweiter klassischer Aspekt ist der Bezug auf gesellschaftliche Institutionen. Ihnen wird eine wichtige Rolle in der Herstellung von Sozialkapital zugeschrieben. Besonders hervorgehoben wird die Rolle der formellen Institutionen, darunter wieder besonders der Staatsform und des Rechts- und Gerichtswesens (Grootaert/van Bastelaer 2002: 6). Adam Smith hatte 1776 die Wichtigkeit dieser Einrichtungen für das Ent- und Bestehen des allgemeinen Marktes betont (Smith 1974). Für das Entstehen der Kooperationsfähigkeit – eben des Sozialkapitals – der Bewohner eines Gebiets hatte er sie aber nicht verantwortlich gemacht. Die Kooperationsfähigkeit hatte er vielmehr einer natürlichen Zuneigung zwischen den Menschen zugeschrieben. 65 Jahre später, 1841, kritisierte Friedrich List (1959) dieses Vertrauen in die menschliche Natur und behauptete, die Bewohner eines Gebiets – gleich welcher geografischen oder sozialen Herkunft – könnten nur durch zuträgliche staatliche und gesellschaftliche Maßnahmen mit der Neigung, der Fähigkeit und den

Anreizen zur Kooperation versehen werden. Dazu gehörten lokale Assoziationen, mehr aber noch nationale Einigung, gute Verwaltung und Rechtssicherheit gepaart mit einem hinlänglichen Maß an persönlichen Freiheiten. Das entspricht in nicht geringem Maß der Beschreibung, die Grootaert und van Bastelaer (2002: 7) im Rahmen der *Social Capital Initiative* der Weltbank von der Makroebene von Sozialkapital geben: Formelle institutionelle Beziehungen und Strukturen wie etwa das politische Regime, Rechtsstaatlichkeit, das Gerichtswesen und bürgerliche und politische Freiheiten.

Ein zwangloser Bezug lässt sich auch zum Werk von Ferdinand Tönnies (1912) herstellen. Bei ihm ist Gemeinschaft auf wechselseitiges Vertrauen angewiesen und an die Dauerhaftigkeit sozialer Beziehungen und an gemeinsam geglaubte Geschichte gebunden (Bickel 2001: 490). Die große Herausforderung für heutige SozialkapitaltheoretikerInnen ist sicher, dass Tönnies die Voraussetzungen für Gemeinschaft im heraufdämmernden Kapitalismus seit Ende des Mittelalters rapide schwinden sah. In genossenschaftlicher Organisationsform sah er in begrenztem Maß eine moderne Alternative (Bickel 2001: 489). Die Verdrängung von Gemeinschaft zugunsten von Gesellschaft ist aber sicher eine strittige These geblieben und lässt sich wohl nicht, wie bei Tönnies, evolutionär begründen. Ulrich Beck und Anthony Giddens versuchen in jüngerer Zeit dem menschlichen Bedarf an Gemeinschaft ebenso wie dem öffentlichen Bedarf an Gesellschaft Rechnung zu tragen, indem sie „reflexive Gemeinschaft" propagieren (Bickel 2001: 490), also Gemeinschaft aus Einsicht in ihre Notwendigkeit unter gleichzeitigem freiwilligen Verzicht auf ihre ausschließende und zerstörerische Natur. Das ist hochgradig illusionär.

Die „Auflösung" von „Gemeinschaft" zugunsten von „Gesellschaft", somit der Verlust von Sozialkapital oder zumindest dessen prekärer Umbau, und deren Begleiterscheinungen ist ein ehrwürdiges soziologisches Thema. Neben Tönnies ist hier Durkheim (1977) zu erwähnen mit seinen Begriffen der organischen Solidarität und der Anomie und mit der Frage nach ihren Ursachen. Es geht in all dem um Aufklärung und Unaufklärbarkeit, um die Erfindung des Individuums und um dessen Rücknahme. Tönnies lässt uns jedenfalls erkennen, dass das, was heute Sozialkapital heißt, begrifflich ganz mit Gemeinschaft verknüpft sein kann. In Zeiten der Modernisierung wird man daher die Stichworte „Gemeinschaft", „Genossenschaft" und „Solidarität" bemühen müssen, um das Äquivalent gewisser heutiger Begriffe namens Sozialkapital zu finden. In dem von der EU und vom Europarat heftig beanspruchten Stichwort „soziale Kohäsion" lebt das heute fort und mündet häufig in heillose Vermengung und Verwechslung von Gemeinschaft und Gesellschaft.

Neben dem bereits erwähnten Bourdieu ist James Coleman sicher der moderne Klassiker der soziologischen Sozialkapitalliteratur. Er begann das Wort „Sozialkapital" Ende der 1980er Jahre zu verwenden (Coleman 1988), kam aber zu keiner knappen und präzisen Definition. Der Begriff bleibt in Beispielen und Beschreibungen angedeutet. Das hat einen Grund, nämlich dass er den Eindruck vermeiden wollte, es handle sich um einen essenziellen neuen Begriff. Vielmehr will er sagen, der Ausdruck „Sozialkapital" sei für bestimmte Zwecke zwar nützlich, aber es müsse auf jeden Fall das Bewusstsein gewahrt werden, dass in dem so bezeichneten Begriff mehrere andere gebündelt werden, deren Eigenständigkeit keinesfalls geopfert werden könne, und deren Grenzen man nicht verschwimmen lassen dürfe. Man könne durch den Einsatz des Wortes „Sozialkapital" daher keine neuen Prozesse entdecken, die nicht schon in anderen Zusammenhängen beschrieben worden seien (Coleman 1990: 305). Bei den schon existierenden Begriffen handle es sich um Typen sozialer Beziehungen, und zwar um Autoritätsbeziehungen, um Vertrauen und um Normen (Coleman 1990: 300). Dennoch gebe es gute Gründe für einen neuen Begriff, denn Sozialkapital finde sich in der Struktur der Beziehungen zwischen Personen und unter Personen (Coleman 1990: 302) und fungiere als eine informelle soziale Ressource. Es sei diese Funktion, die es lohne, begrifflich auf den Punkt gebracht zu werden. „Social capital is defined by its function. It is not a single entity but a variety of different entities having two characteristics in common: They all consist of some aspect of a social structure, and they facilitate certain actions of individuals who are within the structure. Like other forms of capital, social capital is productive, making possible the achievement of certain ends that would not be attainable in its absence" (Coleman 1990: 302). Bei Coleman entsteht Sozialkapital, wenn Beziehungen zwischen Individuen so verändert werden, dass dadurch Aktionen möglich werden (Coleman 1990: 304). Ganz im Gegensatz zu Bourdieu schlägt er sogar vor, man könne es als ein öffentliches Gut auffassen, dessen sich – im Gegensatz zu allen anderen Formen von Kapital – niemand bemächtigen, aus dem jedoch jeder Nutzen ziehen könne, auch wenn die Einzelnen nicht in gleicher Weise zu seiner Entstehung beigetragen haben (Coleman 1990: 315f.).

Literatur

Anderson, Benedict (1991): Imagined Communities: Reflections on the Origin and Spread of Nationalism. Revised Edition. London: Verso.

Bickel, Cornelius (2001): Ferdinand Tönnies: Gemeinschaft und Gesellschaft. In: Papcke, Sven/Oesterdiekhoff, Georg W. (Hg.): Schlüsselwerke der Soziologie. Opladen: Westdeutscher Verlag, 488-491.

Bourdieu, Pierre (1983): Ökonomisches Kapital, kulturelles Kapital, soziales Kapital. (übersetzt von R. Kreckel) In: Kreckel, Reinhard (Hg.,1983): Soziale Ungleichheiten. Soziale Welt Sonderband 2. Ohne Ort: Verlag Otto Schwartz & Co., 183-198.

Carroll, Thomas F. (2001): Social Capital, Local Capacity Building, and Poverty Reduction. Social Development Papers No. 3. Asian Development Bank. http://www.adb.org/Documents/Books/Social_Capital/default.asp, 6.8.2005.

Coleman, James S. (1988): Social Capital in the Creation of Human Capital. In: American Journal of Sociology 94(1), 95-120.

Coleman, James S. (1990): Foundations of Social Theory. Harvard: Belknap.

Cowen, Michael P./Shenton, Robert W. (1996): Doctrines of Development. London: Routledge.

Duffy, Bobby (2005): Social Capital and Ethnic Diversity: Quantitative and Survey Data. In: Runnymede Trust (ed., 2005): Social Capital, Civil Renewal and Ethnic Diversity: Proceedings of a Runnymede Conference. London: Runnymede Trust, 43-60.

Durkheim, Emile (1977): Über die Teilung der sozialen Arbeit. Frankfurt: Suhrkamp (orig. 1893).

Elias, Norbert (1986): Was ist Soziologie? 5. Auflage. München: Juventa.

Gittell, Ross/Vidal, Avis (1998): Community Organizing: Building Social Capital as a Development Strategy. Beverly Hills: Sage.

Glaeser, Edward L./Laibson, David/Sacerdote, Bruce (2000): The Economic Approach to Social Capital. Working Paper w7728. National Bureau of Economic Research. http://www.nber.org, 6.8.2005.

Glaeser, Edward L./Laibson, David/Scheinkman, Jose A./Soutter, Christine L. (1999): What is Social Capital? The Determinants of Trust and Trustworthiness. Working Paper w7216. National Bureau of Economic Research. http://www.nber.org, 6.8.2005.

Glaeser, Edward L./Laibson, David/Scheinkman, Jose A./Soutter, Christine L. (2000): Measuring Trust. In: Quarterly Journal of Economics 65, 811-846.

Granovetter, Mark S. (1973): The Strength of Weak Ties. In: American Journal of Sociology 78(6), 1360-1380.

Granovetter, Mark (1983): The Strength of Weak Ties: A Network Theory Revisited. In: Sociological Theory 1983(1), 201-233.

Granovetter, Mark S. (1985): Economic Action and Social Structures: The Problem of Embeddedness. In: American Journal of Sociology 91, 481-510.

Grootaert, Christiaan (1998): Social Capital: The Missing Link? Social Capital Initiative Working Paper No. 3. The World Bank. http://www.worldbank.org/socialdevelopment, 6.8.2005. http://siteresources.worldbank.org/INTSOCIALCAPITAL/ Resources/Social-Capital-Initiative-Working-Paper-Series/SCI-WPS-03.pdf, 6.8.2005.

Grootaert, Christiaan/Bastelaer, Thierry van (2001): Understanding and Measuring Social Capital: A Synthesis of Findings and Recommendations From the Social Capital Initiative. IRIS Discussion Paper No. 02/01. Center for Institutional Reform and the Informal Sector, University of Maryland. http://www.iris.umd.edu, 6.8.2005.

Grootaert, Christiaan/Bastelaer, Thierry van (2002): Social Capital: From Definition to Measurement. In: Grootaert, Christiaan/ Bastelaer, Thierry van (eds., 2002): Understanding and Measuring Social Capital: A Multidisciplinary Tool for Practitioners. Volume 1. The World Bank. http://lnweb18.worldbank.org/ ESSD/sdvext.nsf/60ByDocName/PublicationsSocialCapital, 6.8.2005, 1-16.

Grootaert, Christiaan/Bastelaer, Thierry van (eds., 2002): Understanding and Measuring Social Capital: A Multidisciplinary Tool for Practitioners. Volume 1. The World Bank. http://lnweb18.worldbank.org/ESSD/sdvext.nsf/60ByDocName/ PublicationsSocialCapital, 6.8.2005.

Halpern, David (2005a): Is Social Capital a Useful Policy Tool in a Multi-ethnic Britain? In: Runnymede Trust (ed., 2005): Social Capital, Civil Renewal and Ethnic Diversity: Proceedings of a Runnymede Conference. London: Runnymede Trust, 61-74.

Halpern, David (2005b): Social Capital. Oxford: Polity Press.

Haug, Sonja (1997): Soziales Kapital. Ein kritischer Überblick über den aktuellen Forschungsstand. Arbeitspapier II/15. Mannheimer Zentrum für Europäische Sozialforschung. http://www.mzes.uni-mannheim.de/publications/wp/wp2-15.pdf, 6.8.2005.

Healy, Tom/Côté, Sylvain (2001): The Well-being of Nations: The Role of Human and Social Capital. OECD. http://www1.oecd.org/publications/e-book/9601011E.PDF, 6.8.2005.

Hobbes, Thomas (1996): Leviathan. Frankfurt: Suhrkamp (orig. 1651).

Johnson, David/Headey, Bruce/Jensen, Ben (2003): Communities, Social Capital and Public Policy: Literature Review. Melbourne Institute of Applied Economic and Social Research, University of Melbourne. http://www.melbourneinstitute.com/wp/wp2003n26.pdf, 6.8.2005.

Knack, Stephen/Keefer, Philip (1997): Does Social Capital Have an Economic Payoff? A Cross Country Investigation. In: Quarterly Journal of Economics 112(4), 1251-1288. (see: http://www.iris.umd.edu)

Kreckel, Reinhard (Hg.,1983): Soziale Ungleichheiten. Soziale Welt Sonderband 2. Ohne Ort: Verlag Otto Schwartz & Co.

List, Friedrich (1959): Das nationale System der politischen Ökonomie. Tübingen: J.C.B. Mohr.

Narayan, Deepa (1999): Bonds and Bridges: Social Capital and Poverty. Poverty Group, PREM, World Bank. http://poverty2.forumone.com/library/view/12049/, 20.5.2005.

Narayan, Deepa/Cassidy, Michael F. (2001): A Dimensional Approach to Measuring Social Capital: Development and Validation of a Social Capital Inventory. In: Current Sociology 49(2),

59-102. (Zuerst 1999 als Working Paper des Poverty Reduction and Economic Management Network, World Bank.)

Onyx, Jenny/Bullen, Paul (1999): Measuring Social Capital in Five Communities. http://www.mapl.com.au/A2.htm, 6.8.2005.

Onyx, Jenny/Bullen, Paul (2000): Measuring Social Capital in Five Communities. In: Journal of Applied Behavioural Science 36(1), 23-42.

Productivity Commission (2003): Social Capital: Reviewing the Concept and its Policy Implications. Commission Research Paper. Melbourne: Productivity Commission.

Putnam, Robert D. (2000): Bowling Alone: The Collapse and Revival of American Community. New York: Simon & Schuster.

Putnam, Robert D./Helliwell, John F. (1995): Economic Growth and Social Capital in Italy. In: Eastern Economic Journal 21(3), 295-307.

Putnam, Robert D./Leonardi, Robert/Nanetti, Raffaella Y. (1993): Making Democracy Work. Princeton: University Press.

Radinger, Regina (2005): Soziales Kapital und PISA-Leistungen. Eine Mehrebenenanalyse. In: Statistische Nachrichten 60(4), 316-327.

Runnymede Trust (ed., 2005): Social Capital, Civil Renewal and Ethnic Diversity: Proceedings of a Runnymede Conference. London: Runnymede Trust.

Smith, Adam (1974): Der Wohlstand der Nationen. München: dtv Klassik (orig. 1776).

Sobel, Joel (2002): Can We Trust Social Capital? In: Journal of Economic Literature 40(1), 139-154.

Stone, Wendy (2001): Measuring Social Capital: Towards a theoretically informed measurement framework for researching social capital in family and community life. Research Paper No. 24. Australian Institute of Family Studies. http://www.aifs.gov.au/institute/pubs/RP24.pdf, 6.8.2005.

AUGUST GÄCHTER, ISABELLE WOLFSGRUBER

Stone, Wendy/Hughes, Jody (2002): Social Capital: Empirical Meaning and Measurement Validity. Research Paper No. 27. Australian Institute of Family Studies. http://www.aifs.gov.au/institute/pubs/RP27.pdf, 6.8.2005.

Tönnies, Ferdinand (1912): Gemeinschaft und Gesellschaft. Grundbegriffe der reinen Soziologie. (2. Auflage, Neudruck 1991) Darmstadt: Wissenschaftliche Buchgesellschaft.

Woolcock, Michael (1998): Social Capital and Economic Development: Toward a Theoretical Synthesis and Policy Framework. In: Theory and Society 27, 151-208.

Woolcock, Michael/Narayan, Deepa (2000): Social Capital: Implications for Development Theory, Research, and Policy. In: The World Bank Research Observer 15(2), 225-249. http://www.worldbank.org/research/journals/wbro/obsaug00/pdf/(5)Woolcock%20%20Narayan.pdf, 6.8.2005.

Zak, Paul/Knack, Stephen (2001): Trust and Growth. In: The Economic Journal 111(470), 295-321.

Hanna Hacker
Sex – Gender – Development
Eine Einführung in Diskurse zu „Geschlecht" und „Entwicklung"

Problemaufriss: Worum es (nicht) geht

Es geht in diesem Einführungstext zu *Gender* und Entwicklungssoziologie nicht unmittelbar um Zahlen oder Beschreibungen zu Armut, zu Gewalt, zu den prekären Arbeits- und Lebensverhältnissen, wie sie in weltweitem Maßstab Frauen stärker oder anders als Männer betreffen; auch nicht vorrangig um die *men-only*-Seilschaften bei WTO, UNO und Weltbank. Ich setze einen Schritt davor und darüber an; nämlich bei den sozialen, symbolischen, Theorie bildenden und sinnstiftenden Prozessen („Diskursen"), die bewirken, dass und warum welche Zahlen erhoben, Ausbeutungsbeziehungen benannt oder ignoriert, Herrschaftsverhältnisse bekämpft oder neu erzeugt werden.

Wie werden in verschiedenen sozialen Feldern Verhältnisse zwischen „Geschlecht" und „internationalen Beziehungen" hergestellt? Wie wird wo dazu gesprochen? Welche politischen Praktiken und welche theoretischen Ansätze verbinden sich mit diesem Sprechen? Ich unterscheide drei soziale Felder, die hier wichtig sind, nämlich den Raum des feministischen politischen Aktivismus, den Raum der akademisch orientierten Theoriebildung zu *Sex/Gender*, und den Raum der entwicklungspolitischen bzw. -bürokratischen Institutionen und ihres Umganges mit Ungleichverhältnissen zwischen den Geschlechtern. Zuletzt stelle ich Positionen im Überschneidungsbereich dieser Felder vor; faktisch verlaufen die jeweiligen Grenzlinien ja nicht fix und starr.

Meine Ausführungen zu Geschlechterverhältnissen und Nord/Süd-Beziehungen situieren sich im Schnittfeld von feministischen Theorieansätzen und von Theoremen des so genannten *Postdevelopment*. *Post-*, auch *Anti-Development* interpretiert die Idee von „Entwicklung" als Konstrukt, als Erfindung, als historische Gewissheit im globalen gesellschaftlichen Imaginären. Die Rede von der „Entwicklung" gilt als typische „Große Erzählung", als „Meistererzählung" der Moderne und der Modernisierung (bzw. US-Amerikanisierung) nach 1945. Ansätze des *Postdevelopment* analysieren insbesondere die Formen von Wissen, Macht und Subjektivität, um die es in der Großen Erzählung „Entwicklung" geht. Eine Schlüsselidee ist etwa, dass *Development*[1] lange Zeit ein Quasimonopol darauf hatte, wie Länder des „Südens" überhaupt dargestellt und wahrgenommen werden können. Die Literatur des *Postdevelopment* stützt sich auf poststrukturalistische, postkoloniale und feministische Theoreme und schließt daher an Analysen der Geschlechterbeziehungen und der Frauenförderpolitik an. Wichtige Fragestellungen lauten: Sieht das *Development* die Dinge „falsch", oder wie erklären sich die oft markanten, ja unvereinbaren inhaltlichen Unterschiede in der Darstellung desselben Themas (etwa: *Gender*) im *Development*-Diskurs einerseits und im wissenschaftlichen Diskurs andererseits? Was geschieht alles, was gar nicht beabsichtigt war, im so genannten *Development Encounter*, in der „Kontaktzone" zwischen AkteurInnen („GeberInnen" und „NehmerInnen") des *Development*? Bedeutet die historische Verwandlung von „ExpertInnen" in „ModeratorInnen" gemäß dem Paradigma partizipativer Entwicklung, dass es in der Orientierung an *„empowerten"*, „souveränen" „entwickelten" Subjekten (oft vorrangig Frauen) um die nachhaltige Durchsetzung eines westlichen, eines kapitalistischen Subjektverständnisses geht? Inwieweit ist Misserfolg, ist Scheitern von Entwicklungsvorhaben ein unverzichtbarer Knotenpunkt von *Development*-Strategien, da Misserfolg in dieser Logik stets bedeutet, einen nächsten Plan entfalten zu

HANNA HACKER

können und zu müssen (etwa: noch besser zu *„gendern"*)? Zielt die so genannte *Development Machine* zugleich auf Anti-Politik, also auf die Vernichtung der Möglichkeit, in politischen Begriffen zu denken und zu sprechen? (Vgl. u.v.a. Sachs 1992; Ferguson 1994; Escobar 1995; Marchand/Parpart 1995; Rahnema/Bawtree 1997; Hacker 2002; Saunders 2002.)

Einleitend sei hier gleich auch meine eigene Frage angeschlossen: Was tun, als weiße, westliche, antirassistische und feministische Intellektuelle (wie die Autorin und wohl auch die meisten ihrer LeserInnen) mit den zugleich bestechenden und irritierenden Ansätzen des *Post-* und *Antidevelopment*? Sie haben eine zynische Seite, die ängstigt, die dem Idealismus der weißen EZA-Kritikerin nichts, ihrer politischen Wut zu wenig, ihrem Wunsch zu handeln kaum etwas bietet; eine zynische Seite, die vielleicht allzu schnell die Sehnsüchte derer abtut, die „wir" doch hatten hoffen machen, sie dürften auf „Entwicklung" zählen, auf den Fortschritt, das Wasser, Grundrechte, die Bildung, ICTs, all dies. Begehren, das sich auf Befreiung richtet, dient hier als Einfallstor für die ökonomischen und kulturellen Machtinteressen des *Development*-Systems. Die schönen, mehr oder weniger neuen Mittel wie Menschenrechtsansatz, Leitprinzip *Empowerment*, alternative Entwicklungsparadigmen, partizipative Verfahren, stattliche EZA-Summen für Projekte gegen Gewalt an Frauen in *Less Developed Countries* und *Post-Conflict Zones* und so fort, vermögen als Mittel der Befreiung bestenfalls dann zu fungieren, wenn wir sie mit all unserer Skepsis konfrontieren.

Den Normalisierungssog des *Gender Mainstream* scheint eine gar nicht oft genug attackieren zu können. Kontinuierlich also empfiehlt sich höchste Vorsicht gegenüber einer Ideologie wie vielleicht auch gegenüber höchst praktischen Verlockungen solcher *Mainstreaming Policies* - wo auch immer man/frau „vor Ort" ist. Es kann sich um Fort-Führungen feministischer Forderungen handeln, aber auch um in bzw. an der „Dritten Welt" getestete Strategien, die gerade nicht auf Befreiung zielen; ein wenig analog zu den Geschichten pharmazeutischer Produkte oder Nestlés Trockenmilchpulverskandal. Wenn wir (welchen Geschlechts und in welcher geographischen Lage auch immer) Politik von Planung plattwalzen lassen, wenn wir das Politische, das Analytische, den Protest in *Development Speak* verschwinden lassen, sind wir gewissermaßen ein intendierter Effekt – man könnte auch sagen: GewinnerInnen – des *Development* und schwerlich sein subversives Moment. Oder wie tun?

Der Diskurs der Militanz: Frauen und Geschlechterverhältnisse in politischen Bewegungen

Die Archive westlicher Radikalität, die Regeln, Praktiken, Motivierungen westlicher Protestbewegungen liegen jenseits der Begrenzungen des Westens: darauf weisen AutorInnen hin, die für eine „relationale Geographie" plädieren und für ein Aufgeben der ideologischen Festschreibung von „Norden" und „Süden", weil sie globalen Herrschaftsverhältnissen ganz gelegen kommen. „Westliche" Militanz orientiert sich historisch an Algerien, Vietnam, Kuba, Chile; an den antikolonialen Befreiungskämpfen, an Entkolonialisierungsprozessen, an postkolonialer Kritik, am Widerstand gegen Neokolonialismen (Vgl. u.v.a. Brah 1996; Rogoff 2000; Biemann 2002).

In gewisser Weise waren Referenzen auf Militanz im „Süden" konstitutiv für die Frühphase der Neuen Frauenbewegung, des *Second Wave Feminism* im „Norden" in den 1960er und frühen 1970er Jahren. Diese Bezugnahmen erfolgten u.a. als vielfach idealisierende Rezeption der bewaffneten Befreiungskämpferin in der „Dritten Welt", in Indochina, in Palästina, und in feministischer Kritik am Patriarchalismus zentraler Autoren und Akteure antikolonialer Befreiungskämpfe, wie etwa Frantz Fanon. Es gab Parallelisierungen des Konzepts antikolonialer „Guerillataktiken" mit dem feministischen Ansatz der Politisierung des Privaten – widerständiges Handeln auf sozialen Terrains, auf denen traditionell

Kampf oder Widerstand nicht vorgesehen war –; und wichtig waren Solidarisierungen mit weiblichen Opfern bzw. Überlebenden und aktiven Gegnerinnen rassistischer Gewalt auch in Ländern des Westens, etwa in transnationalen Kampagnen zugunsten von prominenten Kämpferinnen wie Angela Davis.

Eine konkrete und frühe Verbindung zu Politikansätzen des „Südens" stellte die so genannte feministische Subsistenzperspektive her. In den späten 1970er Jahren bekannt geworden unter der Bezeichnung „Bielefelder Ansatz", entfaltete sich die feministische Subsistenztheorie in engem Austausch zwischen (west-)deutschen Sozialwissenschaftlerinnen und Theoretikerinnen bzw. Aktivistinnen der Ökologiebewegung z.B. in Indien. Feministische Subsistenztheorie prägte den Begriff von der globalen „Hausfrauisierung der Arbeit", also der weltweit zunehmenden Ausbeutung von Arbeitskraft analog dem Modell unbezahlter weiblicher Reproduktionsarbeit im Westen. Mit dem Fokus auf ökofeministischer Politik (und in einem eher essentialistischen Verständnis von „Frauen") plädieren Vertreterinnen dieses Ansatzes für wirtschaftliche Autarkie in kleinen Einheiten, Selbstversorgung auf Subsistenzbasis, Ausstieg aus dem Geldsystem als Gegenstrategie zu neoliberalisierten Arbeits- und Produktionsverhältnissen. (Vgl. u.v.a. Werlhof/Mies/Bennholdt-Thomsen 1983; Shiva 1988; Bennholdt-Thomsen/Werlhof 1997; auch den *Women, Environment and Development*-Ansatz [WED] bei Braidotti et al. 1994 und Harcourt 1994.)

Generell gilt jedoch, dass die erwähnten Referenzen auf Formationen anti-weißer Militanz zunächst vielfach imaginär blieben und eine schließliche (Re-)Zentrierung auf die Figur, die Politik, die Organisation der „weißen, westlichen, Norm gerechten" Feministin nicht verhinderten. Ich möchte im Folgenden auf zwei der Entwicklungen eingehen derer es bedurfte, um diese Zentrierung wo nicht aufzubrechen, so doch kontrovers zu halten: die Auseinandersetzungen zwischen Frauenbewegungsaktivistinnen des „Südens" und solchen des „Nordens" im Kontext internationaler

Frauentreffen und die Interventionen „minoritärer" Akteurinnen – Vertreterinnen eines *Black Feminism*, eines *Third World Feminism*, eines *Postcolonial* und *Hybrid Feminism* – innerhalb der Frauenbewegungen des Westens (Vgl. Hacker 2005).

Internationale Treffen und Kongresse bildeten in den Anfangsjahren des *Second Wave Feminism* den ganz vorrangigen Ort, an dem „Wissen" über Kontroversen innerhalb der Bewegungen, darunter eben auch Auseinandersetzungen zwischen „Mehrheits-" und „Minderheits"-Positionen, gestaltet und gestreut wurde. Konferenzen und Treffen – und lange Zeit durchaus nicht der Buchmarkt und akademisches Publizieren – waren der Markt schlechthin für Wissensproduktion und -reproduktion. „Wissen" gestaltete sich zu einem hohen Grad als „mündliches", in Diskussionen und Debatten. Hinzu kamen graue Literatur, Flugblätter, Manuskripte, Typoskripte, Hektographien, informelle Übersetzungen.

Einen größeren Rahmen für die Auseinandersetzung zwischen verschiedenen AkteurInnen frauenpolitischer Militanz formten schließlich die „Weltfrauenkonferenzen" der UNO rund um die UNO-"Dekade der Frau", die mit einer Konferenz in Mexico City 1975 lanciert, 1980 in Kopenhagen zwischenevaluiert und 1985 in Nairobi nachfolgenden Aktivitäten geöffnet wurde. Für viele weiße Europäerinnen waren diese Konferenzen, die parallel abgehaltenen NGO-Foren und Alternativveranstaltungen das erste Mal, dass sie „nicht-weiße", „*differently coloured*" feministische Aktivistinnen trafen, und ganz besonders durchzogen Konfrontationen zwischen Frauen des „Südens" und Frauen des „Nordens" diese Begegnungen. Es ging dabei um Differenzen in der politischen Themenwahl, in den Organisationsformen, in der Wahl von BündnispartnerInnen, generell in den Prioritätensetzungen und auch um gegenseitige Projektionen. Weiße westliche Feministinnen hätten nichts als ihre sexuelle Selbstverwirklichung im Kopf, lautete eine der Vorhaltungen, mit denen sich auseinanderzusetzen war. Der Umgang mit Themen wie genitale Verstümmelung von Frauen, Abtreibung oder Homosexualität zählt weiterhin zu den hauptsächlichen Konfliktfeldern; auch etwa bei der Ausarbeitung der globalen Frauenaktionsplattform in Beijing 1995 oder den *Beijing+5* und *Beijing+10*-Verhandlungen erschienen diese Differenzen kaum lösbar (Im UNO-Jargon setzte sich schließlich die Festlegung auf den Wortgebrauch *„Reproductive Rights"* durch, der allerdings Körperpolitik, Sexualität, autonome Begehrensweisen zugleich bezeichnet und verbirgt).

Sind Armut und Begehren ein Entweder/Oder? Wie steht es mit dem Recht auf Lust, wenn man hungert? Inwiefern ist Wohlstand eine Vorbedingung für geschlechtliche und sexuelle Neuentwürfe? Fragen wie diese verweisen weiter zu den Diskursen der „postmodernen" Feminismen, die sich eng an akademischer Wissensproduktion orientieren. Auch deren Analysen zu *Sex*, *Gender* und Geschlechterverhältnissen können als ein Resultat jener Interventionen betrachtet werden, die minoritäre AkteurInnen im Inneren des westlichen *Second Wave Feminism* setzten – darunter insbesondere Schwarze Frauen in den USA.

Der akademische Diskurs: Feministische Epistemologien zu „Geschlecht"

Als wichtige Eckpunkte in der Darstellung schwarzer feministischer Interventionen und Positionsbestimmungen gelten beispielsweise *A Black Feminist Statement* der Gruppe *Combahee River Collective* von 1977, Barbara Smiths *Towards a Black Feminist Criticism* und die Prosa-Anthologie *This Bridge Called My Back* (Smith 1977; Anzaldúa/Moraga 1983; Combahee River Collective 1983). Als wichtige Akteurinnen des sich in den 1980er Jahren etablierenden *Black Feminism* z.B. die Essayistin bell hooks zu nennen (z.B. hooks 1982) oder auch die Schriftstellerin Alice Walker mit ihrer Wortschöpfung *Womanist* – „Womanist is to Feminist as Purple to Lavender" (Walker 1983: xii). Zu einer relevanten Identifikationsfigur wurde Gloria Anzaldúas Imagination der *Mestíza*, des *Mestíza Consciousness* in den *Borderlands* des migranten mexikanischen *Chicana Feminism*, die Selbstpositionierung zwischen den Geschlechtern, den Sexualitäten, den ethnischen und geopolitischen Zuordnungen (Anzaldúa 1987). Zu den klassischen Texten des *Third World Feminism* zählt weiters Chandra T. Mohantys *Under Western Eyes. Feminist Scholarship and Colonial Discourses* (Mohanty 1991, erste Fassung 1984). Heftig kritisierte Mohanty hierin die Konstruktion und Vereinnahmung der zum Opfer gemachten, ganz undifferenziert entworfenen „Dritte-Welt-Frau" als einen Effekt verschiedener weißer westlicher Wissenschaftsverfahren.

Entlang der Frage nach den „grievances [...] on being among the few women chosen for a 'Special Third World Women's Issue' or on being the only Third World woman at readings, workshops, and meetings" (Minh-Hà 1989: 82), rollte die vietnamesisch-amerikanische Multimedia-Autorin Trinh T. Minh-Hà 1989 das Problem des Verhältnisses zu „Differenz" auf, zum eigenen, zum gemeinsamen „Anderssein", zum „zur-*Native*-Gemacht-Werdens". „Silence as a refusal to partake in the story does sometimes provide us with a means to gain a hearing. It is voice, a mode of uttering, and a response in its own right. Without other silences, however, my silence goes unheard, unnoticed; it is simply one voice less, or more point given to the silencers" (Minh-Hà 1989: 83).

„I do not intend to speak about; just speak nearby", lautet eine Schlüsselpassage im *voice-over* zu Trinh T. Minh-Hàs *development*-skeptischem Experimentalfilm aus dem Senegal, *Reassemblage* (1982): Fragen der Repräsentation, der Darstellbarkeit, des stellvertretenden Sprechens „im Namen von" rückten ins Zentrum der postkolonialen feministischen Kritik. „It is time to move beyond the Marx who found it possible to say: They cannot represent themselves; they must be represented", hieß es bei Mohanty (Mohanty 1991: 74). Der Schlüsseltext, in dem es zentral um eine Kritik der *representation* – im doppelten Sinn des „Stellvertretens" und „Darstellens" – geht, war Gayatry Chakravorty Spivaks Aufsatz *Can the Subaltern Speak?* von 1988. „Die Subalterne kann nicht sprechen", lautet Spivaks ambivalent gemeinte Schlussfolgerung aus ihren Analysen zur Darstellung von Frauen im kolonialisierten Indien und zu den Strategien, die diese Frauen zum Verstummen brachten, zwischen patriarchaler Tradition und „modernen" kolonialen Übergriffen (Spivak 1988: 308).

Feministische Epistemologien zu Geschlecht und Transnationalität verbinden aktuell die genannten postkolonialen Kritikansätze eng mit poststrukturalistischen und dekonstruktivistischen Verständnissen von Geschlecht (wie sie am pointiertesten in *Queer Theories* entfaltet wurden). Als wichtiger Vorläufer-Text, der manchmal auch von *Gender and Development* Einführungen zitiert wird, gilt Gayle Rubins *The Traffic in Women* (Rubin 1975). Rubin verflocht zu einem der ersten Male eine Kritik der politischen Ökonomie mit Überlegungen zu sexuellen/geschlechtlichen Ökonomien etwa in Verwandtschafts- und Frauentausch-Systemen; hier prägte sie den später viel gebrauchten gesellschaftsanalytischen Begriff *Sex/Gender System*.

In weiten Teilen des feministischen Diskurses geht es mittlerweile darum zu betonen, dass *Gender*, dass geschlechtliche und sexuelle Identitäten ebenso wie das gesamte System der „Zweigeschlechtlichkeit" und der „Heteronormativität" Konstruktionen sind, deren Hegemonie es zu unterlaufen, aufzubrechen gilt (vgl. u.v.a. Butler 1990; West/Zimmermann 1991; Gildemeister/Wetterer 1992; Jagose 1996). „Nicht-westliche" *Sex/Gender*-Verhältnisse nehmen in diesen Argumentationen einen prominenten Platz ein, weil sie in besonderer Weise offensichtlich machen, wie fragil und nicht-universal das Reglement der Zweigeschlechtlichkeit ist; dass es jederzeit überschritten werden kann und auch faktisch kontinuierlich durchbrochen wird: von den *Two-Spirit-People* unter den *Native Americans*, den *Travestis* in Brasilien, den *Hijras* in Indien, den *Xanith* in Oman, den Geschworenen Jungfrauen am Balkan, den schamanischen Verwandlungen in vielen Kulturen der Welt, und schließlich den Transgender- und „Intersex"-Personen auch im industrialisierten Norden/Westen (Vgl. u.v.a. Garber 1993; Hirschauer 1993; Herdt 1994; Schröter 2002).

Liegen die Archive auch der westlichen *Gender*-Radikalität jenseits der Grenzen des Westens? Wissenschafterinnen insbesondere afrikanischer Herkunft oder Selbst-Verortung stellen ältere Argumente der (anti-westlichen) Feminismuskritik in den Rahmen neuerer Ansätze der *Gender* und *Queer Studies* und kommen dabei zu Fragen wie: War Geschlecht in präkolonialen Gesellschaften überhaupt ein Organisationsprinzip? Wer brachte die Geschlechterdifferenz nach Afrika? Wie verformten die kolonialen, militaristischen, imperialistischen Eingriffe die ursprüngliche Ausgewogenheit des *Dual Sex System*, in dem männliche und weibliche Einflusssphäre gleichberechtigt nebeneinander standen? Oyeronke Oyewumi etwa beharrt darauf, dass in manchen präkolonialen afrikanischen Kulturen der vergeschlechtlichte Körper gar nicht als gesellschaftlich relevante Einheit wahrgenommen wurde. Ein Körper konnte mehrere Identitäten beherbergen, mehrere Personen (oder spirituelle Wesen) repräsentieren. „The splitting of hairs over the relationship between gender and sex, the debate on essentialism, the debates about differences among women, and the preoccupation with gender bending/blending that have characterized feminism are […] not necessarily inherent in the discourse of society as such but a culture-specific concern and issue" (Oyewumi 1997: 13). „[T]he process of making gender visible is also a process of creating gender", vermerkt sie vorwurfsvoll an die Adresse westlicher feministischer Theoretikerinnen. „Gender, like beauty, is often in the eye of the beholder" (Oyewumi 1997: xv, vgl. auch Amadiume 1987; Nzegwu 2001).

HANNA HACKER

Der Diskurs des *Development*: WID, GAD und bürokratische Ansätze

Auch anti-developmentalistische Kritik bezeichnet die Ideologie des „Sichtbarmachens" („der" Frauen, „der" Geschlechterdifferenz) als eine dem neokolonialistischen Projekt inhärente Strategie.

Wie Escobar (1995) betont, gehört zur Geschichte des *Development* die In-den-Blick-Nahme bestimmter sozialer Positionen, die zur sozialen Kategorie gemacht wurden und als besonders relevant für Ansätze der entwicklungspolitischen Arbeit festgeschrieben wurden. *Development*-historisch „traf" dieser Blick zuerst „die Bauern" (im Süden), die quasi kreatürliche Zielgruppe, wenn Entwicklung mit ländlicher Entwicklung gleichgesetzt wird; die LandwirtInnen als wesentliche Figuren in der „grünen Revolution" der 1970er Jahre und schließlich die ruralen AkteurInnen eines Entwicklungsparadigmas, das – mit dem *Brundtland-Report* von 1987 – Umweltschutz und ökologische Nachhaltigkeit als prioritäre Herausforderungen definierte. Ab den späten 1970er Jahren betraf dieses Verfahren der Produktion einer gesellschaftlich minoritären und zugleich hoffnungstragenden Kategorie „die Frauen" (des Südens). Es folgten die EZA-Programmstationen *Women in Development* (WID) und *Gender and Development* (GAD).

Die MeisterInnenerzählung zur Geschichte dieser Programme verweist zumeist auf die Erfindung von WID durch ein Washingtoner Frauenkomitee innerhalb der SID (*Society for International Development*) und die darauf folgende Integration von WID zuerst in USAID (*United States Agency for International Development*). Als programmatisch bedeutsam werden die Veröffentlichungen von Esther Boserup genannt, die erkennen ließen, dass Entwicklungshilfe den Frauen schade (Boserup 1970). WID arbeitete hauptsächlich mit dem Rollenkonzept; etwa mit der Idee von der *Triple Role* der (Zielgruppen-)Frauen im reproduktiven, produktiven und *Community*-Bereich, die zu beachten sei und definierte sich vor diesem Hintergrund als umfassender, effizienter und nachhaltiger denn frühere *Policy*-Ansätze, die ausschließlich die reproduktive Rolle „der Frau" in den Blick genommen hätten.

Zu dieser Erzählung gehört oft eine Darstellung der verschiedenen „Politikansätze gegenüber Frauen der Dritten Welt", die schematisiert, wie *Welfare-, Equity-, Anti-poverty-, Efficiency-* und endlich *Empowerment*-Zugang einander historisch überlappten bzw. ablösten (z.B. Moser 1993: 56 f) – m.E. ein gutes (Negativ-)Beispiel für die Wahrnehmung von „Dritte-Welt-Frauen" als Objekt weit eher denn als Subjekt von Politik.

Gleichsam als Erfinderin von *Gender and Development* gilt schließlich Caroline Moser, Expertin bei der Weltbank und Entwicklerin konkreter Planungs- und Weiterbildungsprogramme mit einem Schwerpunkt auf der Beachtung von Geschlechterverhältnissen, nicht mehr „nur" von Frauen, in Projekten der Internationalen Zusammenarbeit (Moser 1993).

Mit anderen Worten: Wie in vielen Bereichen des Politischen und der Wissensproduktion waren auch im *Development* zuerst „die Frauen", dann „das *Gender*". Sowohl auf dem unteren bis mittleren Management-Level als auch durchgängig auf der Ebene der „Zielgruppen" repräsentieren weiterhin zumeist Frauen „das Geschlecht". Seit „die Frau" in den Blick der EZA geriet, ist sie, was in einem klassischen Terminus „überdeterminiert" heißt, also überladen mit Bedeutungszuschreibungen und rhetorischen Festlegungen: „Die Frau" in den Diskursen potentiell aller Beteiligter der *Development*-Kontaktzone trägt die Last der Armut, ist illiterat, braucht Alphabetisierung, braucht Kleinkredite, muss Sparen lernen, benötigt Nachhilfe in Buchhaltung für die Sparguthaben und Kreditrückzahlungen, sie ist schwach, sie ist überlastet, sie braucht mehr Bildung. „Wir EntwicklungsarbeiterInnen" können sie bessere Anbauverfahren lehren, bessere Stofffärbetechniken, besseres Verhütungsverhalten, bessere Animationsmethoden; vielleicht führen wir sie heran an Trainingsworkshops für politische Bildung,

HANNA HACKER

Konfliktmanagement und weibliche *Leadership*. Zwangsläufig reagieren *Development*-ExpertInnen und -Agenturen irritiert und misstrauisch bis ablehnend, wenn sie „im Feld" etwa mit urban(isiert)en Frauen zu tun haben, mit beruflich erfolgreichen, gebildeten, nicht-so-viktimisierten, oder mit den zahlreichen lokalen Managerinnen von Frauen-NGOs, die selbst einen mittelschichtigen Lebensstil pflegen. Im Konzept der EZA sind dies keine relevanten „Frauen", ebenso wenig wie etwa Prostituierte (es sei denn, sie wollten „aussteigen") oder weibliche Angehörige lokaler Eliten bis hin zu den symbolisch oft sehr wichtigen *First Ladies*, den Präsidenten- bzw. Diktatorengattinnen.

In globaler Perspektive erscheint der Ansatz des *Gender Mainstreaming* seit der UNO-Weltfrauenkonferenz 1995 in Beijing institutionalisiert und programmatisch vorgegeben. Wie die „westliche" Schwester *Gender Mainstreaming* ist GAD mittlerweile in alle Projekt- und Förderkonzepte internationaler Organisationen eingeschrieben. Die gesamte Abwicklung von Machbarkeitsstudien, Finanzierungsanträgen, Projektplanungen, *Monitoring*-Maßnahmen und Evaluierungen laufen sowohl für die Geber- und als auch für Nehmerorganisationen über vereinheitlichende Managementinstrumente wie den *Harvard Gender Log Frame*. *„Who needs [sex] when you can have [gender]?"*, paraphrasiert dies eine Reflexion zu den *Gender*-Diskussionen in Beijing. *McDonaldisierung* nennt es eine GAD-Expertin selbst. (Vgl. Baden/Goetz 1998; Charkiewicz 2004; Beispiele für *Gender*-Planungs-, Evaluierungs- und *Trainings-Tools*: Williams/Seed/Mwau 1994; Augustin 1996; zu ihrer Kritik z.B. Frey 2003).

Ganz unmöglich erscheint es dennoch nicht, sogar innerhalb der Begrifflichkeit von GAD über geschlechtliche Machtbeziehungen zu sprechen. Ein zentrales Konzept, mit dem sowohl WID als auch GAD arbeiten, ist das der *Practical Gender Needs* (PGN) und der *Strategic Gender Needs* (STN). Unter dem Verweis auf „strategische Bedürfnisse" (zuallermeist de facto weiterhin:

von Frauen) lassen sich Aspekte politischer und geschlechtlicher Machtverhältnisse in Konzepte des *Development* fassen, etwa in der Rede vom „Bedürfnis" nach rechtlicher Gleichstellung oder gar autonomen Handlungsansätzen. Ähnliches galt ab Mitte der 1980er Jahre zumindest einen kurzen Zeitraum hindurch für den Begriff des *Empowerment*, der im Feld der Nord/Süd-Politik manchmal durchaus radikal auf umfassende Selbstbestimmung von Frauen als Perspektive verwies. Selbst die in GAD-Projektanalysen zumeist nur oberflächlich und schematisch verwendete Differenzierung zwischen den Dimensionen „Zugang" und „Kontrolle" (hinsichtlich bestimmter Ressourcen, Rechte, Entscheidungen) könnte Ansatzmöglichkeiten für konsequent gefasste kritische Analysen bieten. Mit dem Schlagwort vom *Gender Budgeting* kam endlich auch unverblümter die Frage nach der Verteilung finanzieller Mittel in größerem Maßstab auf, und die Einschreibung von „Kultur" in aktuelle Entwicklungsparadigmen ermöglicht zumindest hypothetisch, „differente" Geschlechterverhältnisse neu in den Blick auch kritischen *Development*-Handelns zu nehmen.

Aber was eigentlich bedeutet *Gender* im Diskurs des *Development*? Auch im besten Selbstverständnis von „*Gender*-Gerechtigkeit" und „Geschlechtergerechtigkeit", was bedeutet hier „Geschlechter" (Vgl. zum Folgenden auch Hacker 2001, 2002)?

Während der aktuelle feministisch-akademische Diskurs große Mühe darauf verwendet zu argumentieren, dass auch das so genannte „natürliche" Geschlecht Ergebnis sozialer Konstruktionsverfahren sei und wir nicht davon ausgehen könnten, reine „Natur" existiere vor ihrer kulturellen Fassbarkeit oder unabhängig von dieser, betont *Gender* and *Development* vielfach das Gegenteil: Das soziale Geschlecht (*Gender*) sei eindeutig vom biologischen Geschlecht (*Sex*) zu unterscheiden, Kultur eindeutig different von Natur und gewissermaßen eine ihrer Folgen. Das GAD inhärente Wertesystem besagt, *Gender* sei gut für Frauen, gut für Männer, gut für die Armen, gerecht, positiv und viel versprechend. Die

Rhetorik von EZA-Projekten verwendet dabei immer wieder auch den Begriff *Doing Gender* in ganz anderer Bedeutung, als feministisch-akademische Geschlechteranalysen ihm zuweisen. *Doing Gender* im *Development* meint: Unser Projekt, unsere Einrichtung, unsere Gruppe bemüht sich, Ungerechtigkeit gegenüber Frauen in unserer Organisation festzustellen. Wir versuchen mittels bestimmter Verfahren, diese Ungerechtigkeiten zu bekämpfen und Frauen besser in unsere Aktivitäten zu integrieren. Das tun wir für den gesamten Projektzyklus, auf Management- und Zielgruppenebene, mittels Personalpolitik und *gender*-sensibler Bedürfnisanalyse, unter regelmäßiger Veranstaltung von *Gender Trainings*, etc. Dies alles zu lernen und zu vermitteln heißt dann auch *Gender Studies*. Nicht zuletzt eröffnet gendern Aussicht auf Gelder von Geberorganisationen und stellt symbolisches Kapital innerhalb des *Development* und der Projektelandschaft dar.

In feministischen und postkolonialen Geschlechtertheorien aber bezeichnet Geschlecht/*Gender* doch Kritikwürdiges; etwas, das erst einer kritischen Analyse zu unterziehen, vielleicht mit Ironie und jedenfalls mit Skepsis zu betrachten sei und dekonstruiert, wo nicht aktiv zerstört, gehörte.

Im Diskurs von *Gender and Development* – und im *Gender Mainstreaming* generell – hängt die Zukunft von *Gender* von unserer Fähigkeit ab, Normalisierung nachhaltig zu verfestigen. Im Diskurs akademischer Geschlechtertheorien hängt die Zukunft von Gender von unserer Fähigkeit ab, Normalität kontinuierlich aufzulösen.

Die Bandbreite der Deutungen von *Gender* durch AkteurInnen im „Süden" umschließt sowohl radikal-feministische Ablehnungen gegenüber der impliziten Geschlechterversöhnung als auch ganz christlich-konservative Haltungen bis hin zum Argument, *Gender* sei in der Bibel als natürliche Unterordnung der Frau unter den Mann definiert, und zu dieser Politik zurückzukehren, bedeute positive „Entwicklung". Meines Erachtens zeigt diese vielfältige

Begriffsbenutzung auch die Zweischneidigkeit der Vorstellung einer „widerständigen" Rezeption von *Development*-Ansätzen in der „Kontaktzone". Die feministische westliche Theoretikerin mag sich theoretisch an Resistenzen erfreuen, hat aber dennoch gute (d.h. auch: politisch gute) Gründe für ein Festhalten-Wollen am theoretischen, feministisch/politisch durchgearbeiteten Konzept des Begriffs *Gender*. Kann ihr recht sein, was dem *Development* – als Fortschreibung des Kolonialismus, als Zuträgerin neoliberaler Globalisierung – billig ist? *Trash* aller Art lässt sich im Süden abladen, Atommüll, *Secondhand*-Kleidung, Autofriedhofautos, Computerfriedhofhardware, und sehr simples Denken zu Themen wie Geschlecht oder Sexualität oder Macht. Oder nicht?

Brücken, transversale Achsen? Zwei Beispiele für Diskurse im Schnittfeld

Der Mut, dessen es bedarf, um als Akteurin im Kontext entwicklungspolitischer Bürokratie sexuell dissidentes Begehren offensiv zum Thema zu machen, Heteronormativität zu benennen, kurz gesagt: feministische theoretische und praktische Entwicklungen der letzten 25 Jahre dem *Development*-Diskurs gegenüberzustellen und dennoch handelnder Teil von „beidem" bleiben zu wollen, ist kaum zu überschätzen (vgl. hiezu und zum Folgenden auch Hacker 2003). Modelle für erste, gleichsam „historische" und äußerst beachtliche Versuche in dieser Richtung gibt es seit dem Jahrtausendwechsel am IDS, dem *Institute of Development Studies* im britischen Sussex. Das IDS veranstaltete 2000 eine bemerkenswerte Vortragsreihe zu Verhältnissen zwischen Heteronormativität und Entwicklungsarbeit und 2002 veröffentlichte die *Gender*-Infostelle *Bridge* am IDS ein zweiteiliges Handbuch für EntwicklungsarbeiterInnen zum Themenfeld Kultur und Sexualität in Nord/Süd-Begegnungen (IDS 2000; Jolly 2002). Seine Verfasserin, Susie Jolly, schreibt ausdrücklich aus einer Position der sexuell Minorisierten, geschlechterpolitisch Dissidenten, dabei aber zugleich majoritär Weißen, im Westen Verortbaren. In diesem Kontext ist dies originär und mutig: Das Handbuch zitiert etwa Monique Wittigs klassische feministische Forderung nach Zerstörung aller *Sex/Gender*-Kategorien, diskutiert die Politik von Lesbenorganisationen in Simbabwe und die Forderungen der indischen „drittgeschlechtlichen" *Hijras*, attackiert die Tendenz in der EZA, sexuelles Vergnügen von Frauen als etwas anzusehen, was gleichsam nur in den reichen Norden passe, und stellt Kate Bornsteins nicht unprovokantes Trainingshandbuch für *Transgenders* vor. Frei von Elementen des developmentalistischen Machbarkeitsdiskurses bleibt dies gleichwohl nicht: Die lokalen und globalen Illoyalen, die Lesben und die Schwulen, die *Intersex Sex Workers*, die VerfechterInnen differenter Geschlechterpolitiken sind zu ent-exotisieren, gewiss; zugleich aber tendenziell zu neutralisieren, in „bessere" Programmaßnahmen zu integrieren, eher bürokratisch zu *mainstreamen* denn politisch zu begreifen.

Seit der sogenannten NGO-isierung transnationaler sozialer Bewegungen hat die Organisationsform des „Netzwerks" eine Aufwertung erfahren; zunehmend gelten Netzwerke als die Hoffnungsträgerinnen eines Feminismus, der Brücken bilden will, Bündnisse schließen und transversal handeln. Eines der bekanntesten international aktiven „Süd"-Frauen-Netzwerke ist DAWN (*Development Alternatives with Women for a New Era*), gegründet 1984. Die Zentrale von DAWN befindet sich in Suva, Fiji; DAWN *Research Coordinators* haben ihren Sitz etwa in Indien, Brasilien und Südafrika, und Regionale KoordinatorInnen arbeiten darüber hinaus in vielen weiteren Ländern. DAWN tritt regelmäßig bei Konferenzen internationaler Organisationen auf. Ähnlich wie ISIS, ein anderes bedeutendes transnationales „Süd"-Frauen-Netzwerk mit Büros auf den Philippinen, in Uganda und Chile, ist DAWN seit den späten 1990ern viel mit Fragen zu den internationalen *Terms of Trade* befasst und zentral in die internationalen Proteste gegen die WTO involviert.

Seit ihrem Bestehen setzt die Organisation auf markante feministische Begriffsprägungen im internationalen Kontext: 1985 war es *Empowerment* als Kampfbegriff bei der UN-Weltfrauenkonferenz in Nairobi, 1995 in Beijing der Aufruf zur „Transformation" von Machtverhältnissen als kritische Revision der Politiken zu *Gender and Development* (vgl. DAWN 1985, 1995). 2002 warf DAWN die Forderung nach einer Kritik an Fundamentalismus und Globalisierung in die Debatten des *World Social Forum* in Porto Alegre, und zwar unter der Überschrift *Genderscapes* in Anlehnung an Appadurais Begriff der *Global Ethnoscapes, Mediascapes, Ideoscapes* (Appadurai 1990, 1996; DAWN 2002a, 2002b)

Empowerment wurde schnell ein aller Provokation entkleideter Allerweltsbegriff, der gut auch in neoliberale Wirtschaftsstrukturen eingefasst werden zu können scheint, und DAWNs versuchte Erweiterung des *Gender and Development*-Ansatzes um eine Einbeziehung intersektioneller Handlungskonzepte wurde seitens der *Development*-Praxis rasch verwässert und entschärft. Die *Genderscapes in paradoxical Times and Spaces* scheinen von Anfang an auf ihr transformatives Potential zu verzichten: Weder unter die attackierte noch unter die alternativ entworfene globale Geschlechterlandschaft fasst DAWN Transgression von Geschlechtergrenzen, Durchmischung ver- oder entgeschlechtlichter Positionen.

Beide von mir gewählten Beispiele, IDS wie DAWN, offenbaren also die Schwierigkeiten eines Versuchs, „starke" Seiten der verschiedenen Diskurse zu *Sex, Gender* und Entwicklung(skritik) zu verbinden. Was sonst, wenn nicht: hier weiter?

Literatur

Amadiume, Ifi (1987): Male Daughters, Female Husbands. Gender and Sex in an African Society. London: Zed Books.

Anzaldúa, Gloria (1987): Borderlands/La Frontera. San Francisco: Aunt Lute Books.

Anzaldúa, Gloria/Moraga, Cherríe (Hg., 1983): This Bridge Called My Back. Writings By Radical Women of Color. New York: Persephone.

Appadurai, Arjun (1990): Disjuncture and Difference in the Global Cultural Economy. In: Featherstone, Mike (Hg.): Global Culture. Nationalism, Globalization and Modernity. London: Sage Publications, 295-310.

Appadurai, Arjun (1996): Global Ethnoscapes: Notes and Queries for a Transnational Anthropology. In: ders.: Modernity at Large. Cultural Dimensions of Globalization. Minneapolis/London: University of Minnesota Press, 48-65.

Augustin, Ebba (1996): Gender Training Manual for Project Staff at Management Level. Eschborn: o.V.

Baden, Sally/Goetz, Anne Marie (1988): Who needs [sex] when you can have [gender]? Conflicting discourses on gender at Beijing. In: Jackson, Cecile/Pearson, Ruth (Hg.): Feminist Visions of Development. Gender, Analysis and Policy. London/New York: Routledge, 19-38.

Bennholdt-Thomsen, Veronika/Werlhof, Claudia von (1997): Eine Kuh für Hillary. Die Subsistenzperspektive. München: Frauenoffensive.

Biemann, Ursula (2002): Geografie und die Politik der Mobilität. Wien: Verlag der Buchhandlung Walther König.

Boserup, Esther (1970): Woman's Role in Economic Development. London: Earthscan Publications.

Brah, Avtar (1996): Cartographies of Diaspora. Contesting Identities. London/New York: Routledge.

Braidotti, Rosi/Charkiewicz, Ewa/Häusler, Sabine/Wieringa, Saskia (1994): Women, the Environment and Sustainable Development. Towards a Theoretical Synthesis. London: Zed Books.

Butler, Judith (1990): Gender Trouble. Feminism and the Subversion of Identity. London/New York: Routledge.

Charkiewicz, Ewa (2004): Beyond Good and Evil: Notes on Global Feminist Advocacy. In: Women in Action 2004(2). http://www.isiswomen.org/pub/wia/wia2-04/ewa.htm, 28.4.2005.

Combahee River Collective (1983): A Black Feminist Statement. In: Anzaldúa, Gloria/ Moraga, Cherríe (Hg.): This Bridge Called my Back. Writings By Radical Women of Color. New York: Persephone, 210-218.

DAWN (1985): Development, Crisis, and Alternative Visions. Third World Women's Perspectives. Stavanger: o.V.

DAWN (1995): Securing Our Gains and Moving Forward to the 21st Century: A Position Paper for the Fourth World Conference on Women, Beijing, September 1995. Barbados: o.V.

DAWN (2002a): Addressing the World Social Forum. A DAWN Supplement. Globalization and Fundamentalism: A genderscape. http://www.dawn.org.fj/publications/docs/wsfsupp02.doc, 28.4.2005.

DAWN (2002b): Genderscapes in Paradoxical Times and Spaces. In: DAWN Informs Newsletter, (Nov.). http://www.dawn.org.fj/global/globalisation/linkagesproject/institute2003/prelimreaderdocs/genderscapesDInov02.doc, 28.4.2005.

Escobar, Arturo (1995): Encountering Development. The Making and Unmaking of the Third World. Princeton: Princeton University Press.

Ferguson, James (1994): The Anti-Politics-Machine. „Development", Depoliticization, and Bureaucratic Power in Lesotho. Minneapolis/London: University of Minnesota Press.

Frey, Regina (2003): Gender im Mainstream. Geschlechtertheorie und –praxis im internationalen Diskurs. Königstein/Taunus: Helmer.

Garber, Marjorie (1993): Vested Interests. Cross-Dressing and Cultural Anxiety. London: Perennial.

Gildemeister, Regine /Wetterer, Angelika (1992): Wie Geschlechter gemacht werden. Die soziale Konstruktion der Zweigeschlechtlichkeit und ihre Reifizierung in der Frauenforschung. In: Knapp, Gudrun-Axeli/Wetterer, Angelika (Hg.): Traditionen Brüche. Entwicklungen feministischer Theorie. Freiburg i.Br.: Kore, 201-254.

Hacker, Hanna (2001): „Leg dich nicht mit uns an". Feministischer Widerstand gegen Gender Mainstreaming. In: Die Bunte Zeitung 2001(3), 16-18.

Hacker, Hanna (2002): Development Speak Speak Development. Gibt es eine feministische Kritik der EZA? In: Frauensolidarität 2002(1), 9-11.

Hacker, Hanna (2003): Über Sex und Unter Entwicklung. Transnationale lesbische Interventionen. In: Ihrsinn, 13(27), 59-68.

Hacker, Hanna (2005): Nicht Weiß Weiß Nicht. Überschneidungen zwischen Critical Whiteness Studies und feministischer Theorie. In: L'Homme 16(2) [in Vorbereitung].

Harcourt, Wendy (Hg., 1994): Feminist Perspectives on Sustainable Development. London/New Jersey/ Rome: Zed Books.

Herdt, Gilbert (1994): Third Sex, Third Gender. Beyond Sexual Dimorphism in Culture and History. New York: Zone Books.

Hirschauer, Stefan (1993): Die soziale Konstruktion der Transsexualität. Über die Medizin und den Geschlechtswechsel. Frankfurt/M.: Suhrkamp.

hooks, bell (1982): Ain't I a Woman? Black Women and Feminism. London: South End Press.

IDS (2000): Queering Development. Challenging Dominant Models of Sexuality in Development. Spring and Summer 2000 Seminar Series. http://www.ids.ac.uk/ids/pvty/qd/qd2000.html, 28.4.2005.

Jagose, Annamarie (1996): Queer Theory. An Introduction. Victoria: New York University Press.

Jolly, Susie (2002): Gender and Cultural Change. Overview Report. http://www.bridge.ids.ac.uk/reports/CEP-culture-report.pdf, 25.7.2005.

Marchand, Marianne H./Parpart, Jane (Hg., 1995): Feminism, Postmodernism, Development. New York/London: Routledge.

Minh-Hà, Trinh T. (1989): Woman Native Other. Writing Post-coloniality and Feminism. Bloomington/Indianapolis: Indiana University Press.

Mohanty, Chandra Talpade (1991): Under Western Eyes. Feminist Scholarship and Colonial Discourses. In: Dies./Russo, Ann/Torres, Lourdes (Hg.): Third World Women and the Politics of Feminism. Bloomington/Indianapolis: Indiana University Press, 51-80.

Moser, Caroline O. N. (1993): Gender Planning and Development. Theory, Practice and Training. London: Routledge.

Nzegwu, Nkiru (2001): Gender Equality in a Dual-Sex System: The Case of Onitsha. In: Jenda. A Journal of Culture and African Women Studies 1(1). http://www.jendajournal.com/vol1.1/nzegwu.html, 28.4.2005.

Oyewumi, Oyeronke (1997): The Invention of Women. Making an African Sense of Western Gender Discourses. Minneapolis/London: University of Minnesota Press.

Rahnema, Majid/Bawtree, Victoria (Hg., 1997): The Post-Development Reader. London: Zed Books.

Rogoff, Irit (2000): Terra Infirma. Geography's Visual Culture. London/New York: Routledge.

Rubin, Gayle (1975): The Traffic in Women. Notes on the „Political Economy" of Sex. In: Reiter, Rayna (Hg.): Toward an Anthropology of Women. New York: Monthly Review Press, 157-210.

Sachs, Wolfgang (Hg., 1992): The Development Dictionary. A Guide to Knowledge as Power. London: St. Martin's Press.

Saunders, Kriemhild (Hg., 2002): Feminist Post-Development Thought. Rethinking Modernity, Post-Colonialism and Representation. London/New York: Zed Books.

Schröter, Susanne (2002): FeMale. Über Grenzverläufe zwischen den Geschlechtern. Frankfurt: Fischer.

Shiva, Vandana (1988): Staying Alive. Women, Ecology and Development. London: Zed Books.

Smith, Barbara (1977): Toward a Black Feminist Criticism. In: Hull, Gloria T./Scott, Patricia Bell/Smith, Barbara (Hg.): All the Women Are White, All the Blacks are Men, But Some of Us Are Brave. Black Women's Studies. New York: Feminist Press, 157-175.

Spivak, Gayatri Chakravorty (1988): Can the Subaltern Speak? In: Nelson, Cary/Lawrence Grossberg (Hg.): Marxism and the Interpretation of Culture. Urbana/Chicago: University of Illinois Press, 271-313.

Walker, Alice (1983): In Search of Our Mother's Gardens. Womanist Prose. San Diego: Harcourt.

Werlhof, Claudia von/Mies, Maria/Bennholdt-Thomsen, Veronika (1983): Frauen, die letzte Kolonie. Reinbek: Rowohlt.

West, Candace/Zimmerman, Don H. (1991): Doing Gender. In: Lorber, Judith/Farrell, Susan A. (Hg.): The Social Construction of Gender. Newbury Park: SAGE Publications, 13-27.

Williams, Suzanne/Seed, Janet/Mwau, Adelina (1994): The Oxfam Gender Training Manual. Oxford: Oxfam.

[1]   *Development* (für „Entwicklung", „Entwicklungszusammenarbeit", „Entwicklungspolitik") ist in den Theorieansätzen, auf die ich mich beziehe, ein gängiger Fachterminus geworden. Ich deutsche ihn daher im Folgenden zumeist nicht ein.

GABRIELE RASULY-PALECZEK
Zur Vielfalt von Familien und Haushalten

„Familie" und „Haushalt" zählen zu den zentralen Untersu-
chungsfeldern einer Reihe sozialwissenschaftlicher Disziplinen,
insbesondere der Soziologie, der Demographie, der Wirtschafts-
und Sozialgeschichte sowie der Kultur- und Sozialanthropologie
(Hammel/ Laslett 1974; Meillassoux 1976; Wilk 1989; Goody
1976, 1990; Kandiyoti 1985; Mitterauer 1990; Smith/ Wallerstein
et al. 1992; Parkin/Stone 2004).

Im Folgenden möchte ich vom Blickpunkt der Kultur- und Sozialanthropologie aus eine Darstellung der Thematik vornehmen.
Im Vordergrund wird dabei die Beschäftigung mit verschiedenen
Familien- und Haushaltsformen stehen. Außerdem sollen die Begriffe „Familie", „Haushalt" und „häusliche Gruppe" und einige
damit in Zusammenhang stehende konzeptuelle Vorstellungen
erläutert werden. Dies ist erforderlich um zumindest ansatzweise
auf jene Probleme hinzuweisen, die sich bei der Verortung von
Familie und Haushalt im gesamtgesellschaftlichen Kontext stellen.
In besonderer Weise trifft dies für die sogenannte „Dritte Welt"
zu. Familie und Haushalt repräsentieren hier keine isolierten Einheiten, wie dies oft für die Industriestaaten postuliert wird (vgl.
Kandiyoti 1985), sondern sind nach wie vor in größere soziale Zu-
sammenhänge eingebettet (z.B. als Teile patri- oder matrilinearer
Abstammungsgruppen). Daraus resultiert eine große Vielfalt sozialer, politischer und ökonomischer Organisationsformen, die einen
unmittelbaren Einfluss auf Funktion und Struktur von Familie und
Haushalt sowie auf die Interaktion ihrer Mitglieder nach innen und
nach außen ausüben. Hier sind es oft größere Verwandtschaftsgrup-
pen (z.B. Stammesverbände, Lokalgruppen) die gesellschaftliche
Funktionen (z.B. den Zugang zu den Ressourcen, Sozialisation der
Nachkommenschaft) übernehmen, welche in den Industriestaa-

ten meist der Familie bzw. dem Haushalt zugeschrieben werden. Darüber hinaus bestehen meist große Divergenzen in Bezug auf die Stellung, die das Individuum innerhalb der Familie bzw. des Haushaltes einnimmt und die Aufgaben, die es zu erfüllen hat. Alter und Geschlecht, aber auch die verwandtschaftlichen Beziehungen selbst können dabei essentielle Faktoren der Zuschreibung sein. Die gilt z.B. für den Bruder der Mutter (in der Sozialanthropologie als „Avunculus" bezeichnet), der in zahlreichen matrilinearen Gesellschaften viele Aufgaben erfüllt, die anderswo dem Ehemann und Vater zukommen (vgl. Gough 1959; Gough/Schneider 1961; Keesing 1975: 64-73).

Insbesondere die Sozialanthropologie befasst sich mit all diesen Aspekten und versucht ihnen im Rahmen ihrer konzeptuellen Überlegungen und Klassifikationsversuche gerecht zu werden (Goody 1976). Exemplarisch sei hier auf die Differenzierung der „Mehrgenerationen-Familie" in eine Reihe von Subvarianten (siehe unten) verwiesen um den mit den jeweiligen Abstammungs-, Heirats- und Residenzregeln korrespondierenden Besonderheiten Rechnung zu tragen. Dem Themenkomplex „Familie" bzw. „Haushalt" kommt auch in der sozialanthropologischen Theoriebildung eine essentielle Bedeutung zu. Verwiesen sei hier z.B. auf die Debatte rund um die Geschlechterbeziehungen (vgl. Stone 1997; Collier et al. 1997; Parkin/Stone 2004; Yanagisako/Collier 2004) sowie auf die Entwicklung der Theorie der „häuslichen Produktionsweise" (Wolf 1966; Sahlins 1974; Wilk 1989). Die Hauswirtschaft wurde dabei häufig als eine vom Kapitalismus zu differenzierende Produktionsweise mit eigenen Gesetzmäßigkeiten dargestellt oder als eine durch die Ausbreitung des Kapitalismus marginalisierte Gesellschafts- und Wirtschaftsform beschrieben, der u.a die Aufgabe zukommt, billige, jederzeit abrufbare Arbeitskräfte zur Verfügung zu stellen (Meillassoux 1976).

Zu den Begriffen Familie und Haushalt

Obwohl „Familie" und „Haushalt" seit langer Zeit zu den Schlüsselbegriffen der Sozialwissenschaften gehören gibt es weder eine allgemein gültige Definition noch besteht Konsens über ihre Bedeutung. Vielmehr werden sie häufig sehr unpräzise, oft sogar als Synonyme für einander verwendet. Ausgehend von der bisweilen recht ungenauen alltäglichen Verwendung in der euro-amerikanischen Kultur inkludiert der Begriff eine Vielzahl unterschiedlicher Beziehungen und Bedeutungen. Zudem ist sowohl der alltägliche wie der wissenschaftliche Diskurs um das Konzept der Familie politisch und ideologisch durchtränkt mit einer Vielzahl politisch und kulturell wettstreitender Vorstellungen über die Art und Weise, wie und mit wem Leute ihr Leben führen sollen (Pine 1996: 223).

Der Begriff Familie

Eine besonders heftige Kontroverse gab und gibt es in Bezug auf den Begriff „Familie". Entsprechend den jeweiligen theoretischen Positionen wurde bzw. werden unterschiedliche Aspekte akzentuiert (z.B. universelle Verbreitung der Kernfamilie, auf biologischen Unterschieden basierende Arbeitsteilung der Geschlechter; Seymour-Smith 1986: 110).

Insgesamt diente in der Sozialanthropologie bis in die jüngste Zeit häufig das Modell der Kernfamilie als Grundlage für die Definition des Begriffs Familie, wie dies der nachstehende Eintrag aus dem *Wörterbuch der Völkerkunde* illustriert: „Familie, das Geflecht von Beziehungen, die zwischen Eltern und Kindern bestehen. Die F. in diesem Sinne wird auch Kernfamilie oder Kleinfamilie genannt" (Müller 1988a: 145).

Diese implizite bzw. explizite Gleichsetzung von Familie und Kernfamilie geht im Wesentlichen auf Murdock (1949) zurück, dessen Annahmen rund um den Komplex Familie und Verwandtschaft lange Zeit einen dominierenden Einfluss in der Sozialanthropologie hatten – sowohl was die Definition des Begriffs Familie wie auch was die Klassifikation der verschiedenen Familienformen anbelangt – und daher im folgenden kurz vorgelegt werden sollen.

Für Murdock (1949: 2f.) stellte die Kernfamilie eine universelle Form der menschlichen Gruppenbildung dar, die entweder als selbständige Entität oder als Grundeinheit größerer und komplexerer Familienformen existiert. Der Kernfamilie selbst schrieb er vier wesentliche, untrennbar miteinander verbundene Funktionen zu, nämlich sexuelle, ökonomische, reproduktive und Erziehungsfunktion (Murdock 1949: 2f. und 10). Weiters postulierte Murdock (1949: 7f.), dass die Kernfamilie durch eine spezifische interne Arbeitsteilung charakterisiert sei, die im Wesentlichen auf den biologischen Unterschieden zwischen Mann und Frau basiert (Diese Annahme Murdocks ist vor allem von Seiten der feministischen Anthropologie scharf kritisiert worden, vgl. Stone 1997; Yanagisako/Collier 2004). Außerdem behauptete er, dass die sozialen Beziehungen innerhalb der Kernfamilie trotz kultureller Unterschiede in ihrem Kern große Ähnlichkeiten aufweisen, es somit jeweils ganz spezielle Beziehungen zwischen den einzelnen Familienmitgliedern (z.B. zwischen Vater und Mutter, Bruder und Schwester etc.) gäbe, entlang derer das Autoritätsgefüge variieren würde (Murdock 1949: 3f., 93f.). Aufgrund ihrer großen funktionalen Bedeutung betrachtete Murdock (1949: 1f., 92) die Kernfamilie als die nützlichste Gruppe, die der Mensch je ersonnen hatte. Sie stellte daher für ihn, aber auch für zahlreiche andere SozialanthropologInnen (z.B. Schusky 1965: 5), eine Art Grundeinheit der Verwandtschaftsorganisation überhaupt dar. Zahlreiche der genannten Annahmen werden in der Sozialanthropologie heute infrage gestellt. U.a. wird auf die große Vielfalt unterschiedlicher Faktoren verwiesen, die Verwandtschaft und Elternschaft konstituieren (vgl. Fox 1967: 33; Holy 1996: 10f.).

GABRIELE RASULY-PALECZEK

Eine Reihe ethnographischer Fallstudien, v.a. zu matrilinearen Gesellschaften (Gough 1959; Gough/Schneider 1961) ließ jedoch zunehmend Zweifel an Murdocks Universalität der Kernfamilie und der von ihr ausgefüllten Funktionen aufkommen. Besonders illustrativ ist hier das Beispiel der Nayar, einer matrilinearen Gesellschaft Südindiens, in der kein direkter Zusammenhang zwischen der Heirat und der Zeugung von Nachkommen besteht und mehrere von Murdock der Kernfamilie zugeschriebene Funktionen von den Frauen, ihren Geschwistern und anderen Verwandten übernommen werden (vgl. Gough 1959).

Die Tatsache, dass in zahlreichen Gesellschaften der biologische Erzeuger und der „soziale Vater" oft nicht ident sind (wie etwa im Fall der Nayar) führte dazu, dass einzelne SozialanthropologInnen nun die Beziehung zwischen Mutter-Kind/Kindern (oft als *Mother-Child-Dyad* bezeichnet) als die grundlegendste Einheit der Kernfamilie betrachteten (Fox 1967: 37; Goodenough 1970, Fortes 1971). Die Vaterschaft und andere Verwandtschaftsbeziehungen, so folgerten z.B. Fortes und Goodenough, waren eher sozial als offensichtlich biologisch fundiert und konnten in den verschiedenen Kulturen auf sehr unterschiedliche Weise organisiert sein. Um diesem Aspekt Rechnung zu tragen wird in der Sozialanthropologie zwischen dem tatsächlichen biologischen (*genitor*) und dem rechtlichen bzw. sozialen Vater (*pater*) sowie zwischen der tatsächlichen biologischen Mutter (*genetrix*) und der rechtlichen/sozialen Mutter (*mater*) eines Individuums unterschieden. (Fox 1967: 34, Barnard/Spencer 1996: 606f., 616). Die ebenfalls eingeführten Begriffe „*matrifocal*" und „*female centered*" bzw. „*patrifocal*" und „*male centered*" verweisen hingegen auf die besondere Bedeutung der Mutter bzw. des Vaters in einer spezifischen Gesellschaft (Seymour-Smith 1986: 184, 218; Barnard/Spencer 1996: 612).

Fortes (1971) war es auch, der einen der nachhaltigsten Einflüsse auf die Konzeptualisierung von Familie und Haushalt abseits von Murdock hatte (Pine 1996: 224). Er nahm eine Differenzie-

rung zwischen der „Familie" und der „häuslichen Gruppe" vor
und erkannte, dass letztere einem Entwicklungszyklus unterliegt,
d.h. dass sich die Zusammensetzung der „häuslichen Gruppe"
verändert. Durch Heiraten und Geburten von Kindern expan-
diert sie, während sie sich durch den Tod und die Abspaltung von
Mitgliedern verkleinert. Außerdem unterschied Fortes zwischen
dem „häuslichen" und dem „juridisch-politischen" Bereich. Der
häusliche Bereich war seiner Meinung verbunden mit der *Mother-
Child-Dyad* oder der *Matricentral Cell*, der juridisch-politische Bereich hingegen mit größeren, stärker instrumentalen sozialen und
ökonomischen Beziehungen des Haushalts, die von den Männern
dominiert wurden. Dem Ehemann-Vater kommt laut Fortes dabei
eine wichtige Verbindungsfunktion zwischen den beiden Bereichen
zu (Pine 1996: 224). Diese Differenzierung in häuslichen Bereich =
weiblich und juridisch-politischer Bereich = männlich, ist v.a. von
Seiten feministischer Anthropologinnen heftig kritisiert worden
(vgl. z.B. Seymour-Smith 1996: 81; Yanagisako/Collier 2004).

Der Begriff Haushalt

Wie der Terminus „Familie", so ist auch der Begriff „Haushalt"
sehr unpräzise und wurde bzw. wird für eine Vielzahl unterschiedlicher Konstellationen verwendet. In der Sozialanthropologie wird
der Haushalt im Allgemeinen folgendermaßen definiert. „Haushalt, minimale Residenzeinheit, die wichtige kulturelle Funktionen
wahrnimmt. In wirtschaftlicher Hinsicht ist der Haushalt stets
Einheit der Konsumption und Reproduktion, in nichtindustriel-
len Gesellschaften aber auch vieler Bereiche der Produktion. [...]
Die soziale Zusammensetzung des Haushalts [ist] abhängig von
den Formen der Heirat, der Residenz, der Familie und damit des
Verwandtschaftssystems. Der Haushalt nimmt im Alltag des Wirt-
schaftslebens eine zentrale Stellung ein, ohne deshalb autark zu sein.
Er ist durch Verwandtschaft, Arbeitsteilung, Reziprozität und even-

tuell Abgaben mit den Strukturen, die die Gesamtgesellschaft prägen, verbunden und von ihnen abhängig. Von diesen her ist auch bestimmt, inwieweit der H. selbst über die Mittel der Produktion verfügt" (Gingrich 1988: 206).

Die vorgelegte Definition von Haushalt verdeutlicht somit, dass sich viele Funktionen des Haushalts mit jenen oft der Familie zugeschriebenen decken. Dies und der Umstand, dass es in zahlreichen Gesellschaften diverse Familienkonstellationen sind, die einen Haushalt konstituieren und die genannten Funktionen ausfüllen, führt dazu, dass beide Begriffe oft synonym verwendet werden (Seymour-Smith 1986: 81, 110f; Sanjek 1996: 285ff.). Diese Gleichsetzung von Haushalt bzw. häuslicher Gruppe und Familie fand auch Eingang in die verschiedenen Klassifizierungsversuche von Familie und Haushalt (siehe unten).

Die beiden Termini – Haushalt und Familie – sollten jedoch analytisch differenziert verwendet werden, wie Seymour-Smith (1986: 110) betont, die darauf verweist, dass das Wesentlichste der Familie die Verwandtschaftsbeziehungen seien (z.B. die Beziehung zwischen Mutter und Kind/Kindern bzw. Eltern und Kindern), während das Wesentlichste des Haushalts die häuslichen Aktivitäten seien. In der ethnographischen Literatur ist es, wie Vivelo (1981: 246f.) konstatiert, jedoch oft schwierig, wenn nicht überhaupt unmöglich, eine derartige Differenzierung vorzunehmen.

Familienformen und Haushaltsformen

Nach diesen allgemeinen Ausführungen möchte ich nun etwas detaillierter auf die einzelnen Familien- und Haushaltsformen eingehen. Im Vordergrund wird dabei die Darstellung diverser Familienformen stehen, zumal Familie und Haushalt, was ihre personelle Zusammensetzung anbelangt, oft ident sind bzw. es verschiedene Familienkonstellationen sind, die den Kern eines bestimmten

Haushaltstypus konstituieren (vgl. z.B. die Klassifikation nach Hammel/Laslett 1974, siehe unten).

Ausgehend von der Gruppenzusammensetzung auf der Basis der gemeinsamen Residenz werden üblicherweise die folgenden Familienformen unterschieden (Müller 1988a: 146; Murdock 1949):

- Kernfamilien;
- verschiedene Formen der erweiterten bzw. der zusammengesetzten Familien;
- unvollständige, fragmentierte Familien.

All diesen Familienformen liegt somit trotz der oben genannten Kritik meist die von Murdock formulierte Konzeptualisierung der Kernfamilie zugrunde. Dies bedeutet, dass die nun darzustellenden Formen erweiterter Familienverbände als horizontale oder vertikale Extensionen der Kernfamilien-Beziehungen gedacht werden. Im Gegensatz zu den sonstigen Sozialwissenschaften, die meist nur eine grobe Unterscheidung in Kernfamilie und erweiterte Familie vornehmen, erfolgt in der Sozialanthropologie eine sehr stark verfeinerte Differenzierung der verschiedenen Familienformen (v.a. der erweiterten Familie) um der großen Vielfalt divergierender Familienkonstellationen zumindest annähernd gerecht zu werden (Murdock 1949: 32, 226; Seymour-Smith 1986: 108; Rasuly-Paleczek 1996).

Anzumerken ist in Zusammenhang mit der oben genannten Klassifizierung der Familienformen, dass diese Fokussierung auf die gemeinsame Residenz laut Goody (1976) wenig aussagekräftig ist und in die Irre führen kann, zumal die gemeinsame Residenz allein noch keine Auskunft über die Funktion der Familie und die Interaktionen zwischen den einzelnen Familienmitgliedern gibt. Viel essentieller ist in den Augen von Goody daher die Untersuchung der Familienbeziehungen selbst sowie jener ökonomischen und sozialen Faktoren, welche die Organisation der Familie beeinflussen.

GABRIELE RASULY-PALECZEK

Die Kernfamilie

Unter Kernfamilie (Nuklearfamilie oder Konjugalfamilie) versteht man ganz allgemein eine Familienkonstellation, die aus einem Elternpaar und seinen abhängigen Kindern besteht (Keesing 1975: 150; Panoff/Perrin 1982: 161; Müller 1988a: 145; Barnard/Spencer 1996: 615).

Wie eingangs bereits angemerkt wurde ist diese Definition der Kernfamilie stark von Murdock beeinflusst und zudem am Modell der euro-amerikanischen Familie orientiert, in welchem insbesondere dem Aspekt der biologischen Reproduktion und der ehelichen Verbindung große Bedeutung beigemessen wurde. Ein illustratives Beispiel dafür ist z.B. die von Schmitz (1964: 33) stammende Definition der Kernfamilie: „Unter Kernfamilie wird jene Gruppe verstanden, die aus dem echten Vater, der echten Mutter und deren echten Kindern besteht." Diese Konzeptualisierung der Kernfamilie ist mittlerweile – insbesondere was ihre angebliche Universalität, aber auch was die ursprüngliche Fokussierung auf die biologische Elternschaft betrifft – stark kritisiert worden. Dennoch wirken, wenn auch in differenzierterer Weise als früher – sowohl bei der Definierung wie auch bei der Charakterisierung der Kernfamilie und ihrer Funktionen – die früheren Grundannahmen nach. In Anlehnung an Murdocks Definition und Funktionszuschreibung wird die Kernfamilie daher meist als eine Residenz- und Wirtschaftseinheit charakterisiert, die zugleich die erste Sozialisationsinstitution für die Kleinkinder und die primäre Einheit für die religiösen Belange darstellt (Schmitz 1964: 33f.).

Erweiterte und zusammengesetzte Familien

Insgesamt gibt es eine große Variationsbreite unterschiedlichster Formen der erweiterten Familie. Im Deutschen wird dafür eine Reihe von Begriffen verwendet, u.a. wird von „erweiterten Familien", „zusammengesetzten Familien", „Großfamilien", „Mehrgenerationenfamilien" und „Stammfamilien" gesprochen (Müller 1999: 121). Erweiterte Familien ergeben sich sowohl horizontal durch Mehrfachheiraten oder durch Verknüpfungen der Kernfamilien von Geschwistern als auch vertikal durch eine die Generationen übergreifende Extension der Eltern-Kind/Kinder-Beziehungen. Auf der Basis dieser Differenzierung können drei Hauptformen erweiterter Familien unterschieden werden, nämlich: „polygame erweiterte Familien", mehrere Generationen umfassende „erweiterte Familien" oder „Mehrgenerationenfamilien" (d.h. „erweiterte Familien im engeren Sinne") und „zusammengesetzte Familien" („zusammengesetzte Familien im engeren Sinn"). Alle drei Hauptformen können ihrerseits wieder in eine Vielzahl unterschiedlicher Subtypen untergliedert werden (vgl. z.B. Schmitz 1964: 35; Vivelo 1981: 249ff.).

Polygame erweiterte Familienformen

Bei der polygamen erweiterten Familie handelt es sich um eine Familienform, die auf die Mehrfachheirat eines der beiden Elternteile zurückzuführen ist. Entsprechend der Art der polygamen Heirat (Polygynie = Heirat mit mehreren Frauen und Polyandrie = Heirat mit mehreren Männern) können zwei Subtypen, nämlich die polygyne und die polyandrische erweiterte Familie unterschieden werden.

Eine polygyne erweiterte Familie liegt dann vor, wenn ein Mann, seine Ehegattinnen und die aus diesen Beziehungen entspringenden Kinder eine gemeinsame Residenz-, Produktions- und

Konsumptionseinheit darstellen. Was die interne Organisation dieser polygynen erweiterten Familien angelangt so besteht oft eine recht große Variationsbreite. In einzelnen Gesellschaften (z.B. im Nahen Osten oder in Teilen Zentralasiens) kommt der ersten Ehegattin eine herausgehobene Stellung zu. Diese wird oft als „Hauptfrau" bezeichnet. Ihr sind alle weiteren Ehegattinnen, die in der Literatur oft als „Mitfrauen" oder „Ko-Frauen" tituliert werden, untergeordnet (Schmitz 1964: 35; Panoff/Perrin 1982: 208).

Eine polyandrische erweiterte Familie umfasst eine Frau, ihre Ehemänner und die Kinder aus diesen ehelichen Beziehungen (Vivelo 1981: 250). Im Gegensatz zur Polygynie, die sehr weit verbreitet ist, kommt die Polyandrie relativ selten vor. Belegt ist sie u.a. für einige wenige Gesellschaften in SW-Indien und Tibet (Panoff/Perrin 1982: 243). Bei der Polyandrie können ebenfalls verschiedene Formen unterschieden werden, nämlich die Heirat einer Frau mit nicht-verwandten Männern sowie die Heirat einer Frau mit zwei oder mehreren Brüdern. Diese letzte Variante wird auch als adelphische oder fraternale Polyandrie bezeichnet (Vivelo 1981: 237; Panoff/Perrin 1982: 21).

Erweiterte Familien im engeren Sinn (die „Mehrgenerationenfamilien")

Eine erweiterte Familie im engeren Sinn ist dann gegeben, wenn mehrere Kernfamilien durch eine vertikale Extension der Eltern-Kind/Kinder-Beziehung miteinander verbunden sind und eine gemeinsame Residenz-, Produktions- und Konsumptionseinheit bilden (Schmitz 1964: 36). Derartige mehrere Generationen umfassende erweiterte Familien stellten zumindest bis in die jüngste Vergangenheit eine der häufigste Familienkonstellation in den außereuropäischen Gesellschaften dar bzw. repräsentieren – selbst wenn sie in der Realität nicht mehr oder kaum mehr üblich sind

– oft die „Idealkonstellation" der Familie schlechthin (Rasuly-Paleczek 1996: 13f.).

Auch im Fall der „Mehrgenerationen-Familien" gibt es eine große Bandbreite unterschiedlichster Konstellationen, die oft in einem engen Konnex mit den in der jeweiligen Gesellschaft geltenden Abstammungs- und Residenzregeln stehen, wobei zwischen den beiden letzteren ebenfalls eine enge Verbindung bestehen kann. Als Differenzierungskriterium für die verschiedenen Typen der Mehrgenerationen-Familien werden in der Sozialanthropologie meist die mit der Heirat verbundenen Residenzregeln herangezogen und die folgenden Subtypen unterschieden: patrilokal erweiterte Familie, matrilokal erweiterte Familie, avunkulokal erweiterte Familie (Schmitz 1964: 37f.).

In patrilokal erweiterten Familien bleiben die Söhne beim Vater wohnen, während die Töchter anlässlich ihrer Verheiratung den Familienverband der Eltern verlassen und zu Ehemann und Schwiegervater ziehen (Schmitz 1964: 36). Eine patrilokal erweiterte Familie besteht somit aus einem Mann, seiner Ehefrau (bzw. dort wo Polygynie praktiziert wird, seinen Ehefrauen), den verheirateten Söhnen mit ihren Ehefrauen und Kindern sowie allen noch nicht verheirateten Kindern. (Vivelo 1981: 251). All diese Personen bilden eine gemeinsame Residenz-, Produktions- und Konsumptionseinheit. Diese Familienkonstellation korrespondiert meist mit einer patrilinearen Deszendenzordnung.

Im Falle der matrilokalen erweiterten Familie, die häufig in Gesellschaften mit matrilinearer Deszendenz vorkommt, residieren die verheirateten Töchter bei der Mutter, während die Söhne bei ihrer Verehelichung die Familieneinheit der Mutter verlassen und zu ihren Ehegattinnen ziehen (Schmitz 1964: 36f.). Eine matrilokal erweiterte Familie umfasst daher eine Frau, ihren Ehemann, ihre verheirateten Töchter, Schwiegersöhne und die Enkelkinder aus diesen Verbindungen sowie die eigenen noch unverheirateten Kinder (Vivelo 1981: 251). Ehemann und Schwiegersöhne sind

GABRIELE RASULY-PALECZEK

hier allerdings nur partiell präsent, da sie einen Teil ihrer Zeit im Familienverband ihrer Mutter und Schwester verbringen um sich um deren Nachkommenschaft zu kümmern.

Die komplexeste Form erweiterter Familien ist die avunculokale Variante, die oft in jenen matrilinearen Gesellschaften anzutreffen ist, wo die Männer eine stärkere Kontrollfunktion über die Angelegenheiten der matrilinearen Verwandtschaftsgruppe ausüben und wo dem *Avunculus* (dem Mutter-Bruder des Ehemanns) eine bedeutende Rolle zukommt. Im Fall der *avunculokal* erweiterten Familie zieht das neu verheiratete Paar zum *Avunculus*. Damit entsteht eine erweiterte Familie, die neben diesem Paar und seinen Kindern auch den *Avunculus* einschließt (vgl. Vivelo 1981: 251). Eine derartige erweiterte Familie kann jedoch nur drei Generationen lang bestehen, da die Kinder der beim Avunculus wohnenden Familie anlässlich ihrer eigenen Verheiratung aus dieser Wohngemeinschaft wieder fortziehen (vgl. Schmitz 1964: 37; Keesing 1975: 69ff.).

Die Großfamilie

Der Begriff „Großfamilie" wird meist sehr undifferenziert gebraucht. Im Allgemeinen wird darunter eine gemeinsam residierende Mehrgenerationen-Familie verstanden (Müller 1988b: 192). So charakterisiert entspricht die „Großfamilie" der oben skizzierten Form der „Mehrgenerationenfamilien". Implizit oder explizit ist mit dem Begriff Großfamilie oft auch die Vorstellung verbunden, dass hier der älteste Mann (Patriarch) bzw. in matrilinearen Systemen die älteste Frau (Matrone) eine dominierende Position innerhalb des Familienverbandes einnimmt, die Ressourcen desselben kontrolliert und seinen Zusammenhalt gewährleistet (Müller 1988a: 145f.). Mit dem Tod des Patriarchen bzw. der Matrone löst sich die Großfamilie üblicherweise auf (Müller 1988b: 192).

Die „vorübergehend erweiterte Familie"

Der Begriff „vorübergehend erweiterte Familie" bezieht sich auf eine Familienform, die neben einer Kernfamilie auch noch andere nahe Verwandte, z.B. einen verwitweten Elternteil und/oder unverheiratete Geschwister eines der beiden Ehegatten einschließt. Eine derartige Familienkonstellation ergibt sich aus der in vielen Gesellschaften üblichen Verpflichtung der jüngeren Generationen sich um alleinstehende Familienmitglieder, z.B. alte Eltern oder minderjährige Geschwister, zu kümmern. Insgesamt handelt es sich bei dieser Familienform um eine relativ rezente Erscheinung, die eng gekoppelt ist an aktuelle sozio-ökonomische Veränderungsprozesse. Während es in der Vergangenheit meist erst mit dem Tod der Seniorengeneration zur Auflösung der Mehrgenerationenfamilie kam, geht diese heute oft in Folge von Migration oder unlösbaren familieninternen Konflikten (z.B. zwischen Vater und Sohn, Schwiegermutter und Schwiegertochter) wesentlich früher von statten (Rasuly-Paleczek 1996: 16ff.). Die Kinder leben sodann über eine längere Periode in einer eigenen Kernfamilieneinheit, in die sie zu einem späteren Zeitpunkt den Versorgungsverpflichtungen entsprechend nahe Verwandte (z.B. den verwitweten Vater) aufnehmen. Die „vorübergehend erweiterte Familie" weicht auch in Bezug auf die intra-familiären Beziehungen von der traditionellen Mehrgenerationenfamilie ab. Hier sind es nicht die Senioren, die als Familienoberhäupter fungieren, sondern die im Erwerbsleben stehenden Söhne oder Schwiegersöhne, die als solche agieren. Im Gegensatz zur traditionellen Mehrgenerationenfamilie, in welcher die Verpflichtung für die alternden Eltern zu sorgen den Söhnen zukam, sind es im Fall der „vorübergehend erweiterte Familie" heute oft die Töchter und Schwiegersöhne, die diese Verpflichtung übernehmen, wie z.B. Studien zur Türkei belegen (vgl. Rasuly-Paleczek 1996: 3f., 8, 17 und 25, Fußnote 23).

Die unvollständige bzw. fragmentierte Familie

Eine unvollständige bzw. fragmentierte Familie liegt dann vor, wenn es sich um eine Familienkonstellation handelt, bei der einer der beiden Ehepartner in Folge von Scheidung oder Tod fehlt (vgl. Müller 1999: 121). Diese Familieneinheit kann auch unverheiratete Kinder inkludieren.

Haushaltsformen

Was die Kategorisierungsversuche der Haushaltsformen anbelangt so existieren ebenfalls eine ganze Reihe unterschiedlicher Typologisierungen. Eine der diesbezüglich besten Bemühungen stellt die von Hammel und Laslett (1974) vorgelegte Differenzierung in fünf hauptsächliche Haushaltstypen dar, die ihrerseits in weitere Subvarianten gegliedert sind und im folgenden kurz dargestellt werden soll (vgl. Sanjek 1996: 286):
- *Solidarities* sind einfache Haushalte. Weitere Subtypen dieser Haushaltskonstellation umfassen allein lebende, geschiedene oder verwitwete Personen.
- *Non Family Households* bestehen aus mehreren miteinander lebenden Verwandten, z.B. Geschwistern, Kusinen, einem Individuum und seinen Großeltern bzw. seinen Enkelkindern, oder nicht verwandten Personen, die sich eine Wohnung teilen.
- *Simple Family Households* umfassen ein verheiratetes Paar mit bzw. ohne Kindern oder einen AlleinerzieherInnenhaushalt.
- Bei den *Extended Family Households* handelt es sich um eine einfache Kernfamilie sowie andere im Haushalt lebende Verwandte, z.B. Geschwister oder Eltern des Ehemannes bzw. der Ehefrau.
- In *Multiple Family Households* leben zwei oder mehr einfache Familien zusammen (z.B. ein Ehepaar und zwei verheiratete

Söhne oder zwei geschiedene Schwestern bzw. verwitwete Ko-
Frauen und ihre Kinder)

Alle fünf Typen können zusätzlich noch andere Personen, z.B.
im Haushalt mit lebende Arbeitskräfte, Kostgänger, „Bettgeher", inkludieren, die alle als Mitglieder des Haushaltes mitgezählt werden
(Sanjek 1996: 286).

Eine andere häufig vorkommende Klassifizierungsform ist
die Differenzierung in *Simple Family Household, Multiple Family
Household, Extended Family Household* und *Fragmented Household*
(Rasuly-Paleczek 1996: 3 und 25, Fussnote 16).

Ergänzend sei an dieser Stelle darauf verwiesen, dass sich eine
Reihe von SozialanthropologInnen (z.B. Wolf 1966; Sahlins 1974;
Goody 1976) mit jenen Faktoren befassten, die Einfluss auf die
Form und Struktur des Haushalts haben. Insbesondere die Studien
von Goody (1976 und 1990) sind hier hervorzuheben. Er erkannte,
dass es einen unmittelbaren Zusammenhang zwischen den Wirt-
schaftsaktivitäten (z.B. Pflugbau bzw. Hackbau), den Vererbungs-
praktiken, den mit der Heirat verbundenen Gütertransaktionen
(Brautpreis, Mitgift) und den Abstammungsregeln gibt und dass all
diese Faktoren einen erheblichen Einfluss auf die jeweilige Organisation des Haushaltes und seine spezifische Ausformung haben.

Zusammenfassung

Zusammenfassend kann festgehalten werden, dass es trotz un-
zähliger Studien bislang weder gelungen ist, eine allgemein gültige
Definition der Begriffe Familie, Haushalt oder häusliche Gruppe zu
entwickeln, noch eine einheitliche Typologisierung der verschiedenen Familien- und Haushaltsformen vorzunehmen. Dies gilt insbesondere für den Begriff Familie, der in den letzten drei Jahrzehnten
einer starken Kritik, vor allem von Seiten der feministischen Sozialanthropologie, unterzogen wurde. Kritisiert wurde dabei in erster
Linie der eurozentrische und androzentrische Bias der „klassischen"

sozialanthropologischen Ansätze zur Familie (z.B. von Murdock). Umfangreiche Studien, vor allem von Seiten der feministischen Anthropologie zeigten jedoch, dass viele der Funktionen (z.B. sexuelle, reproduktive, sozialisatorische und ökonomische Funktion), die in den klassischen Konzeptualisierungen der Familie zugeschrieben wurden, nicht notwendigerweise und nicht überall mit der Familie verbunden sein müssen, sondern auch in anderen sozialen Kontexten stattfinden können, es also „die Familie" mit spezifischen Funktionen nicht gibt. Vielmehr existiert eine große Variationsbreite an Familienkonstellationen und sonstigen sozialen Beziehungen, die essentielle gesellschaftliche Funktionen wahrnehmen.

Als Resümee dieser Kritik fand in der sozialanthropologischen Auseinandersetzung eine Schwerpunktverlagerung statt und zwar „[...] from one meaning to a plurality of meanings 'families' have increasingly replaced 'the family' as an analytic concept, and the family itself, singular or plural, has come to be seen less and less as a 'natural' form of human social organization, and more and more as a culturally and historically specific symbol system, or ideology" (Pine 1996: 223). Ähnliches lässt sich auch in Bezug auf den Diskus rund um den Begriff Haushalt konstatieren.

Wesentlich essentieller als die Debatten rund um die Begriffsbestimmung von Familie und Haushalt sind jedoch die in jüngerer Zeit erneut vorangetriebenen Studien zur Rolle der Hauswirtschaft in der kapitalistischen Weltwirtschaft (vgl. Smith/Wallerstein et al. 1992; Wilk 1989). Erste Ansätze dazu stammen aus den 1960er und 1970er Jahren, als vor allem bäuerliche Haushalte untersucht wurden. Hervorzuheben sind hier insbesondere die Arbeiten von Meillassoux, der sich mit der Rolle der westafrikanischen Hauswirtschaft im Rahmen der Arbeitsmigration nach Frankreich befasste. Laut Meillassoux (1976) werden die bäuerlichen Haushalte der „Dritten Welt" in doppelter Weise durch die kapitalistischen Metropolen ausgebeutet. Zum einen trägt die Hauswirtschaft die Reproduktionskosten für die im kapitalistischen System tätigen

ArbeitsmigrantInnen und stellt quasi „fertige" Arbeitskräfte zur Verfügung. Zum anderen erfüllt die Hauswirtschaft die Rolle eines sozialen Auffangnetzes im Falle von Krankheit, Arbeitslosigkeit und altersbedingter Arbeitsunfähigkeit der ArbeitsmigrantInnen und entlastet damit die sozialen Versorgungssysteme in den kapitalistischen Metropolen.

Im Gegensatz zu den älteren sozialanthropologischen Studien, die sich vorzugsweise mit der Ausbeutung der bäuerlichen Haushalte durch den Kapitalismus und ihrer zunehmenden Marginalisierung und Zerstörung beschäftigten, konzentrieren sich neuere Arbeiten auf das Studium der Überlebensstrategien von Haushalten im Kontext der sich verschärfenden sozio-ökonomischen Probleme der „Dritten Welt", aber auch der post-sozialistischen Gesellschaften (vgl. Baykal in Druck; Koning et al. 2000; Verdery/Humphrey 2004; Clarke 1999). Diese Arbeiten verweisen auf die beträchtlichen Transformationsprozesse in den Familienbeziehungen und Haushaltskonstellationen. Gleichzeitig belegen sie die große Bedeutung, die ihnen angesichts fehlender sozialer Absicherungssysteme in vielen Staaten der „Dritten Welt" nach wie vor zukommt. Im Gegensatz zu den ModernisierungstheoretikerInnen, welche die Dominanz von Familien- und Verwandtschaftsbeziehungen als eines der Haupthindernisse für die Entwicklung ansahen und diese als statisch und dem Fortschritt entgegenstehend betrachteten illustrieren die rezenten Studien den dynamischen Charakter von Familie und Haushalt in der „Dritten Welt". Angesicht der sich rasant verändernden sozio-kulturellen und ökonomischen Rahmenbedingungen in einer sich immer schneller globalisierenden Welt reagieren die Betroffenen mit ganz neuen Formen der sozialen und ökonomischen Interaktion. Dabei werden auch ursprüngliche Formen der familiären und verwandtschaftlichen Solidarverpflichtungen – neben anderen Interaktionsformen – aufgegriffen, neu interpretiert und umgestaltet und so das Überleben gesichert.

Literatur

Barnard, Alan/Spencer, Jonathan (eds., 1996): Encyclopedia of Social and Cultural Anthropology. London, New York: Routledge.

Baykal, Asli (in Druck): Changing Family and Community Relations in Uzbekistan. In: Canfield, Robert L./Rasuly-Paleczek, Gabriele (Eds.): New Games in Central Asia, Great and Small. (erscheint im Frühjar 2006).

Clarke, Simon (1999): New forms of employment and household survival strategies in Russia. Coventry, UK : Centre for Comparative Labour Studies, University of Warwick.

Collier, Jane Fishburne/Rosaldo, Michelle Z./Yanagisako, Sylvia Junko (1997): Is There a Family? New Anthropological Views. In: Lancaster, Roger N./Di Leonardo, Micaela (eds.): The Gender/Sexuality Reader: Culture, History, Political Economy. New York: Routledge, 71-81.

Fortes, Meyer (1971): The Developmental Cycle in Domestic Groups. In: Goody, Jack (ed.): Kinship: Selected Readings. Harmondsworth: Pinguin Books.

Fox, Robin (1967): Kinship and Marriage. An Anthropological Perspective. Harmondsworth: Pinguin Books.

Gingrich, Andre (1988): Haushalt. In: Hirschberg, Walter (Hg.): Neues Wörterbuch der Völkerkunde. Berlin: Dietrich Reimer Verlag, 206.

Goodenough, Ward H. (1970): Description and Comparison in Cultural Anthropology. Chicago: Aldine Publishers.

Goody, Jack (1976): Production and Reproduction. A Comparative Study of the Domestic Domain. Cambridge, New York: Cambridge University Press.

Goody, Jack (1990): The Oriental, the Ancient and the Primitive. Systems of Marriage and the Family in the pre-Industrial

Societies of Eurasia. Cambridge (UK), New York: Cambridge University Press.

Gough, Kathleen (1959): The Nayars and the Definition of Marriage. In: Journal of the Royal Anthropological Institute 89, 23-34.

Gough, Kathleen/ Schneider, David (1961): Matrilineal Kinship. Berkeley and Los Angeles: University of California Press.

Hammel, Eugene A./ Laslett, Peter (1974): Comparing Household Structures over Time and Between Cultures. In: Comparative Studies in Society and History 16, 73-109.

Holy, Ladislaus (1996): Anthropological Perspectives on Kinship. London, Chicago: Pluto Press.

Kandiyoti, Deniz (1985): Changing Social Structure and the Family. Continuity and Change in the Family. A Comparative Approach. In: Erder, Türköz (ed.): Family in Turkish Society. Sociological and Legal Studies. Ankara: Turkish Social Science Association, 23- 43.

Keesing, Roger M. (1975): Kin Groups and Social Structure. New York: Holt, Rinehart & Winston.

Koning, Juliette/Nolten, Marleen/Rodenburg, Janet/Saptari, Ratna (eds., 2000): Women and Households in Indonesia: Cultural Notions and Social Practices. Richmond, Surrey: Curzon Press.

Meillassoux, Claude (1976): Die wilden Früchte der Frau. Über häusliche Produktion und kapitalistische Wirtschaft. Frankfurt am Main: Syndikat Verlag.

Mitterauer, Michael (1990): Historisch-Anthropologische Familienforschung. Fragestellungen und Zugangsweisen. Wien, Köln: Böhlau Verlag.

Müller, Ernst Wilhelm (1988a): Familie. In: Hirschberg Walter (Hg.): Neues Wörterbuch der Völkerkunde. Berlin: Dietrich Reimer Verlag; 145 – 146.

Müller, Ernst Wilhelm (1988b): Großfamilie. In: Hirschberg Walter (Hg.): Neues Wörterbuch der Völkerkunde. Berlin: Dietrich Reimer Verlag, 192.

Müller, Ernst Wilhelm (1999): Familie. In: Müller Ernst Wilhelm (Hg.): Wörterbuch der Völkerkunde begründet von W. Hirschberg. Berlin: Dietrich Reimer Verlag, 121.

Murdock, George P. (1949): Social Structure. New York: Macmillan Company.

Panoff, Michel/Perrin, Michel (1982): Taschenbuch der Ethnologie. Berlin: Dietrich Reimer Verlag.

Parkin, Robert/Stone, Linda (2004): Kinship and Family: an Anthropological Reader. Malden, Mass.: Blackwell Pub.

Pine, Frances (1996): Family. In: Barnard, Alan/Spencer. Jonathan (eds.): Encyclopedia of Social and Cultural Anthropology. London, New York: Routledge, 223 – 228.

Rasuly-Paleczek, Gabriele (1996): Some Remarks on the Study of Household Compositions and Intra-Family Relations in Rural and Urban Turkey. In: Gabriele Rasuly-Paleczek (ed.): Turkish Families In Transition. Frankfurt/Main, Berlin, Bern u.a: Peter Lang Publishers, 1-45.

Sahlins, Marshall D. (1974): Stone Age Economics. London: Tavistock Publications.

Sanjek, Roger (1996): Household. In: Barnard Alan and Spencer Jonathan (Eds.): Encyclopedia of Social and Cultural Anthropology. London, New York: Routledge, 285-287.

Schmitz, Carl August (1964): Grundformen der Verwandtschaft. Basel: Pharos-Verlag.

Schusky, Ernest L. (1965): Manuel for Kinship Analysis. New York: Holt, Rinehart & Winston.

Seymour-Smith, Charlotte (1986): Macmillan Dictionary of Anthropology. London, Basingstoke: Macmillan.

Smith, Joan/Wallerstein, Immanuel et al (1992): Creating and Transforming Households: the Constraints of the World-

Economy. Cambridge (UK), New York and Paris: Cambridge University Press und Éditions de la Maison des sciences de l 'homme.

Stone, Linda (1997): Kinship and Gender: an Introduction. Boulder, Colo.: Westview Press.

Verdery, Katherine/Humphrey, Caroline (eds., 2004): Property in question : value transformation in the global economy. Oxford u.a.: Berg.

Vivelo, Frank Robert (1981): Handbuch der Kulturanthropologie. Eine grundlegende Einführung. Stuttgart: Klett-Cotta.

Wilk, Richard R. (1989): The Household Economy: Reconsidering the Domestic Mode of Production. Boulder (Colo.): Westview Press.

Wolf, Eric R. (1966): Peasants. Englewood Cliffs, N.J.: Prentice-Hall.

Yanagisako, Sylvia Junko/Collier, Jane Fishburne (2004): Towards a Unified Theory of Gender and Kinship. In: Parkin, Robert/ Stone, Linda (eds.): Kinship and Family: an Anthropological Reader. Malden, Mass.: Blackwell Publishers; 275-293.

ANDREAS J. OBRECHT
Partizipative Entwicklungsforschung zwischen Humanitärer Hilfe und Entwicklungszusammenarbeit

Einleitung: „Chaos" in Sri Lanka

Trümmer und vereinzelt Fundamente – da, wo einmal Häuser standen –; hunderte Meter landeinwärts getragene Boote, deren zersplitterte Überreste zwischen Kokospalmen und UNHCR-Zelten verteilt liegen; Menschen, denen nicht nur ihre Häuser und ihre Lebensgrundlagen als FischerInnen oder kleine HändlerInnen genommen worden sind, sondern auch die nächsten Verwandten, Kinder, Eltern, Nachbarn und Freunde...

Der folgende Beitrag ist während eines zweimonatigen Einsatzes des Autors entlang der südöstlichen Küste Sri Lankas entstanden, wo am Vormittag des 26.12.2004 zumindest 40.000 Menschen durch die beiden großen Flutwellen des Tsunami ihr Leben verloren haben. 450.000 Menschen sind Ende April 2005 nach wie vor obdachlos. Wiederaufbauprojekte müssen hier sprichwörtlich bei „Null" beginnen: Es geht vorerst um den möglichst schnellen Bau von Häusern, die den Überlebenden vor dem Monsun ein Dach über dem Kopf sicherstellen soll, und – gerade weil die gesamte Infrastruktur zusammengebrochen ist – auch und vor allem um Entwicklung. „Ent-wickeln", „aus-wickeln" aus dem Trauma des Desasters; Energien „frei-setzen" um gemeinschaftliche Initiativen zu beginnen und kleine Wirtschaftskreisläufe wieder in Gang zu bringen (Werkzeuge, Produktionsmittel), die Fischerei zu stützen (Bootsreparatur, Bau von neuen Booten, Netze etc.), eine medizinische und kommunale Infrastruktur zu errichten. In den ersten Wochen fieberhafter Tätigkeit wurden Bauflächen identifiziert und Landfragen abgeklärt, in einem zweiten Schritt geht es um *Community Building* und die Schaffung von tragfähigen Strukturen im sozialen und sozio-ökonomischen Bereich: Schulen, Werkstätten, medizinische Versorgung, *Women Empowerment*, Belebung des Gewerbes und vor allem langfristige Förderung der Fischerei. Unser Team arbeitet hier intensiv mit der senghalesischen NGO *South Asien Partnership* zusammen, geht mit den lokalen MitarbeiterInnen von Familie zu Familie, arbeitet jeden „Fall" einzeln auf, veranstaltet Dorfversammlungen und Diskussionsrunden. Ein großes Transparent hängt da, wo ich die letzten zwei Monate auf einer Baustelle an der Küste genächtigt habe: *„Let us rebuild our lives, let us develop the future!"*

So kompliziert sich entwicklungspolitische Diskurse manchmal ausnehmen, so einfach könnte die Sache in der Praxis zuweilen sein, wenn alle Beteiligten – die Bevölkerung, die Entwicklungsagenturen, die Regierungen, die Medien etc. – an einem Strang ziehen, insbesondere dann, wenn große Not herrscht. Könnte einfach sein, ist es aber nicht, denn der Teufel sitzt im Detail – auch in der Humanitären Hilfe und der Entwicklungspolitik: In den ersten drei Monaten nach der Katastrophe sind hier in Sri Lanka – obgleich Hunderte Millionen US-Dollar und Euro auf den Konten liegen – vergleichsweise wenig Hilfestellungen geleistet bzw. partizipative, auf langfristige Stärkung der Selbsterhaltungsfähigkeit angelegte Programme in Angriff genommen worden. Das hängt mit dem administrativen „Chaos" zusammen, das dem „Chaos" der Zerstörung gefolgt ist: Mit Fehlkoordination und fehlendem Krisenmanagement von Seiten der Regierung, auch mit mangelnder Kommunikation zwischen den Organisationen, die sich mittlerweile in einem erbitterten Wettbewerb um Land, das zu einem Gegenstand von Spekulation und Geschäftemacherei geworden ist, befinden. Land, das aber für die *Resettlements* und damit für die Unterbringung der Leute von größter Wichtigkeit ist, denn innerhalb von 100 Metern

ANDREAS J. OBRECHT

von der Küste, da also, wo die meisten Opfer zu beklagen waren, darf nicht mehr gebaut werden.

In einer solchen dramatischen Situation einen einigermaßen kühlen Kopf zu bewahren, ist zwar nicht ganz einfach, aber unbedingt notwendig. Also hinein in die „Vogelperspektive" der analytischen Betrachtung, dadurch Distanz gewinnen, nicht um sich in akademischen Labyrinthen zu verlaufen und sich von den Problemen und „Bedürfnissen" der Menschen zu entfernen, sondern um Möglichkeiten und Grenzen des Agierens bezüglich bestimmter Zielvorgaben seriös und fern jeder „Entwicklungsideologie" auszuloten. Als geeignete „Vogelperspektive" bietet sich die relativ junge Disziplin der Entwicklungsforschung an. Sie soll entwicklungspolitische Intervention gleich welcher Art vorbereiten, begleiten, korrigieren und bewerten. Sie soll das „Chaos", gleich ob in Sri Lanka, in den marginalisierten Elendsgebieten der LDCs und LLDCs (*Less und Least Developed Countries*), aber auch die Arbeit der EZA-Institutionen der „Geberländer", in denen nach wie vor Entwicklungspolitik oft mit geopolitischem Interessensausgleich verwechselt wird, steuern helfen und analytische Kompetenz und vertieftes Wissen über die Konsequenzen entwicklungspolitischer Intervention anbieten. Kein leichtes, aber dafür ein umso spannenderes Unterfangen.

„Entwicklung" und „Partizipation" – nicht selten Ideologie

Forschung darf nicht mit der operationalen Durchführung von Entwicklungsprojekten verwechselt werden – sie ist immer ein Prozess sui generis: Entwicklungssoziologische Forschung kann einer entwicklungspolitischen Intervention vorangehen, indem sie auf soziologischer, kulturwissenschaftlicher, ökonomischer und vor allem auch (lokal-) politischer Grundlage die Möglichkeiten für ein intendiertes Programm auslotet, PartnerInnen identifiziert und organisatorische, personelle, inhaltliche Kriterien festlegt (*Feasibility* Studie); sie kann ein EZA-Projekt begleiten, indem sie den Prozess der Durchführung und die Kommunikation zwischen den AkteurInnen einerseits beobachtet und analysiert, andererseits moderiert, was den nicht unwesentlichen Vorteil hat, etwaige Fehlentwicklungen oder ungewünschte Effekte der Intervention aufzuzeigen und womöglich rechtzeitig „abzufedern" bzw. zu korrigieren (*Monitoring*); und sie kann das Entwicklungsprogramm ex post „bewerten" (Evaluation). Dabei mag es um die Effizienz des Mitteleinsatzes und die Frage, ob zuvor definierte Zielvorgaben erreicht wurden ebenso gehen wie um die Erforschung genereller sozialer, ökonomischer, kultureller Veränderungen aufgrund der entwicklungspolitischen Intervention. Ein weiterer wesentlicher Bereich der Forschung ist die Entwicklung angepasster Technologien, die oft wichtige Voraussetzung für „wirkliche Partizipation" ist. „Technische Innovation" kann nur „funktionieren", wenn sie in einer „gewachsenen" Beziehung zwischen BetreiberInnen, NutznießerInnen, „Natur" und sozialer Umwelt steht. Das auf Selbstorganisation sowie auf wirtschaftliche und politische Unabhängigkeit zielende Konzept setzt vier Kriterien voraus: Verwendung lokaler Materialien/Rohstoffe; Verwendung lokaler Fertigkeiten/Arbeitskraft; Ausrichtung an lokalen Bedürfnissen; Einsatz von lokalem „Kapital" (Eisermann 2003: 32-85).

Wenn Entwicklungsagenturen aus industrialisierten Ländern ausrücken um staatliche oder private Programme zu „implementieren" (ein doch etwas problematischer Terminus Technicus, der sich in der Forschung gleichermaßen findet wie in der operationalen Arbeit, gleich ob es sich um „Frauen-Programme", Brunnenbau, Einkommensgenerierung, Kulturförderung oder den Bau von Wasserkraftwerken handelt), so wird immer grundlegend in lokale Strukturen, Hierarchien, in spezifische Formen der Arbeitsteilung, in tradierte Geschlechtsrollenverhältnisse etc. eingegriffen. In einem neuen Verständnis von Entwicklungszusammenarbeit

ANDREAS J. OBRECHT

muss globales Wissen in eine produktive Beziehung zu lokalem Wissen treten. Die daraus entstehenden Synergien werden helfen, Formen sinnvoller Intervention zu finden (Kaiser 2003). „Soziale, ökonomische, kulturelle und ökologische Nachhaltigkeit" (ebenfalls unscharfe, wenngleich auch schöne Begriffe) kann jeweils nur in Relation zu bestimmten Zielvorgaben, auch gesellschaftlichen Wertmaßstäben definiert, umgesetzt oder evaluiert werden: Menschen sind – gleichwo auf der Welt – exploitativ, egal ob es sich um von der Brandrodung und der Jagd lebenden BewohnerInnen des extrem siedlungsarmen Dschungels im Hochland von Papua Neuguinea handelt (aufgrund der geringen Siedlungsdichte wird hier auch tatsächlich nicht mehr der Natur „entnommen" als sie zu ihrer eigenen Regeneration benötigt, aber das ist nicht die Folge eines Verhaltens, sondern die Folge eines spezifisch bestimmbaren sozioökonomischen Standards) oder um Leute, die in afrikanischen Ballungszentren siedeln. Freilich kann der „Grundumsatz" bestimmt werden, den Menschen in unterschiedlichen kulturellen, sozialen und ökonomischen Bezügen zur Produktion und Reproduktion benötigen, und da macht es natürlich – auch hinsichtlich der ökologischen Frage – einen wesentlichen qualitativen Unterschied, ob ein/e „durchschnittliche/r EuropäerIn" 150 Mal mehr „Ressourcen" pro Tag verbraucht als ein/e „durchschnittliche/r AfrikanerIn". Schon haben wir uns mit diesen Überlegungen in die Tücken des entwicklungspolitischen Diskurses und dessen ideologische Anfechtungen begeben, wo wir uns diesmal nur kurz aufhalten wollen: Denn die Interpretationen für jeweilige Ursachen bzw. Wirkungen – zumal wenn sie Arm und Reich betreffen – lassen sich oft ziemlich beliebig „drehen und wenden", wobei hierbei natürlich eine gewichtige Rolle spielt ob die „Perspektive der Armen" oder jene der „Reichen" eingenommen wird. Mittlerweile beschäftigt sich bereits die dritte Generation von EntwicklungstheoretikerInnen damit, Licht in die Wirren der Lehren über Ausbeutung, Abhängigkeit und Ungleichheit zwischen den industrialisierten Ländern und dem „Rest der Welt" zu bringen (Vgl. Fischer/Maral-Hanak/Hödl/Parnreiter 2004).

Angewandte Entwicklungsforschung hingegen ist genuin praxisorientiert. Sie muss ihre Expertise und ihre prognostische Kompetenz letztlich auf *Grass-Root-Level* verwirklichen. Sie will einen Beitrag dazu leisten, dass „Entwicklung" konkret realisiert wird und insbesondere der von der internationalen Staatengemeinschaft beschworene Imperativ der weltweiten „Armutsbekämpfung" nicht leeres Gerede bleibt. Dabei sieht sich die Entwicklungsforschung einem zweifachen Dilemma gegenüber: Einerseits ist sie als Instrument zur Professionalisierung der entwicklungspolitischen Praxis entstanden, andererseits muss sie – gerade aus dieser Genese heraus – die Grundlagen dieser Praxis in continuo ideologiekritisch hinterfragen. Oder herrschaftssoziologisch gesprochen: Wer übt Macht über wen durch welche Mittel, Instrumente und Gelder aus, welche Interessen verfolgen lokale Eliten in der Unterstützung, Durchführung der Programme, welche eurozentrischen Ideologien werden durch Projektkonzeptionen transportiert, wenn z.B. mit egalisierenden Strategien in „traditionelle" und stark hierarchisierte Gesellschaften eingegriffen wird? „Nachhaltigkeit", „Partizipation", „*Women-Empowerment*", „Umverteilung", „Soziale Treffsicherheit", „Egalisierung ethnischer Differenz", „*Gender*" – viele Schlagworte, hinter denen unterschiedlichste soziale Realitäten und Prozesse sozialer Transformation stehen, begleiten den schwierigen Weg, sich seines eigenen entwicklungspolitischen Handelns in den jeweiligen Kontexten analytisch bewusst zu werden. Seit fünfzig Jahren werden in der entwicklungspolitischen Diskussion vehement die gesellschaftspolitischen Werte der Französischen Revolution – und der letztlich daraus resultierenden Menschenrechtskonventionen – eingefordert. Faktum ist, dass proportional zum Gerede über die Eliminierung der basalen Armut das Gefälle zwischen Arm und Reich auf diesem Planeten in einem Maße verschärft worden ist, das zu denken geben muss (Vgl. Ziegler 2003). Das gilt nicht

ANDREAS J. OBRECHT

nur im Außenverhältnis – industrialisierte Länder versus „Entwicklungsländer" –, sondern vor allem auch im Innenverhältnis – Stadt versus Land, agrarische, industrielle, touristische etc. Zentren versus marginalisierte, infrastrukturell vernachlässigte Gebiete innerhalb ein und desselben „armen" Landes (Worldwatch Institute 2003).

Wenn angewandte Entwicklungsforschung partizipativ sein will, um die „Effizienz" und die „Treffsicherheit" intendierter Maßnahmen hinsichtlich bestimmter, im Vorhinein festgelegter Kriterien – z.B. Einkommensgenerierung, ökologische, soziale Verträglichkeit, *Women-Empowerment* – zu erhöhen, dann stellt sich die nicht unwesentliche Frage: Was denn ist Partizipation? Zuallererst einmal ein Schlagwort! Warum? Weil sich die Entwicklungspolitik – mit der ja die entwicklungssoziologische Forschung eng verbunden ist – als „partizipativ" verstehen muss, um einen konsensualen politischen Auftrag, der sowohl nationale als auch transnationale (EU) programmatische EZA-Richtlinien betrifft, zu erfüllen. „Politisch korrekt" und damit „förderungswürdig" sind entwicklungspolitische Konzepte, Anträge und Programme, in denen die Worte (*key-words*) Partizipation, Gender, Armutsbekämpfung, Nachhaltigkeit, *Women-Empowerment* und mittlerweile Friedenssicherung zumindest jeweils dreimal auf einer Seite vorzufinden sind. Die GutachterInnen dieser entwicklungspolitischen Vorhaben – zumeist BürokratInnen und keineswegs PraktikerInnen, gleich ob auf nationaler oder transnationaler (EU) Ebene – können sich dann entspannt zurücklehnen, denn der politische Auftrag wird durch diese Programme ungeachtet der Qualität ihrer realen Umsetzung erfüllt.

Achtung: Ideologiefalle – es ist nicht alles Gold, was glänzt! Die entwicklungspolitische Praxis neigt nicht selten zu Ideologisierungen um das eigene – zuweilen problematische – Handeln zu rechtfertigen. Selbstreflexive Diskurse sind diesbezüglich sehr wünschenswert (Faschingeder/Ornig 2005). Auch die Entwicklungsforschung, zumal sie „partizipativ" sein will, ist dazu aufgerufen, ideologische und eurozentrische „Vorstellungen" von den tatsächlichen „Begebenheiten vor Ort" zu trennen. Es macht einfach keinen Sinn, sich über entwicklungspolitische Ideologien „selbst" realisieren zu wollen (das hat der Kolonialismus über ökonomische und missionarische „Vorstellungen" ebenfalls angestrebt und erfolgreicher, nämlich mit erstaunlicher Brutalität, in Szene gesetzt). Vielmehr macht es Sinn „genau" hinzuschauen, auf das was ist, auf das was – mitunter aus bedauerlichen Gründen – nicht sein kann und auf das, was möglich wird, durch jene, denen man zu „helfen" – in der einen oder anderen säkularisierten Form – vorgibt. Gehen wir also – jenseits der Schlagworte und Selbstverwirklichungsideologien „westlicher Geber" – auf die Suche nach jener Partizipation, die im Kontext „armer" Gesellschaften, gleich ob in der entwicklungssoziologischen Forschung oder in der operationalen Entwicklungszusammenarbeit, verwirklichbar ist.

Entwicklungspolitischer *Mainstream* und Kriterien sinnvoller Intervention

Tatsache ist, dass der überwiegende Teil der EZA-Gelder nicht für jene entwicklungspolitischen Ziele ausgegeben wird, die in der Konferenzrhetorik seit vier Dekaden eingefordert werden: Linderung der krassesten Armut, medizinische Basisversorgung, Erhaltung bzw. Wiederherstellung der natürlichen Umwelt als Voraussetzung der Stärkung lokaler Subsistenzfähigkeit, Senkung der Kindersterblichkeit, Diversifizierung der Nahrung, Zugang zu sauberem Wasser etc. Die wichtigsten dieser Zielvorgaben sind auch in den sogenannten „Milleniumszielen" festgeschrieben, die u.a. eine Halbierung der absoluten weltweiten Armut bis zum Jahre 2015 vorsehen (UNDP 2003). Davon freilich sind wir weiter entfernt denn je; was einerseits mit einer zu geringen ODA (*Official Development Assistance* – Summe aller von den OECD-Ländern für bilaterale staatliche EZA aufgewendeten Mittel) und andererseits mit der Tatsache zusammenhängt, dass nur ein Bruchteil dieser Mittel in die ärmsten Länder und da in die ärmsten Regionen fließt. Durch eine Verdoppelung der weltweiten ODA (derzeit etwa 78,6 Milliarden US$) und durch die Investition dieser Gelder in „Grundbedürfnisstrategien" – insbesondere der LLDCs – könnten die „Milleniumziele" tatsächlich umgesetzt werden[1].

Wiederaufbauprogramme in Kriegsregionen und Investitionen in industrielle Großprojekte – Eisenbahnen, Kraftwerke, Straßen etc., die Märkte für „neoliberale" Interessen öffnen zu wollen ohne armutslindernde Wirkung für die betroffene Bevölkerung zu haben –, verbrauchen ein Gutteil der ODA und werden „von oben" – den Interessen der „GeberInnen" folgend – implementiert. Aber auch in dem Bereich der „Grundbedürfnisse" herrscht nach wie vor oft ein „Geber-Zugang", der in der Literatur mit „*Top-Down*" beschrieben ist: Wir haben die Lösung, wo sind die Probleme? Die Expertokratie in der EZA nimmt zuweilen zynische Ausmaße an – bezogen auf die „Hilfe", die den „ärmsten" Ländern des Planeten zuteil wird; dies bedeutet, dass z.B. fast die Hälfte der jährlichen bilateralen ODA-Mittel, die für die Länder des subsaharischen Afrika vorgesehen sind, für reiselustige ExpertInnen aus industrialisierten Ländern bzw. für deren Infrastrukturen verwendet wird (Weltbank 2003). Der „Implementierung" von Ideen und Projektzugängen „von oben" steht das Konzept gegenüber, Lösungsansätze „von unten" – also von den Leuten selbst – aufzugreifen und gemeinsam mit ihnen bzw. durch sie wachsen zu lassen. Diesem „*Bottom-up*"-Ansatz fühlt sich die partizipative Entwicklungsforschung verpflichtet, auch wenn es klar ist, dass durch ihn zuweilen ebensoviel Nonsens „gerechtfertigt" werden kann, wie durch dessen Gegenteil.

Ganz ohne „ExpertInnen" freilich – ob in der Forschung oder in der operationalen Durchführung – kann EZA nicht funktionieren. Zumindest die Supervision, die Kontrolle der Mittel, das Auditing und die Berichterstellung – die ja eine „Rechtfertigung" gegenüber den „GeberInnen" sind, seien die nun „Private" oder die

„öffentliche Hand", also die SteuerzahlerInnen – werden großteils „ausgelagert" bleiben müssen. Es gibt freilich Organisationen, die mehr als zwei Drittel ihrer gesamten operationalen Struktur vor Ort lokalisiert haben – das heißt, dass ein Gutteil der Arbeit von lokalen MitarbeiterInnen durchgeführt wird, und es somit nicht zu einem bezüglich des Gesamtvolumens direkt-proportionalen Mittelabfluss in die Taschen der Organisationen, bzw. ihrer „westlichen" Mitarbeiterinnen kommt. Und es gibt Organisationen – und da gehören auch die UN-Units dazu –, die sehr teure Infrastrukturen vor Ort – jeweils von neuem – (re-)organisieren, was – in Relation zu den auf *Grass-Root-Level* umgesetzten Volumina – zumeist „Selbstläufern" gleichkommt. Zwischen diesen Extremen gibt es eine Menge NGOs, die im durchaus begrenzten und oft hoheitsstaatlich verfügten Markt (in Österreich werden die „inhaltlichen" Schwerpunkte der ÖEZA – Österreichischen Entwicklungszusammenarbeit – vom Bundesministerium für auswärtige Angelegenheiten vorgegeben, auf EU-Ebene werden die Schwerpunkte durch die jeweiligen Rahmenprogramme der Kommission definiert) tätig werden und nicht immer in der Lage sind, ihre eigenen „Zielvorgaben" gegenüber den jeweiligen AuftraggeberInnen, aber auch KonkurrentInnen durchzusetzen. Das verstärkt die Tendenz zu einem *Mainstream*, der wie alle unoriginellen „Lösungen" im Verhältnis zu den hierfür aufgewendeten Mitteln ineffizient, weil vergleichsweise teuer ist.

Im teilweise schwer überschaubaren Dschungel entwicklungspolitischer Ansätze und Institutionen (die ihre jeweilige Logik zu „exekutieren" versuchen) gibt es zwei klare Kriterien zur Differenzierung von sinnvoller Intervention.

Erstes Kriterium: Werden virtuelle (von der sozialen Realität abgeschottete) Welten geschaffen, die bestenfalls durch externen Input – monetäre Abhängigkeit, Expertokratie, externe Finanzierung, teure Infrastrukturen etc. – aufrecht erhalten werden können, oder betten sich entwicklungspolitische Maßnahmen derart in lokale Strukturen – Ökonomien, Wissen, Technologien, kulturelle

Voraussetzungen etc. – ein, dass die Intervention als „Eigenes," als „Kommunales", als „selbstbezüglich Dazugehörendes", als „Wirkliches" erlebt und somit in den Horizont des Alltäglichen integriert, in ihm weitergetragen und modifiziert werden kann?

Zweites Kriterium: Werden die für die entwicklungspolitische Intervention eingesetzten Mittel (Gelder) mehrheitlich zur Aufrechterhaltung der administrativen und operationalen Struktur der jeweiligen Organisation aufgewendet oder mehrheitlich auf *Grass-Root-Level* umgesetzt? Hier gilt die goldene Regel: Je mehr auf *Grass-Root-Level* umgesetzt wird, desto besser. „Lokalisierte GeberInnen" verzeichnen hier einen Anteil von 80 Prozent bis 90 Prozent, wohingegen aufgeblähte „Geber-Bürokratien" mit einem Anteil von zwischen 25 Prozent und 15 Prozent sich der Effizienz schon rühmen. Je ärmer das Land ist, in dem „westliche" Infrastrukturen implementiert werden, desto teurer kommen diese auch.

Partizipative Entwicklungsforschung als Qualitätskontrolle von entwicklungspolitischen Interventionen

Angewandte partizipative Entwicklungsforschung hat das primäre Ziel, zur Umsetzung oben genannter Kriterien durch analytische Vorbereitung (*Feasibility Studies*), Begleitung (*Monitoring*) und schließlich Bewertung (Evaluation) von entwicklungspolitischen Interventionen beizutragen. Zusätzlich hat die Entwicklung von „angepassten Technologien", die in den kulturellen, ökonomischen und technologischen Rahmen der jeweiligen „Region" eingebettet sind und nicht zu neuen Abhängigkeiten führen, einen prioritären Stellenwert. Einige wenige Grundprinzipien, die zur Realisierung der beiden oben genannten Kriterien beitragen, seien hier vorgestellt (Detailreich sind die theoretischen, methodologischen und forschungspraktischen Prinzipien der partizipativen Entwicklungsforschung anhand konkreter Untersuchungen in Afrika und Asien dargelegt in: Obrecht 2004). Dabei gilt es zu berücksichtigen, dass es neben diesen die Güte einer entwicklungspolitischen Intervention sehr allgemein erfassenden Kriterien

a) politische Zielvorgaben gibt, die inhaltliche Schwerpunkte für bilaterale Programme und Projekte auf EU-Ebene festlegen und sich

b) daraus bestimmte inhaltliche und operationale Prioritäten bei der Vorbereitung und Durchführung von EZA-Programmen ableiten lassen.

Ad a) Sehr verallgemeinernd betrachtet sind folgende inhaltliche und damit (gesellschafts-) politische Richtlinien in nahezu allen EZA-Rahmenprogrammen der europäischen Geberländer auf nationaler (bilaterale EZA: In Österreich durch das 2002 verabschiedete „EZA-Gesetz", das die operative Durchführung der ÖEZA „Österreichische Entwicklungszusammenarbeit" großteils an die ADA *Austrian Development Agency*" auslagert) und auf transnationaler Ebene (EU-Rahmenprogramme) festgeschrieben: Armutsbekämpfung und Grundbedürfnisstrategien; gleichberechtigte Teilnahme von Frauen am Entwicklungsprozess (*Gender*-Sensitivität); Demokratie und Friedenssicherung, Förderung (klein-) gewerblicher Strukturen; Wiederherstellung bzw. Erhaltung des natürlichen Lebensraumes.

Aus dieser – bezüglich Armutsbekämpfung und Grundbedürfnisstrategien – sinnvollen programmatischen Festlegung resultieren für die entwicklungspolitische Arbeit in den LLDCs folgende Kernbereiche: Verbesserung der lokalen Infrastrukturen, Verbesserung von Gesundheit und Hygiene, Verbesserung der Ausbildung (formell und nicht-formell), Einkommen generierende Aktivitäten, Verbesserung der Anbaumethoden/Viehhaltung sowie „Institution- und *Community-Building*" um lokale (politische) Artikulationsfähigkeit zu unterstützen – mit dem Ziel, die Rechtssicherheit zu erhöhen und langfristige Demokratisierungsprozesse zu fördern.

ANDREAS J. OBRECHT

Ad b) Um die „basisorientierten" programmatischen Vorgaben erfüllen zu können, bedarf es aus der Sicht der partizipativen Entwicklungsforschung nicht nur der Konzentration auf angeführte Kernbereiche (inhaltliche Schwerpunktsetzung), sondern der Aufgabe einer bestimmten, weiter oben schon angesprochenen „Geber-Mentalität" (organisatorische Schwerpunktsetzung).

Im Bereich der organisatorischen Schwerpunktsetzung ist es zentral, „Partizipation" nicht als Rechtfertigung für die Durchsetzung „eigener" Vorstellungen oder Interessen zu missbrauchen. Partizipation bedeutet in diesem Zusammenhang: Artikulation der Projektidee durch bzw. mit lokalen Counterparts (lokalen NGOs, Interessensvertretungen, Dorfgruppen), womit grundsätzlich ein inter- und intrakultureller Kommunikationsprozess eingeleitet wird, der zu veränderten Perspektiven und gemeinschaftlicher Planung und schließlich Realisierung führt. Diese Realisierung muss von Anfang an auf „Lokalisierung" angelegt sein. Das beste Projekt ist jenes, bei dem sich die BetreiberInnen (EZA-Agenturen) möglichst schnell selbst „wegrationalisieren". Das widerspricht zwar der Beharrungstendenz von Institutionen und zumeist den Interessen jener, die von ihnen ökonomisch abhängig sind, ist aber die einzige Möglichkeit, langfristige Abhängigkeit zu vermeiden. Schließlich sollte man auch noch „Wertfreiheit" und „Modifikation der Ziele" zu den organisatorischen Prioritäten zählen, weil sich in einem „Implementierungsprozess" mitunter herausstellt, dass die ursprünglichen Ziele nicht einlösbar sind, aber ebenso wertvolle Synergien durch die Projektaktivitäten ausgelöst werden konnten (z.B. anstatt der Hebung des absoluten Alphabetenanteils unter Frauen durch ein „Bildungsprogramm" die Etablierung von engagierten Frauengruppen über die beispielsweise Programme zur Einkommensgenerierung in Selbstorganisation laufen).

Die partizipative Entwicklungsforschung versteht sich als Qualitätssicherung für großteils programmatisch vorgegebene, aber derzeit noch nicht als „selbstverständlich" realisierte entwicklungspolitische Konzepte in den Bereichen Armutsbekämpfung und Grundbedürfnisstrategien. Als Teil der Soziologie bedient sie sich in ihren Analyseverfahren des gesamten empirischen sozialwissenschaftlichen und ethnographischen Spektrums: Von quantitativen über qualitative Verfahren (kommt immer auf die Fragestellung an!), von epidemologischen Erhebungen bis zur teilnehmenden Beobachtung, von Tiefeninterviews, Dorfethnographien bis hin zur Aktions-Forschung (*Participatory Action Research*), bei der die „Subjekte" der Forschung selbst zu AkteurInnen und AnalysantInnen der jeweiligen Fragestellung werden (Whyte 1991). Wesentliche Anregungen hat die partizipative Entwicklungsforschung auch aus den ethnologischen und ethnomethodologischen Forschungstraditionen erhalten. Dabei geht es um die vertiefte Auseinandersetzung mit dem sozio-kulturellen Umfeld, in dem die entwicklungspolitische Intervention stattfindet, und um eine Fokussierung auf die „Sinnhorizonte" der handelnden AkteurInnen (Antweiler/Bargatzky/Bliss 1987; Bliss/Schönhuth 1990; Bliss/Neumann 1996).

Insbesondere auch die *Participatory Action Research* hat der praxisorientierten Entwicklungsforschung wichtige Impulse gegeben: Erkenntnisinteresse, Datengenerierung und Verwertung der Forschung orientieren sich an den sozialen und kulturellen Folgen der entwicklungspolitischen Intervention, die als „Initialzündung" für gesellschaftliche Veränderung interpretiert wird (Zuber-Skerritt 1991). Aufbauend auf den „klassischen" methodologischen Zugängen der Aktions-Forschung haben sich als partizipative Analyse- und Planungsinstrumente *Participatory Rural Appraisal* (PRA) und *Rapid Rural Appraisal* (RRA) durchgesetzt (Schönhuth/Kievelitz 1994). Bei diesen Ansätzen geht es um einen möglichst direkten Zugang zur Bevölkerung, wobei die Kombination qualitativer und quantitativer Verfahren – möglichst unterschiedliche, einander ergänzende Erhebungsinstrumente – ein „breites" Bild der sozialen Strukturen, der vorherrschenden Konflikt- und Problemszenarien,

ANDREAS J. OBRECHT

aber auch der möglichen Lösungen für die identifizierten Probleme ermöglicht: Gängige Erhebungsinstrumente des PRA- und RRA-Ansatzes sind: Offene (halbstrukturierte) Interviews; Gruppendiskussionen; das gemeinsame Zeichnen von Land- bzw. Sozialkarten (Organisationen, soziale Hierarchien, Versorgungspunkte etc.); graphische Darstellung der Agrarzyklen und des täglichen Arbeitsaufwandes (Geschlechterdifferenz!); gemeinsame Querschnittswanderungen (Transsect); gemeinsame Erarbeitung von Systemdiagrammen (Problembäume), Institutionendiagrammen (Beziehungsnetzwerke) und historischen Diagrammen (Genealogie); autobiographische Interviews; Rollenspiele (Anknüpfen an jeweils vorhandene Theatertraditionen); Rankings; teilnehmende Beobachtungen und vor allem auch Dorfworkshops, in denen einerseits Daten generiert, andererseits auch bereits generierte Daten interpretiert und „sinnhaft" – für die Lebenswelt der Betroffenen – geordnet werden können.

In einem wesentlichen Punkt freilich geht die partizipative Entwicklungsforschung über „herkömmliche" soziologische Forschung und auch den „klassischen" Zugang der *Participatory Action Research* im „außereuropäischen" Feld hinaus. Denn letztlich sind es nicht wir – die europäischen ForscherInnen –, welche die Daten „partizipativ" generieren und damit die jeweilige soziale Situation interpretieren, sondern die Menschen aus der betroffenen Kultur selbst. Sie sind es, die Probleme identifizieren, analysieren und Lösungsszenarien entwickeln. Um diesen Anspruch einzulösen, muss bei partizipativen Forschungen immer eng mit lokalen Forschungsteams zusammengearbeitet werden und auch die Forschung selbst immer in den lokalen (indigenen) Sprachen durchgeführt werden. Das ist ein Novum, denn bislang erfolgte sozialwissenschaftliche Forschung zumeist in den jeweiligen „Verkehrssprachen", was dazu führt, dass insbesondere in armen Regionen, in denen die Analphabetenrate hoch ist, wiederum nur jene erreicht werden, die zumindest einige Jahre Schulbildung genossen haben, und dies meist Männer sind.

In diesem partizipatorischen Ansatz versteht sich der/die europäische ForscherIn nicht als jene/r, welche/r die soziale Realität auf einer Datenrasterfläche mit Hilfe der Betroffenen abbildet, sondern als ModeratorIn von vielfältigen Kommunikationsprozessen, die Problemlagen artikulieren und Lösungsansätze aufgreifen. Ergebnisse von Analyseverfahren, die an die jeweiligen betroffenen Gruppen rückvermittelt werden, dienen denselben zur Komplettierung und Modifikation ihres eigenen Bildes von Wirklichkeit. Natürlich ist die Durchführung von sozialwissenschaftlicher Forschung in der „Sprache der Armen" zeitraubend, dabei aber umso spannender. Das Faszinierende an dieser Vorgangsweise ist der transkulturelle Wissenstransfer, denn in keinem anderen Verfahren treten kulturelle Bedeutungen – auf normativer, symbolischer und allokativer Ebene – so deutlich hervor wie in diesen „doppelten" sprachlichen und damit „sozio-kulturellen" Übersetzungsprozessen: Einerseits müssen die Ergebnisse der Kommunikation auf *Grass-Root-Level* und damit die Ergebnisse der Forschung selbst in eine Verkehrssprache rückübersetzt, andererseits aber auch in eine spezifische „Rationalität" transformiert werden, mit dem Ziel, die Sprache und deren Inhalte „bei uns" – d.h. in den „Geberländern" – verständlich zu machen. Denn Ziel der praxisorientierten partizipativen Entwicklungsforschung sollte es – neben allem soziologischen und kulturanthropologischen Interesse – stets sein, im Sinne obiger Kriterien sinnvolle Intervention durch die Bereitstellung der hierfür nötigen Mittel zu ermöglichen (Obrecht 2004: 15-97).

ANDREAS J. OBRECHT

Partizipative Entwicklungsforschung – Alternative zu einer einseitigen Expertokratie

Wir – auch wir SoziologInnen – erfassen stets nur einen „Bruchteil", einen kleinen Ausschnitt der sozialen Realität. Was für unsere Herkunftskultur gilt, gilt insbesondere auch für die Arbeit in „außereuropäischen" Kulturen. Literaturstudium, Feldforschung, intensives „Eintauchen" in die jeweils „andere" Kultur vermögen nicht darüber hinwegzutäuschen, dass gesellschaftliche Muster, religiöse Bindungen, Formen geschlechtsspezifischer Differenzierung, der Grad der Hierarchisierung, der Umgang mit Geld-, Tausch-, Subsistenzökonomien, das Verhältnis zur Zeit und damit das Verhältnis von alltagsweltlichen Abläufen bis hin zu der Vorstellung dessen, was mit Zukunft bezeichnet wird, oft grundverschieden von dem ist, was wir aus unserer Herkunftskultur als Selbstverständlichkeit – weil Identität stiftend und uns die eigene Identität vergewissernd – empfinden.

Das *„Global Village"* erscheint solange als Ideologie, solange es noch Tausende, ja Zehntausende kulturelle Lebenswelten auf unserem Planeten gibt, die nicht derselben Rationalität folgen und sich in wesentlichen Aspekten des sozialen, kulturellen, aber auch ökonomischen Handelns voneinander unterscheiden. Je „ärmer" eine Gesellschaft ist, desto „langsamer" ist sie auch – aus der Perspektive der industrialisierten Länder, die ihren „materiellen Reichtum" einer ungebrochenen ökonomischen Beschleunigung und einem rigorosen exponentiellen Wachstum seit der Industriellen Revolution verdanken (Der Relation von „armen" als „zeitreiche" Gesellschaften und von „reichen" als „zeitarme" Gesellschaften bzw. der historischen Genese der zeitlichen Beschleunigung in den industrialisierten Ländern im Kontrast zu den kultursoziologischen und epistemologischen Bedingungen relativ „langsamer" gesellschaftlicher und vor allem ökonomischer Entwicklung in den LDCs und LLDCs bin ich nachgegangen in: Obrecht 2003). Je „langsamer" eine Gesellschaft freilich ist, desto weniger wird in die Zukunft „investiert" – eine Tatsache, mit der viele EntwicklungsexpertInnen nur schwer umgehen können. Gegenwart ist in „armen" Gesellschaften in Hülle und Fülle vorhanden, sie ist nicht unbedingt, wie in beschleunigten Gesellschaften, ein Durchgangsstadium zur Erreichung der jeweils nächsten Etappe (Gronemeyer 1996). In Bedingungen der „Armut" werden prognostische und investorische Begriffe wie Nachhaltigkeit, Schaffung sich selbst erhaltender Kreisläufe, Erhaltung der natürlichen Umwelt zumindest zweifelhaft, weil in Bedingungen der Armut „von Tag zu Tag" gelebt wird. So manches Scheitern durchaus engagierter Bemühungen zwischen „reicher" und „armer" Welt in dem Bereich der Verwirklichung von „Grundbedürfnisstrategien" erklärt sich aus diesem fundamental unterschiedlichen Umgang mit dem Faktor „Zeit" (Obrecht 2003).

Ambitionierte EZA-Projekte stoßen nach wie vor an die Grenzen der Vorstellungswelten der sie in Szene Setzenden: Einerseits an die „Entwicklungs-Logik" der „GeberInnen", andererseits an die „Armuts-Logik" der „NehmerInnen" – zuweilen auch dann, wenn diese sich durch vor Ort tätige NGOs scheinbar „lokalisiert" haben. In diesem Falle besteht die „Lokalisierung" aus einer Delegation des eigenen Erwartungshorizontes. Fällt das „GeberInnen"-Engagement und damit der externe finanzielle Input weg, so lösen sich die Strukturen auf, durch welche die Intervention stattgefunden hat (vgl. Dichter 2003). Zuweilen wird dann in den Abgesang der Entwicklungspolitik eingestimmt – nach dem Motto: Eine „Hilfe zur Selbsthilfe" (Dieser Terminus ist mittlerweile auch obsolet geworden: Einigen wir uns auf „nachhaltige Entwicklung") ist nicht möglich, weil die Menschen – insbesondere in armen Ländern – sich gar nicht „selbst helfen" bzw. gar nicht „nachhaltig entwickelt" werden wollen. Ein dramatisches und sich seit Jahrzehnten wiederholendes interkulturelles Missverständnis, das durch einseitige ExpertInnenzugänge nach dem Motto „Wir haben die Lösung, wo ist euer Problem, das wir mit Sicherheit partizipativ lösen können?" noch regelmäßig verschärft wird.

Die partizipative Entwicklungsforschung arbeitet mit wenigen, dafür umso einfacheren Kriterien, die „Machbarkeit" von entwicklungspolitischen Interventionen zu prüfen und gegebenenfalls zu moderieren. Der Umgang mit diesen Kriterien setzt ein rigoroses Umdenken bezüglich der Beziehung zwischen industrialisierten und „armen" Ländern voraus und auch eine Revision der Rolle sogenannter ExpertInnen im operativen Bereich: Auch sie werden in diesem Konzept zu ModeratorInnen von Kommunikations- und Artikulationsprozessen, Menschen, die transkulturelle „Übersetzungsarbeit" leisten: Einerseits werden Daten und „Expertisen" an die sie betreffenden Leute rückvermittelt (z.B. Ausmaß der Wasserkontamination, Folgen des Kahlschlags, Möglichkeiten einer diversifizierten Ernährung, Prophylaxen hinsichtlich der Kindersterblichkeit etc.), andererseits werden die Ergebnisse der Meinungsbildung, der lokalen Problemlösungen, der sich daraus ergebenden Handlungsdispositionen in die analytische Sprache „unserer" Rationalität rückübersetzt, um „Hilfestellungen" für lokale Initiativen zu akquirieren, womit der Prozess der „Implementierung" dann vor Ort durch lokale Counterparts weitergeführt werden kann.

Einseitige Expertokratie geht in der Regel davon aus, dass die jeweils betroffenen Menschen über keine oder nur eine geringe Problemlösungskapazität verfügen. Seit der europäischen „Aufklärung" wird „gelehrige Weltoffenheit" mit dem „Wissen, wie die Dinge zu sein haben" verwechselt. Das ist ein Irrtum – und dumm noch dazu; er hat Jahrhunderte lang das Verhältnis zwischen reichen, „weltoffenen" Mobilitätsgesellschaften und armen, zumeist stark traditionell gebundenen Kulturen geprägt. In meiner mittlerweile fast zwanzigjährigen Forschungs- und EZA-Tätigkeit in „außereuropäischen" Kulturen ist mir noch kein einziger Mensch begegnet, der dieser zutiefst eurozentrischen Grundannahme entsprochen hätte. Auf keiner noch so entlegenen südpazifischen Insel, in keinem noch so „traditionell" erscheinenden afrikanischen Kral, in keinem nepalischen Bergdorf am Fuße des Himalaya sind mir Menschen begegnet, die keine klugen Antworten auf die sie bedrängenden Fragen und Probleme gehabt hätten. Sie wissen viel mehr über „ihre" Welt als wir je über diese in Erfahrung bringen werden. Sehr wohl aber sind mir nicht nur Hunderte, sondern letztlich Tausende Menschen begegnet, die ihre Lösungen aufgrund „fehlender Ressourcen" und der dramatischen Folgen tiefster Armut auch nicht ansatzweise verwirklichen können. Eine wirklich partizipative Entwicklungszusammenarbeit macht sich dieses Wissen zunutze und befähigt dadurch die Menschen, jene Rahmenbedingungen selbst zu verändern, die sie von der Verwirklichung ihrer jeweils eigenen „Lösungen" abgehalten haben.

Zurück nach Sri Lanka – Humanitäre Hilfe hat vorerst gar nichts, schließlich sehr viel mit Entwicklungszusammenarbeit zu tun

Kehren wir zurück zu den Tsunami-Gebieten in Sri Lanka und zu der bisweilen verwirrenden Frage, wer für wen wozu tätig wird. Wie bereits erwähnt ist Humanitäre Hilfe/*Humanitarian Assistance* (Soforthilfe im Kriegs- und Katastrophenfall) grundsätzlich von längerfristiger Entwicklungszusammenarbeit/*Development Co-operation* zu trennen; freilich mit einer bedeutenden Einschränkung: Immer häufiger gehen beide Bereiche ineinander über – regional, inhaltlich, auch administrativ –, was die operativ tätigen Organisationen betrifft. Spätestens seit den tragischen Ereignissen des *11. September 2001* in New York hat die Internationale Gemeinschaft entwicklungspolitisches Agieren als geopolitische Strategie zur Friedenssicherung auf ihre Agenda geschrieben. Es reicht eben nicht „*Care*-Pakete" abzuwerfen, Brücken zu bauen, Flüchtlingscamps zu

ANDREAS J. OBRECHT

errichten, Wasser aufzubereiten – und dann die Krisenregion wieder zu verlassen. Es müssen im Anschluss an die Soforthilfe entwicklungspolitische Schritte gesetzt werden, die längerfristig Strukturen aufbauen oder wiederbeleben und zu einer „Normalisierung" der sozio-ökonomischen und kulturellen Situation beitragen.

Budgetär sind Humanitäre Hilfe und Entwicklungszusammenarbeit voneinander getrennt, wobei auch hier eine Tendenz zur Überlappung beider Bereiche auszumachen ist (vgl. Anmerkung 2 bezüglich des ODA-Anteils „Aid" für Afghanistan und Irak). Immer häufiger werden Programme, die dem „klassischen" Bereich der EZA zuzurechnen sind, an Maßnahmen der Soforthilfe angedockt. Dies ist inhaltlich zumeist gerechtfertigt und wäre prinzipiell auch zu begrüßen – Leid ist gegen Leid nicht aufrechenbar! –, würden die derart eingesetzten Mittel nicht die für die Armutsbekämpfung in den armen und ärmsten Ländern vorgesehenen Beiträge reduzieren. Die Überschneidung will vor allem monetäre Synergien nutzen, denn ein wesentlicher Grund, warum die Mittel, die für Humanitäre Hilfe weltweit zur Verfügung gestellt werden, stetig steigen, wohingegen die Mittel für die längerfristige Entwicklungszusammenarbeit weltweit tendenziell sinken, ist die „Macht der Medien": Schnelle Bilder von Leid und Elend bringen schnelles Geld, das zudem – im Bereich der Humanitären Hilfe – schnell umgesetzt werden kann und sogar muss. Dabei ist prinzipiell zwischen dem privaten Spendenmarkt und den staatlichen Mitteln und auch EU-Kofinanzierungen für nationale Programme zu unterscheiden. Aber auch hier kommt es zu vielfältigen Überschneidungen, denn kurzfristige Hilfe, aufgrund medial „hochgepushter" Katastrophen und Krisenszenarien lässt sich nicht nur werbewirksam, sondern auch politisch einträglich vermarkten (wir kennen das z.B. aus jenem Procedere, dass die Bundesregierung – also der/die SteuerzahlerIn – private Spendengelder für Hilfsaktionen verdoppelt und diese Mittel dann auf die nationale ODA angerechnet werden).

Ob im Sudan, in Ruanda, im Kongo, in Palästina, im Irak und in Afghanistan oder in den durch den Tsunami zerstörten Gebieten der Anrainerstaaten im Indischen Ozean – immer häufiger geht das *Desaster Management* mehr oder weniger nahtlos in EZA-Programme über. In einer solchen Situation tummeln sich zwischen SoldatInnen und Armeeangehörigen, zwischen den MitarbeiterInnen von Soforthilfe-Einsatzkommandos und UN-Leuten in ihren prächtigen weißen Geländefahrzeugen auch VertreterInnen diverser internationaler und lokaler NGOs, deren Zugang zur jeweiligen Gesamtsituation – entgegen der Logik der Katastrophenhilfe – ein entwicklungspolitisch langfristiger und „nachhaltiger" ist. Das führt, wie auch das Beispiel Sri Lanka zeigt, zu einiger Verwirrung, zumal dann, wenn es kaum Koordination und Kommunikation zwischen den einzelnen Organisationen gibt; dies auch deshalb, weil die Organisationen in erster Linie beschäftigt sind, sich in dem jeweiligen „Chaos" zu organisieren, um darin nicht ihre „Identität" zu verlieren. Das ist schade, denn es müsste nicht so sein, und es geht vor allem auf Kosten der von der Katastrophe betroffenen Menschen.

Pointiert gesagt stehen sich in Sri Lanka idealtypisch zwei „Hilfs-Fraktionen" gegenüber: Die „Betonierer-Fraktion", die einem klassischen *Top-Down*-Ansatz folgt und möglichst schnell die Infrastrukturen aufbauen und Tausende, in Summe Zehntausende Häuser errichten will, wobei bei diesen Großprojekten wenig auf kulturelle Muster, traditionelle Siedlungsstrukturen und gewachsene kommunale Einrichtungen Bedacht genommen wird; und andererseits die „Idealisten-Fraktion", die „nachhaltige" und „angepasste" Entwicklungen im Auge hat, einem *Bottom-Up*-Ansatz folgt, *Community*- und *Capacity-Building* betreiben will und der die „Bedürfnisse" der betroffenen Menschen angeblich am allerwichtigsten sind. Vom Blickwinkel der partizipativen Entwicklungsforschung her betrachtet, gehen beide Positionen an der Realität vorbei. Die Leute, die nach wie vor in heißen Zelten zwischen

ANDREAS J. OBRECHT

Trümmern leben und, während ich diese Zeilen schreibe, gerade von heftigen Monsun-Regen heimgesucht werden, haben es satt, seit mehr als drei Monaten von bewegten NGO-MitarbeiterInnen über ihre „Bedürfnisse" befragt zu werden, während Unsummen an Geldern auf Konten liegen und sie noch immer kein Dach über dem Kopf haben. Auch haben Menschen, die alles verloren haben, zum jetzigen Zeitpunkt ein nur mäßiges Verlangen, *Community Building* zu betreiben oder sich schwierigen Lernprozessen in der Zusammenarbeit mit anderen – anderen sozialen Schichten, Kasten, ausländischen HelferInnen – zu unterziehen. Bei der Vorgangsweise und dem „Selbstverständnis" vieler NGOs hier, die stolz darauf sind, reiche Erfahrung auf *Grass-Root-Level* zu haben, bekommt man oft den Eindruck, dass sie ihre „partizipativen" Programme auf Kosten jener verwirklichen wollen, um die es ihnen angeblich geht. Territorien werden abgesteckt und die Menschen innerhalb derselben als eine Art „Eigentum" betrachtet, durch das die eigene und damit wiederum eurozentrische Vorstellung von „richtiger" – also „nachhaltiger" und „partizipativer" Entwicklung in Szene gesetzt werden soll.

Auf der Seite der „Betonierer-Fraktion" freilich geht es nicht unbedingt humaner zu: Hier geht es um Häuser, Brücken, Straßen und möglichst schnelle und „effiziente" Umsetzung von Spendenmitteln. Man hat nicht den Eindruck, dass es dabei um – zumal zutiefst verletzte – Menschen geht. Man will ja schließlich möglichst bald etwas herzeigen, die Gelder dadurch rechtfertigen und so in Konkurrenz zu anderen Organisationen bestehen. Wird eine Ambulanz gespendet, so wird diese Ambulanz eben hingestellt werden, ungeachtet der Frage, ob sie benötigt wird, ob sie in dieser Form hier überhaupt betrieben werden kann, geschweige denn wer sie in absehbarer Zukunft betreiben wird. Große Siedlungen mit Hunderten von Häusern werden konzipiert und auch realisiert werden, was ein nicht beträchtliches Risiko in sich birgt: Denn die Leute an der Süd- und Ostküste Sri Lankas sind kleine Siedlungsstrukturen gewohnt – mit bis zu maximal fünfzig Häusern pro Dorf – bzw. leben in Agglomerationen an der die Küste entlang laufenden Straße, da, wo man eben Geschäfte machen kann, wo man mobil ist, und wo es „Leben" gibt. Die von der Regierung angebotenen *Resettlement Areas* liegen teilweise kilometerweit landeinwärts – für eine großteils aus armen FischerInnen? bestehende Population ein blanker Zynismus. Hier müsste mit viel mehr Behutsamkeit vorgegangen werden, auch was das über Jahrhunderte gewachsene sensible soziale und kulturelle Gleichgewicht zwischen den ethnischen Gruppen, den Kasten und den religiösen Zugehörigkeiten betrifft. Große Siedlungen bergen überall auf der Welt – aber vor allem hier in Sri Lanka – die Gefahr, zu virtuellen Gebilden zu werden, in denen nicht wirklich „gelebt" wird. Wenn in den Siedlungen, die hier gebaut werden, tatsächlich – und das im tiefsten Sinne des Wortes – „gelebt" wird, dann haben wir in Verbindung von Humanitärer Hilfe und längerfristigen entwicklungspolitischen Inhalten unser Ziel in Sri Lanka jedenfalls erreicht.

Schlussbemerkung: Wo sind die Profis?

Die Entwicklungsforschung ist ein relativ junges, aber umso spannenderes und immer wichtiger werdendes soziologisches Forschungsfeld. Sie ist aus der Verbindung zwischen „klassischer" (zumeist theoretisch und/oder „quantitativ" orientierter) Entwicklungssoziologie und ethnographischen bzw. ethnomethodologischen Ansätzen entstanden und verbindet sozialwissenschaftliche Expertise mit kultur- und sozialanthropologischen Fragestellungen. Die Entwicklungsforschung will dem gesellschaftlichen und institutionellen „Bedürfnis" nach Professionalisierung und Systematisierung der Entwicklungszusammenarbeit bei gleichzeitiger Ermöglichung von wirklicher Partizipation entgegenkommen und dadurch ein neues Verhältnis zwischen „GeberInnen" und „NehmerInnen" begründen. Sie ist praxisorientiert und hat sich in den letzten 15

ANDREAS J. OBRECHT

Jahren einen unverrückbaren Platz auf den nationalen und transnationalen Märkten vielfältigster „Entwicklungsbemühungen" erworben. Zum allgemein anerkannten Standard von professionell durchgeführten EZA-Programmen gehört es mittlerweile, Projekte nach partizipativen Kriterien vorzubereiten, zu begleiten und zu bewerten, auch Szenarien für den nachhaltigen Einsatz neuer angepasster Technologien, in jeweils unterschiedlichen kulturellen Kontexten, gemeinsam mit lokalen *Counterparts* zu erarbeiten. Ob es sich nun um „private Initiativen", kirchliche Organisationen, NGOs, Ministerien oder internationale bzw. transnationale Institutionen handelt: Profis sind gefragt, die nicht – oder jedenfalls nicht nur – aus idealistischem Eifer, sondern aufgrund von fundiertem Wissen, kenntnisreicher Expertise und interkultureller Kommunikationsbefähigung die richtigen Entscheidungen an den richtigen Orten treffen!

„Globalisierung" ist ein irreversibler Prozess. Auch die Zukunft der Entwicklungszusammenarbeit und der Humanitären Hilfe wird eingebunden sein in das globale geostrategische Spiel der Kräfte, aber auch der Widerstände gegen so manche politische oder ökonomische Tendenz, die derzeit so unwiderruflich am Werke zu sein scheint. Dies macht die Arbeit in „außereuropäischen" bzw. transnationalen Kontexten umso spannender. Denn egal, wo man ist und wie sich die konkrete Aufgabe gestalten mag, immer gibt es die Möglichkeit soziale Realität – und damit auch Wirklichkeit für andere Menschen – mit eben diesen anderen Menschen in die eine oder in die andere Richtung zu verändern! Wer verändern, erfahren und reisen will, wer ehrliches Interesse an fundamental anderen Lebenswelten hat, wer gerne von Menschen anderer Kulturen lernt, wer Durchhaltvermögen hat und sich nicht leicht einschüchtern lässt, wer keine bürokratischen Hindernisse scheut und auch mal zwei Monate zwischen Kakerlaken am Boden zu schlafen bereit ist, wer Wissen über andere Welten und „außereuropäische" Kulturen als große Chance begreift, mehr über die „eigene" Gesellschaft in

Erfahrung zu bringen, den wird die partizipative Entwicklungsforschung reichlich für so manche Mühsal des ForscherInnen-Alltags entlohnen! Und neben allem akademischen Interesse und neben aller Abenteuerlust ist es zudem nicht nur persönlich bereichernd, sondern tatsächlich sinnvoll, wenn gemeinsames Handeln zur Minderung von Leid, Armut und struktureller Ausbeutung führt.

Literatur

Antweiler, Christoph/Bargatzky, Thomas/Bliss, Frank (1987): Ethnologische Beiträge zur Entwicklungspolitik. Beiträge zur Kulturkunde 7. Bonn: Politischer Arbeitskreis (PAS).

Bliss, Frank/Schönhuth, Michael (1990): Ethnologische Beiträge zur Entwicklungspolitik 2. Beiträge zur Kulturkunde 14. Bonn: Politischer Arbeitskreis (PAS).

Bliss, Frank/Neumann, Stefan (1996): Ethnologische Beiträge zur Entwicklungspolitik 3. Beiträge zur Kulturkunde 16. Bonn: Politischer Arbeitskreis (PAS).

Dichter, Thomas W. (2003): Despite Good Intentions: Why Development Assistance to the Third World has Failed. Amherst: University of Massachusetts Press.

Eisermann, Daniel (2003): Die Politik der nachhaltigen Entwicklung. Der Rio-Johannesburg-Prozess. Bonn: Informationszentrum für Entwicklungspolitik.

Faschingeder, Gerald/Ornig, Nikola (Hg., 2005): Globalisierung ent-wickeln. Eine Reflexion über Entwicklung, Globalisierung und Repolitisierung. Wien: Mandelbaum.

Fischer, Karin/Maral-Hanak, Irmi/Hödl, Gerald/Parnreiter, Christof (Hg., 2004): Entwicklung und Unterentwicklung. Eine Einführung in Probleme, Theorien und Strategien. Wien: Mandelbaum.

Gronemeyer, Marianne (1996): Das Leben als letzte Gelegenheit. Sicherheitsbedürfnis und Zeitknappheit. Darmstadt: Wissenschaftliche Buchgesellschaft.

Kaiser, Markus (Hg., 2003): WeltWissen – Entwicklungszusammenarbeit in der Weltgesellschaft. Bielefeld: transcript.

Obrecht, Andreas J. (2003): Zeitreichtum – Zeitarmut. Von der Ordnung der Sterblichkeit zum Mythos der Machbarkeit. Frankfurt: Brandes & Apsel.

Obrecht, Andreas J. (Hrsg., 2004): Wozu forschen? Wozu entwickeln? Möglichkeiten und Grenzen der soziologischen Forschung für eine partizipative Entwicklungszusammenarbeit. Frankfurt: Brandes & Apsel.

OECD (2005): Development Co-operation Directorate (DAC). http://www.oecd.org, 23.7.2005.

Schönhuth, Michael/Kievelitz, Uwe (1994): Participatory Learning Approaches in Development Cooperation: Rapid Rural Appraisal and Participatory Appraisal. Schriftenreihe der GTZ No. 231. Eschborn: TZ.

UNDP (2003): Human Development Report 2003: Millenium Development Goals. A compact among nations to end human poverty. New York: Un-Publications.

UNICEF (2005): Databases/The State of World's Children 2004. http://www.unicef.org, 23.7.2005.

UNITED NATIONS – Department of Economic and social Affairs (2005): World and regional trends/Poverty Gap Ratio 2004. http://www.milleniumindicators.un.org, 23.7.2005.

Weltbank (2003): Weltentwicklungsbericht 2002/2003: Land Policies for Growth and Poverty Reduction. Washington DC: Worldbank.

Worldwatch Institute (Hg., 2003): State of the World 2003. New York, London: W.W. Norton & Company.

Whyte, William Foote (Hg., 1991): Participatory Action Research. London, New Delhi: Sage Publications.

Ziegler, Jean (2003): Die neuen Herrscher dieser Welt und ihre globalen Widersacher. München: Bertelsmann.

Zuber-Skerritt, Ortrun (1991): Action Research for Change and Development. Aldershot: Gower Publishing Company.

[1] Projektmanagement: Social Programmes and *Socio-economic Support as Part of the KAA* (Kurier Aid Austria) *Reconstruction and Rehabilitation Programme for Tsunami Victims in Habaraduwa*, Galle District, Sri Lanka. Im Rahmen dieses von österreichischen Spendengeldern finanzierten Projektes werden etwa 500 Häuser gebaut und in den nächsten Jahren eine Reihe von Infrastruktur-Programmen verwirklicht werden.

[2] Auf dem Markt der bilateralen staatlichen Entwicklungszusammenarbeit wurden 2004 Mittel (ODA) in der Höhe von US$ 78,6 Milliarden umgesetzt (OECD/Development Co-operation Directorate/DAC 2005). Dies entspricht einer inflationsbereinigten Steigerung von 4,3 Prozent gegenüber der ODA im Jahr 2002 und einem durchschnittlichen Anteil von 0,25 Prozent des akkumulierten Bruttosozialproduktes der OECD-Länder – im Gegensatz zu 0,22 Prozent im Jahre 2002 (ODA/Human Development Report 2003). Insgesamt sind nur 0,05 Prozent der Wertschöpfung in den „reichen" Ländern den sogenannten Least Developed Countries (LLDCs – jährliches Pro-Kopf-Einkommen unter 350 US$) zugute gekommen (UN-Department of Economic and Social Affairs 2005). Die reale Steigerung im Jahre 2004 setzt sich zu mehr als 90 Prozent aus „Aid" für Afghanistan und den Irak (1,5 Milliarden) sowie aus Beitragszahlungen für internationale Organisationen (3,7 Milliarden), die auf die ODA angerechnet werden, zusammen (OECD/Development Co-operation Directorate/DAC 2005). Generell ist der Anteil der Ausgaben für Kriegs- und Katastrophenhilfe (Humanitarian Assistance) in der letzten Dekade kontinuierlich gestiegen und hat sich mehr als verdoppelt, während die ODA der reichen Länder insgesamt weit hinter den Stand von 1960 (0,52

ANDREAS J. OBRECHT

Prozent des BSP) zurückgefallen ist. Zwischen den Jahren 1990 und 2000 ist das Pro-Kopf-Einkommen in den OECD-Ländern real um US$ 7,9 gestiegen, die Pro-Kopf-Ausgaben für entwicklungspolitische Maßnahmen im Rahmen der ODA sind freilich in dieser Dekade um US$ 18 gesunken (UNICEF 2003?5). Die „Geberländer" sind von ihrem selbst gesetzten Ziel, 0,7 Prozent des BSP für entwicklungsfördernde Maßnahmen in den armen und ärmsten Ländern auszugeben, weiter entfernt denn je: Nur ein Fünftel der weltweiten ODA ist in die LLDCs geflossen (UN-Department of Economic and Social Affairs 2005). Bereinigte Statistiken freilich zeigen, dass tatsächlich für „Armutsbekämpfung und Grundbedürfnisstrategien" in den ärmsten Ländern nur drei bis maximal sieben Prozent der weltweiten ODA aufgewendet werden (UNICEF 2005); dass also nur ein Bruchteil der ohnedies sehr begrenzten staatlichen bilateralen Mittel für die basale Hebung des Lebensstandards – Nahrung, Kleidung, Medizin, Wasser, Alphabetisierung etc. – verwendet wird. Heute wird davon ausgegangen, dass durch eine Verdoppelung der ODA bei gleichzeitiger Erhöhung der „Treffsicherheit" der Mittelverwendung im Sinne der Armutsbekämpfung und der Grundbedürfnisstrategien die Milleniumsziele verwirklicht werden könnten (Vgl. UNITED NATIONS 2003; OECD 2005; UNITED NATIONS – Department of Economic and social Affairs 2005; UNICEF 2005).

Autorinnen und Autoren

Monica Budowski ist ordentliche Professorin am Departement für Sozialarbeit und Sozialpolitik der Universität Freiburg i.Ü., Schweiz. Ihre Forschungsschwerpunkte sind soziale Ungleichheiten, kulturelle Differenzen, Armut und Prekarität, Familiensoziologie und *Gender Studies*, Sozialpolitik in der Peripherie.

August Gächter ist Mitarbeiter am Zentrum für Soziale Innovation in Wien und Lektor an der Universität Wien.

Hanna Hacker arbeitet als freiberufliche habilitierte Soziologin und Historikerin als Lehrbeauftragte an verschiedenen Universitäten. Arbeitsbereiche: *Gender Studies, Queer Studies, Cultural Studies, Postcolonial Studies*.

Franz Kolland ist außerordentlicher Professor am Institut für Soziologie der Sozialwissenschaftlichen Fakultät der Universität Wien.

Margarita Langthaler ist wissenschaftliche Mitarbeiterin im Bereich Bildung und Bildungszusammenarbeit bei der Österreichischen Forschungsstiftung für Entwicklungshilfe (ÖFSE). Forschungsschwerpunkte: Internationale und österreichische Bildungszusammenarbeit, Bildungsökonomisierung in Entwicklungsländern, *Capacity Development*.

Franz Stefan Michalke studiert Publizistik und Internationale Entwicklung an der Universität Wien und hat im Sommersemester 2005 das Proseminar Entwicklungstheorie unter der Leitung von August Gächter als Tutor begleitet.

Fanny Müller-Uri studiert Jus und Internationale Entwicklung an der Universität Wien und hat im Sommersemester 2005 das Proseminar Entwicklungstheorie unter der Leitung von August Gächter als Tutorin begleitet.

Rainer Münz arbeitet als Senior Fellow am Hamburgischen Weltwirtschafts-Institut.

Andreas J. Obrecht ist Projektmanager am Interdisziplinären Forschungsinstitut für Entwicklungszusammenarbeit (IEZ) der Johannes Kepler Universität Linz und Gastprofessor am Institut für Zeitgeschichte der Karl Franzens Universität Graz.

Gabriele Rasuly-Paleczek ist Assistenzprofessorin am Institut für Kultur- und Sozialanthropologie der Sozialwissenschaftlichen Fakultät der Universität Wien.

Saskia Sassen arbeitet als Ralph Lewis Professor of Sociology an der University of Chicago sowie als Centennial Visiting Professor an der London School of Economics.

Isabelle Wolfsgruber studiert Ethnologie und Internationale Entwicklung an der Universität Wien und hat im Sommersemester 2005 das Proseminar Entwicklungstheorie unter der Leitung von August Gächter als Tutorin begleitet.